艺术法概要
ART LAW IN A NUTSHELL
（第四版）

伦纳德·D·杜博夫（DuBoff, L.D.）　　克里斯蒂·O·金（King, K.O.）　著

周　林　译

知识产权出版社

全国百佳图书出版单位

内容提要

　　本书作者以清晰、准确的语言，重点对艺术家的权利和义务、收藏者的权利和义务、艺术品的国际流转以及与博物馆管理有关的法律事务作了精辟论述。

　　读者对象：法律工作者、艺术家、艺术商、艺术品收藏者以及博物馆管理人员。

责任编辑：龙　文　　　　　　**装帧设计：开元图文**

图书在版编目（CIP）数据

　　艺术法概要：第4版/（美）杜博夫（DuBoff, L. D.），（美）金（King, C. O.）著；周林译.—北京：知识产权出版社，2011.3
　　书名原文：Art Law In A Nutshell
　　ISBN 978-7-5130-0390-2

　　I. 艺… II. ①杜… ②金… ③周… III. 艺术—法学　IV. D912.101

　　中国版本图书馆CIP数据核字（2011）第021384号

艺术法概要（第四版）
Yishu Fa Gaiyao (Di Si Ban)

伦纳德·D·杜博夫　克里斯蒂·O·金 著　　周　林　译

出版发行：知识产权出版社			
社　　址：北京市海淀区马甸南村1号		邮　　编：100088
网　　址：http://www.ipph.cn		邮　　箱：bjb@cnipr.com
发行电话：010-82000860转8101/8102		传　　真：010-82005070/82000893
责编电话：010-82000887 82000860转8123		责编邮箱：longwen@cnipr.com
印　　刷：保定市中画美凯印刷有限公司		经　　销：新华书店及相关销售网点
开　　本：720mm×1092mm　1/16		印　　张：14.5
版　　次：2011年5月第1版		印　　次：2011年5月第1次印刷
字　　数：220千字		定　　价：30.00 元
京权图字：01-2010-1159			

ISBN 978-7-5130-0390-2/D·1164（3304）

出版权专有　侵权必究
如有印装质量问题，本社负责调换。

献给我法律实务伙伴和生活伴侣玛丽·安·克劳福德·杜博夫，以及米莉森特·芭芭拉·杜博夫，感谢她所做的一切。

——伦纳德·D·杜博夫

献给我的伴侣鲍勃，他的爱让我坚强，以及我的儿子安德鲁，他的快乐生活中给我极大鼓舞。

——克里斯蒂·O·金

译者前言

　　20世纪70年代起，美欧各国掀起了一股艺术投资热潮。在这股热潮中，一些国家的法律工作者和艺术家，在不断实践的基础上，总结、发表了大量有关艺术法律保护的学术论文，出版了许多有关这一方面研究的著作，在法学领域逐渐形成了一个独立的分支学科——艺术法学。

　　艺术法学要研究和解决的是艺术品在创造、发掘、生产、销售、流转、展览和收藏等过程中所涉及的有关法律问题，诸如艺术品的进出口、拍卖、鉴定、保险、税收，以及艺术家的言论自由和知识产权保护，等等。这些问题不可能单靠某一部单行法规来解决，而必须要由多种法律和法规加以调整。因此，艺术法学的研究也就必然牵涉到对一系列有关法律、案例以及社会实践情况的综合研究。

　　《艺术法概要》是美国著名艺术法专家伦纳德·D·杜博夫先生的一部力作，是美国西部出版公司出版的法律概要系列丛书的一本。此书于1984年初版，1993年第二版，此后不久，另一位作者克里斯蒂·O·金律师加入进来，两位作者于2000年和2006年又对全书重新修订，补充了许多法律材料和案例，形成了本书第三版和读者现在看到的第四版。作者以清晰、准确的语言，重点对艺术家的权利和义务、收藏者的权利和义务、艺术品的国际流转以及与博物馆管理有关的法律事务作了精辟论述。

　　艺术法学的研究在中国是一个全新的领域。中央美术学院艺术史系在1994年曾邀请本人，给该系四年级学生讲授有关艺术法课程内容。最近几年，中央美术学院开始招收艺术法方向的硕士研究生，目前已有多名艺术法方向研究生毕业。这门学科是适应我国社会主义市场机制的建立，尤其是适应艺术市场的建立与发展而产生的。今后，艺术与市场两者也必然会更加紧密结合，相辅相成。在现阶段，中国艺术市场的建立和完善，制定有关法律十分重要，实施已有的法律尤其紧迫。在艺术法律保护方面，我国已经通过了一些有关法规。公民和法人参与艺术市场活动，可以在现有的民法通则、文物保护法、版权法、税法、合同法等有关条款中找到法律依据。当务之亟是提高艺术市场参与者的法律意识，养成依法办事的习惯，同时，还要培养一批既懂艺术，又熟悉有关法规，愿意为维护艺术的纯洁和神圣而献身的律师和法律工作者。

杜博夫先生的这部《艺术法概要》虽然谈的主要是美国有关艺术法律和判例，但其中所阐明的一些法律原理和操作技巧，对于中国的读者，特别是中国的法律工作者、艺术家、艺术商、艺术品收藏者以及博物馆管理人员来说，仍将具有重要的参考价值。本书根据西部出版公司2006年第四版译出。原作者之一杜博夫先生在本书付梓之前，再次为本书中译本作序。在此，我谨向杜博夫先生表示深深的谢意。

本书原著第二版曾由本人以及任允正、高宏微合作翻译，于2005年4月在中国社会科学出版社出版。目前这个中译本是本人独立完成的。我要感谢任、高两位合作者一直对我翻译工作的支持，我还要特别提及中国社会科学院法学研究所谢怀栻研究员生前曾给予我的帮助。他曾逐章逐节校阅了本书原著第二版中译本全部译稿。读者现在看到的这个版本，译者署名虽然只有我一个人，实际上它是跟许多人的贡献分不开的。

周　林

2011年1月于北京

第二版中译本作者前言

人们所知的艺术法这门学科在当下美国法学教育中已经生根开花。全美已有多达71所法律院校开设了这门课程。美国法律院校联合会和美国律师协会还设有分会对艺术法进行专门研究。最近，一个声誉卓著的法律图书出版商——阿斯潘出版社宣布，一本名为《艺术法案例文献》的案例书将要出版。另一个知名公司即本书出版者——西部出版公司，曾经在20世纪90年代在艺术法这个领域走在前列，它主办过艺术与法律展览，出版了本书第一版。

艺术法不仅如雨后春笋般遍布美国，其重要性也被中国一些有识之士所认知，他们也开设了艺术法课程。很多人，例如中国社会科学院法学研究所的周林教授，在这个领域就有许多著述。实际上，周林教授在1993年就翻译了本书第二版并在中国出版发行。

这些年来，世界各地的学者们通过交流与合作，推动着艺术法这门学科的发展。世界上有关会议已相当普遍，艺术法在国际间的影响力已获得广泛承认。来自世界各地的知名学者们共同持续着这项工作，以建立一座有益于人们相互了解的文化桥梁。

周林教授，一位艺术法的有识之士，通过对本书第四版的翻译及在中华人民共和国的出版发行，再次展现了他的技巧、学识和出色才华。通过像交叉授粉那样的教育，并持续开展像周教授那样的开明学者之间的合作，全世界的艺术瑰宝将获得承认以及在国际间获得更大程度的理解。

伦纳德·D·杜博夫

2010年12月

于俄勒冈州波特兰市

第一版中译本作者前言

　　本书在中华人民共和国的出版，象征着在艺术法领域内的另一个里程碑。它揭示了这样一个事实，艺术法这门学科是全球性的。艺术在社会生活中具有十分重要的作用，这一点已得到包括中国在内的世界各国的承认。

　　人们至今无法确切地说明艺术和法律是何时产生并结合在一起的，但是人们却掌握着可能有助于追溯其演变根源的某些重要线索。它绝非20世纪的产物。通过某些带有法律性质的手段以防止非法掠夺艺术品，这种尝试可以一直追溯到人类文明诞生之时。例如，在古埃及，权力机关就不断试图制止对陵墓的盗掘。伪造艺术品的事件长期以来也一直困扰着艺术界。据传说，在15世纪末期，一位学艺术的年轻学生米开朗基罗曾经临摹了一幅当年的古画。这件赝品仿制得天衣无缝，甚至连艺术教师和古画的拥有人都被蒙在鼓里。如果不是由这位艺术学生的一位同班同学揭穿了这场骗局，人们还会一直以假当真。

　　把那件米开朗基罗的"赝品"与那件被其仿制的"真品"相比较，究竟是赝品值钱还是真品值钱，人们只能猜测了：这个传说确实使人们对于艺术品的价值以及许多收藏家对鉴别真伪的执著产生了深深的疑问。

　　米开朗基罗晚年的经历也表明了艺术家不善经营的弱点。从这位艺术家在西斯庭教堂作画期间的大量往来信件中可以看到，其内容大多是关于如何获得绘画材料、与学徒的关系以及无数其他法律或经营上的问题，这些问题至今仍困扰着艺术家们。

　　在战争期间，对艺术品、工艺品和文化财产的劫掠绝不是最近才产生的问题。甚至荷马在《伊利亚特》和《奥德赛》中，也记述了古代武士们掠夺战利品的传说。虽然过去人们也进行过零星的努力，试图制止这种行为，但旨在保护战时文化财产的多边条约直到20世纪初才产生。令人遗憾的是，迄今为止，人们还只能一次次地在事后援引这个条约和后来制定的一些条约，以谴责交战国军方的违法行为。

随着开业律师、法律学者和各国领导人对艺术在社会生活中所起的重要作用的逐步认识，艺术法这门学科已初具规模。有关的法律评论文章、书籍和世界性会议与日俱增。在艺术法领域，大量出现的国内法规和国际条约给人留下非常深刻的印象。不论是在保护古代文物的立法当中，还是在保护艺术家权利的法规当中，几乎每一个国家都拥有某种形式的艺术法。大多数国家都参加了各种不同的处理知识或文化产权的双边和多边条约。

在全世界范围，许多大学、艺术院校和专业院校，如法律院校，都开设了艺术法课程。一些专业协会，如美国法律院校联合会，还设有艺术法分会。艺术法这门学科的影响正在不断扩大。

在艺术法领域，世界各国的学者们继续进行着有意义的系统的研究工作。每一个国家看来都有那么一支热心艺术法研究的骨干队伍，他们富有献身精神，正在艺术法教育当中贡献着自己的聪明才智。

在中华人民共和国，周林是那些开拓者当中的一员。他早先在这个领域所从事的工作已为整个艺术界所熟知并受到高度重视。在将此书翻译成中文的过程中他所付出的努力，将使中美两国在艺术法教育方面成功地架起一座桥梁。

对于周林给予本书的深刻分析和见解，以及他为使读者能够方便地阅读《艺术法概要》一书所做的出色的工作，我个人是很感激的。在阅读本书时，你们将加入到全球由这样一些人所组成的队伍中来，这些人都认为艺术和文化财产是反映社会发展的一面镜子。

伦纳德·D·杜博夫

1993年

于俄勒冈州波特兰市

第四版序

艺术法内容繁杂且捉摸不定。伦纳德·D·杜博夫与他的合作者克里斯蒂·O·金却以其精良之作《艺术法概要》对此作出回答。它向艺术家、艺术商、收藏家、律师和公众把艺术法内容讲得头头是道。这本通俗易懂的书涵盖了广阔的法律专题和联邦及州的法律。例如，它们包括版权、艺术家的精神权利、追续权、商标、合同、税务等内容。其他问题，例如市场营销、拍卖、收藏、文物收购、博物馆、保险、真伪鉴定以及防止假冒等都包括在内。当今有关艺术品的国际头条新闻绝不容忽视，事实上，对这些问题的精辟分析和历史背景的介绍都可以在本书找到。例如，杜博夫和金在书中就讨论了窃取大师级作品的高额利润，对文物的破坏，在战火中被蹂躏的艺术品等。

杜博夫深深地浸润在他的主题当中。他是一个专家，30多年来在艺术法这个领域写出了许多重要作品。在本书中，他和金引导读者深入探究了无数复杂的问题。他们讨论了法律和法规的适用以及实际案例。他们的解释是清晰的和易于理解的，同时具有法律和技术上的精准。此外，本书提供了切实可行的建议，充满睿见和敏锐观察。对于那些想要获得有关知识的人来说，他们都希望将本书置于案头或工作区。

在40多年的人生中我一直专注于版权法，专注于这样一部保护艺术家及其作品的法律。因此，我的关注点是很窄的。本书增加了我对艺术家及其他在艺术领域工作的人士的赞赏。当然它也丰富了我对涉及艺术家、艺术机构、艺术商甚至政府所面对的相关问题和挑战的认识。它也使我看到尚未解决和需要特别注意的那些重要问题。

玛丽贝思·彼得斯

国会图书馆美国版权局局长

第一版序

伦纳德·D·杜博夫教授的《艺术法概要》令人赞赏是出于若干重要原因。本书用清晰、准确的语言写作，即使是一个法律门外汉（即一个很少接触非常复杂的法律用语的人）也容易读懂。同时，它涉猎广泛，精选了大量法律、案例摘要和引文，以满足法律专业人士的需要，并对进一步深入研究和采取行动提供了一个权威的背景。这是一本饶有趣味的书，充满睿见，可读性强，信息量大。它为进一步完善法律的建议提供了基础，它理顺了多年来法律发展形成的复杂关系。对于艺术品购买人、艺术品收藏家以及艺术家个人来说，本书是一本非常重要而宝贵的实用指南。

作为一个曾在艺术界工作多年的作家，更作为一位立法的推动者，在19世纪60年代初创建了国家艺术基金会（NEA），并在随后担任该基金会主席，我觉得杜博夫教授的工作具有特别的吸引力。

国家艺术基金会的成立还不到二十年，我们见证了所有的艺术门类获得极大发展，见证了我们作为一个国家基金会对于所有从事艺术的人在资金运用技术方面重要性的惊人增长。我们一直在学习对艺术家和艺术作品给予法律保护。

纵观全书，从作者艰辛创作和取得成功那个瞬间所反映出来的细节和个别范例来看，从作者对其主题深深的关切，以及希望阐明该主题的现在和将来看，对人的智慧一直都是一种考验。

我觉得本书作者坚定的目光始终是朝着更美好、更明智的未来，并召唤着随时可能需要采取的行动。除了提供对当下的一种精确分析之外，《艺术法概要》一书还包含了一个对需要改进的法律领域的大的划分，一堆需要认真对待的丰富的细节，以形成一个睿智而开放的讨论和行动的基础。

我曾经就我的工作说过，在规划为国家基金立法的时候，一个有着丰富想象力的作家的经验总是用得上的。我希望我已经享受到了杜博夫教授写书时所经历过的那种愉悦。我知道他充满智慧的观点和所发出的声音，将持续受到艺术界和那些分享其无限好处和潜在利益的人士的欢迎。

利文斯顿·比德尔

（1977–1981年美国国家艺术基金会主席）

于首都华盛顿特区

第二版作者前言

20多年以前，当我把我所接受的艺术教育与我作为一名律师所接受的法律专业训练结合在一起的时候，我一点儿也想不到艺术法这个领域具有多么大的发展潜力。由于各学科不断地相互渗透和相互影响，以及更多的专业人员涉足艺术，显而易见，对学术界以及法律界从业人员来说，艺术法已成为一门专门学科。今天，美国法律院校联合会已成立了艺术法分会，美国律师协会已成立了专门处理艺术法事务的委员会，在艺术法领域已出版了若干法律评论专刊。

并非很久以前，召开一次艺术法学术会议是一件很了不起的事情。而今天有关该领域的专门会议和研讨活动已经是很普通的了。有关出版物也日益激增，大多数法律图书馆都收藏了相当多的艺术法文献资料。

一些法律院校也已开始涉足这个领域。不久以前，开设艺术法这门课的院校尚不多见。今天，已有很多院校把这门课列入正规教学计划当中，还有一些院校正在急起直追，安排相应的课程。全美有关院校开设的这门课受到了学生们的欢迎。

艺术法这门学科绝不是美国的特产。正如读者从本书所看到的那样，艺术法已具有相当广泛的国际性。实际上，就在这份书稿即将在美国付梓之际，一个中译本也将在中华人民共和国出版发行。艺术法这门学科是全球性的。

西部出版公司已成为艺术法领域的积极参与者。从其主办的艺术与法律展览开始，西部出版公司就对这两门学科的结合给予了极大关注。《艺术法概要》在1984年的首次出版即表明了西部出版公司对这个领域的贡献。现在这个第二版又继续得到该出版公司的支持，它表明，该公司热切地希望它的读者能够得到最新的资料。

自本书第一版问世以来，为了将能够得到的大量的有关法规、案例、文章和图书收集起来，我必须谋求许多朋友、同事和从前的学生们的帮助。他们的帮助具有极高的价值，其中一些人值得特别致谢。在此，我真诚地感谢；迈克尔·克拉根，1993年刘易斯和克拉克大学法学博士，克里斯蒂•金，1993年刘易斯和克拉克大学法学博士，以及丽塔•克拉克，1993年刘易斯和克拉克大学法学博士，感谢他们的助研工作；还要感谢我的同事，刘易斯和克拉克大学的拉里•布朗教授，感谢他花时间审阅了本书有关税务问题的章节，他的宝贵的评论和建议为那些章节增色不少。

我还要感谢林恩•德拉和卡丽•梅杰丝在书稿校对方面的帮助。还应感谢刘易斯和克拉克大学的系主任斯蒂芬•坎特，他为我提供了为完成这样一本书所必不可少的人力物力帮助。他在学术和研究方面的支持是令人满意的。

必须特别感谢莱娜•马尔福德，她把许多零散的、在字里行间写有潦草难辨字迹的纸片变成了一部适于出版的书稿。莱娜又一次做了一份苦工，在非常短的时间里，打印完了这份书稿。

工艺美术师奥尔森•桑托斯在搜集那些从未出版过的材料方面对我帮助极大。我还要感谢金门大学法学院托马斯•戈策尔教授，感谢他不断帮助我获得最新资料。戈策尔是艺术法领域的开拓者之一，他本人曾主持过许多有关立法工作。威拉米特大学法学院的詹姆斯•A•R•纳夫齐格教授曾写过许多对艺术法有影响的国际问题方面的文章，我从他那里获得了许多有用资料。

国家艺术基金会前任主席利文斯通•比德尔曾为本书第一版写过非常热情友好的导言，我感到非常荣幸。今天，艺术创作需要更多像比德尔先生那样的人。可以确信，这个基金会将极大地受益于他的领导才能。

我还要感谢美国新闻总署主持东亚出版工作的官员彼得•克劳森，感谢他帮助与中华人民共和国建立联系，并为中国国家版权局《著作权》杂志编辑、记者周林的翻译工作提供了便利。

我的孩子科琳•罗斯•杜博夫、罗伯特•考特尼•杜博夫和萨布里娜•阿什利•杜博夫已经有很长时间不得不在没有我的陪伴下参加他们的各项活动了。为了让我有充分的时间完成这本书，他们也付出了许多牺牲。此外，他们所做的一些有助于本书的工作也是不可忽略的。

我的已故妹妹坎德丝•杜博夫•琼斯，1977年刘易斯和克拉克大学法学博士，我的已故父亲鲁宾•R•杜博夫，我母亲米利森特•波洛克•杜博夫，以及我的已故姨妈西尔维亚·佩萨，他们都鼓励我去创作完成这样一部著作。

最后，我还要向我在工作和生活上的伴侣玛丽·安·克劳福德·杜博夫表示我真诚的感激之情，感谢她对这部作品的巨大的贡献。没有她的帮助，《艺术法概要》第二版将不可能完成。

伦纳德·D·杜博夫
1992年7月
于俄勒冈州波特兰市

目 录

译者前言·· V

第二版中译本作者前言 ·· VII

第一版中译本作者前言 ··· VIII

第四版序 ··· X

第一版序 ·· XI

第二版作者前言 ··· XIII

第一章 艺术品：海关方面的定义 ·· 1

　一、历史渊源·· 1

　二、现行法规 ··· 2

第二章 艺术品：国际流转 ·· 5

　一、现存的问题·· 5

　二、对国际间艺术品流转的控制 ··· 8

　（一）出口限制 ··· 8

　（二）进口限制 ··· 10

　（三）条约 ·· 10

　（四）非政府组织作出的自律规定 ····································· 13

　三、对故意破坏和盗窃文物行为的制裁 ······························ 13

第三章 艺术：战争的牺牲品 ·· 17

　一、问题··· 17

　二、法律上的解决方式·· 18

　三、法律外的解决方式 ·· 20

第四章 作为一种投资的艺术品 ·· 23

　一、艺术市场 ·· 23

　二、进行投资所需考虑的因素··25

三、获取艺术品的方式 ……………………………………… 26

第五章　拍 卖 …………………………………………………… 29

一、一般拍卖 ……………………………………………… 29

二、喊价 …………………………………………………… 30

三、喊价的策略 …………………………………………… 30

四、拍卖中存在的问题 …………………………………… 32

第六章　鉴别真伪 ……………………………………………… 36

一、确定真伪 ……………………………………………… 36

二、艺术专家 ……………………………………………… 38

三、科学鉴定 ……………………………………………… 42

四、购买人依普通法向卖方索赔的方式 ………………… 42

五、担保 …………………………………………………… 45

（一）明示担保 …………………………………………… 46

（二）默示担保 …………………………………………… 48

（三）否认 ………………………………………………… 49

（四）艺术品担保法规 …………………………………… 50

六、有关印制和批量生产艺术品的立法 ………………… 51

七、预防性措施 …………………………………………… 53

第七章　保 险 …………………………………………………… 55

一、保险的拥护者与反对者 ……………………………… 55

二、保险合同 ……………………………………………… 56

三、赔偿与补救措施 ……………………………………… 60

第八章　税务问题：收藏家与艺术商 ………………………… 64

一、正确划分收入 ………………………………………… 64

二、减免 …………………………………………………… 65

三、慈善用途捐赠 ………………………………………… 68

四、遗产安排 ……………………………………………… 71

五、避税 …………………………………………………… 73

第九章　从事创作的艺术家 ……………………………………………77

　　一、创作与销售的地点 ………………………………………77

　　二、画廊与佣金问题 …………………………………………79

　　三、工作条件 …………………………………………………83

第十章　对艺术的资助 …………………………………………………86

　　一、直接资助…………………………………………………86

　　（一）历史发展过程 …………………………………………86

　　（二）国家艺术基金会 ………………………………………87

　　（三）其他直接资助 …………………………………………91

　　二、间接资助…………………………………………………91

　　（一）专款中用于艺术的比例 ………………………………92

　　（二）古建筑保护 ……………………………………………93

第十一章　艺术家的纳税问题 …………………………………………95

　　一、正确划分收人 ……………………………………………95

　　二、税务扣减 …………………………………………………98

　　三、慈善用途扣减 …………………………………………100

　　四、遗产安排 ………………………………………………101

第十二章　版　权 ……………………………………………………104

　　一、历史渊源：普通法，版权与优先适用问题……………104

　　二、保护范围 ………………………………………………106

　　三、成文法的主要内容 ……………………………………108

　　（一）原始创作作品 ………………………………………108

　　（二）固定在有形的表现媒体中 …………………………109

　　（三）其他规定 ……………………………………………110

　　四、版权登记 ………………………………………………112

　　五、保护期 …………………………………………………116

　　六、侵权 ……………………………………………………118

　　（一）构成侵权的要件 ……………………………………118

（二）救济措施 ··· 119

（三）合理使用 ··· 120

（四）滑稽模仿 ··· 121

第十三章　商　标 ··· 124

一、引言 ·· 124

二、背景 ·· 124

三、联邦普通法商标 ··· 124

四、联邦注册 ··· 127

（一）主簿注册 ··· 128

（二）辅部注册 ··· 129

五、侵权 ·· 129

六、淡化 ·· 131

七、各州商标法 ··· 132

八、国际商标保护 ··· 133

九、商业外包装 ··· 133

十、结论 ·· 134

第十四章　精神权利和经济权利 ··· 135

一、精神权利 ··· 135

（一）创作权 ··· 136

（二）发表权 ··· 137

（三）收回作品权 ··· 138

（四）署名权 ··· 138

（五）保护作品完整权 ·· 140

（六）过分批评 ··· 144

二、经济权利 ··· 144

第十五章　表现自由 ··· 148

一、艺术审查制度 ··· 148

二、第一修正案的架构 ·· 149

三、象征性的言论 ·· 150

四、亵渎旗帜以示抗议的行为 ·························· 153

五、淫秽作品 ··· 156

（一）从罗思案到米勒案 ······························· 156

（二）儿童色情作品 ··· 159

（三）其他控制方法 ··· 161

第十六章 博物馆 ·· 164

一、引言 ··· 164

二、博物馆的组建 ·· 164

三、受托人和董事的责任 ··································· 167

（一）错误管理 ··· 168

（二）疏于管理 ··· 169

（三）利益冲突 ··· 169

四、管理博物馆藏品：馆藏品 ·························· 172

五、借展 ··· 175

六、管理博物馆藏品：处理藏品 ····················· 176

七、藏品存放地点 ·· 179

八、劳资关系 ··· 180

九、职业道德规范 ·· 181

十、结论 ··· 182

原版案例索引 ··· 183

原版主题词索引 ··· 191

第一章 艺术品：海关方面的定义

一、历史渊源

艺术品这个词有多种含义，要看它在何种情况下使用。由于大多数艺术品可以免税进入美国，因而在法律上一些最重要和最完善的定义是在海关判例中形成的。为了确定进口关税率或关税豁免问题，法院在判定何为艺术品时，注意力主要集中于物品的外观、制作者的职业以及制作该物品的目的。如果该物品是复制品，诸如印刷品或青铜雕像，还要考虑生产方式和每一次复制的数量。这些定义不但反映了关税法的政策基础，而且反映了艺术品不断演变的性质以及新的艺术形式和媒体的出现。

早期海关判例把艺术品限定在纯艺术品（fine arts）范围内而将其与实用机械和工艺品区别开来。在联邦政府诉佩里一案中（1892年），法院裁定，教堂里带有圣徒肖像及其他圣经故事图案的染色玻璃窗不能视为免税的纯艺术品。法院指出，虽然从美学角度来看，染色玻璃窗具有艺术性，而且在其制造过程中亦需要有高度的艺术技巧，但其分类仍属于装饰品和工业制品。法院认为，国会仅对纯艺术品赋予特别优惠。法院将纯艺术品定义为"仅仅旨在装饰"的物品，"其中包括在画布、石膏板或其他材料上所作的油画和水彩画，以及用大理石、普通石料或青铜制作的雕塑品原件。"该定义不包括"亦旨在装饰，但其原件有被无休止复制之嫌的小件艺术品；及主要用于装饰，偶尔亦有实用性的艺术品……；还有主要为实用目的而设计，但亦有装饰性，令人赏心悦目的物品……"

早期海关判例的另一要求是，艺术品必须是具象的。例如在联邦政府诉奥利沃蒂一案中（1916年），法院认为，雕塑品只能是对自然物体——主要是人体——的仿制，只能是以真实比例再现原形。但在后来的判例中，又承认了抽象艺术的产生与发展。在布兰库斯诉联邦政府一案中（1928年），布兰库斯的《飞翔的鸟》被判定为雕塑作品而获准免税入境。法院认识到，"如果不运用生动的想象力去观察，就看不出该雕塑像一只鸟；只有运用这种想象力，才能看出该雕塑有几分鸟的模样"。然而法院又指出，必须承认"一种试图描绘抽象意念而非仿制自然物体的所谓新的艺术流派"的存在与影响。法院明确阐述了一个更为灵活的定义以取代在奥利沃蒂一案中所宣布的具象标准：《飞翔的鸟》之所以被称为纯艺术品。是由于它被用于纯装饰目的。它的外形优美而匀称，而且是出自一位专业雕塑师之手。布兰库斯案件中这一较为灵活的立场所具有的全部含义，在后来近30年的时间里，并没有被采用。在1958年关税法修订之前，法院一直在艺术品与非艺术品之间，煞费苦心地制定着许许多多难以捉摸并带有几分武断的界限。这些界限常常使新创造出的艺术形式处于不利地位。例如，依据早期法律，许多艺术品进口商由于其所进口之艺术品并非是用有关法规中所具体规定的媒体制作的，因而不得不交纳进口关税。后来，随着艺术家们继续以各种不同的媒体进行艺术创作的尝试，法院似乎逐渐感到，那种狭隘的观念已难以适用。

二、现行法规

为适应新的艺术媒体不断涌现的形势。立法机关于1958年修订了1930年《关税法》。修订关税法允许免税入关的物品包括，"以其他媒体"制作的艺术品，为特定商业用途而制作的物品，以及一些特别列举的物品。当《协调关税表》于1988年通过之后，海关关于艺术品的定义得到修改，以符合国际法。《协调关税表》采纳了国际通行并且为所有美国主要贸易伙伴认可的关于产品的定义。由于采用这个在国际贸易中所使用的不仅有艺术品，而且还包括所有货品在内的统一而详细的分类表，使货品的分类变得更准确，进出口统计亦变得更容易。

自从1958年关税法修订以后，大多数艺术品无需诉诸法院便可获准免税入境。偶尔也会有一些艺术品由于制作时所采用的媒体和方法的原因而被征收进口税。例如，海关关税物品细目表并不包括以油印、复印或其他机械手段制作的物品，也不包括经染色或带有绘图的工业制品，如花瓶、茶杯、菜碟、屏风、手提箱、托盘、立柜，等等。此外，由于大部分翻印和制版活动显然是一种商业行为而不是艺术创作，因而免税的印刷品仅限于那些以手工工具蚀刻、绘制或雕刻在金属板、石板或木板上，而后又经人工拓印下来的产品。1958年修订关税法将小批量生产之雕塑品的免税范围限制在首批10个复制品内，而1988年的《协调关税表》则准许雕塑品首批12个铸件享受免税。依据《协调关税表》，对艺术品的限定仍然很狭窄，只有"纯艺术品（fine art）"可以免征进口关税。海关对于艺术品的限定跟早先的立场基本上是一致的。以下类别作为艺术品可以免征进口关税：（一）绘画和素描原件，（二）拼贴画和装饰板，（三）拓印、雕刻和版画原件，（四）雕塑和雕像，（五）邮票，（六）珍藏品，以及（七）古董。

　　另一个免税入境的条件是该物品必须由一位艺术家而非一位工匠制作。1958年修订关税法规定，只有经"专业"雕塑家之手制作的雕塑品才能免税入境。在确定一个人是否为专业雕塑家时，法院一般侧重于资历。因此，在一所国家承认的艺术院校修完雕塑课程的毕业生，或在专业美术展览中公开展览过其作品的艺术家，均有可能被视为专业雕塑家。同样，一位得到同行或艺术评论家承认的人，从海关角度来看，也可被视为艺术家（1980年5月19日海关法注释2：R.R.V.C.S.C.第061949号珍宝法）。根据1988年《协调关税表》，对专业身份的要求现在仅仅适用于制陶业的雕塑家。然而，海关署为了确定某件物品的独创性，仍要把创作原件的艺术家与工匠或手艺人区别开来。只有创作人摆脱了日常工作的羁绊而进行的创作，才能算是一件艺术家而不是工匠的作品。该作品作为意念的产物，应具有新颖的构思和艺术的魅力。换句话说，一位艺术家是凭其灵感和技巧进行创作的。因此，一位艺术家的专业制品亦包括在其监督下由其助手完成的作品，但该作品必须是艺术家本人美学想象力和美学意念的反映。

　　从海关角度来说，纯粹以人力完成的绘画原作一般都享有特别优惠。与雕塑作品不同，绘画一般都被认为是由专业艺术家制作的，而雕塑则必须附有该作品系专业雕塑家创作的证明。依据海关有关法规，唯一重要而需要加以考虑的因素是，申请免税的绘画是否完全以人力完成，而没有借助任何机械设备。

　　在海关给艺术品所下定义中，最后一个要求是，该作品不能是一件实用性物品，亦不能是为商业用途而制作的物品。实用性的问题常常是一个程度的问题。在康斯米勒诉联邦政府一案中（1912年），法院指出，在大理石壁炉台上雕刻出

6 两个小图案并不能使壁炉台本身成为一件艺术品，但完全可能由于"雕塑家的灵感被深深凿进了大理石壁炉台，以致由于雕塑作品所具有的特色和艺术上的美完全有可能使人们忽视了壁炉台本身的存在，特别是它所具有的实用性"。大多数法院持更为保守的态度，只要作品具有任何一点儿实用性，便不能被列为艺术品。某些物品，诸如花瓶、盘子、立柜之类的东西，从本质上讲是实用性物品，因而哪怕它们是由法贝热、切利尼这样的大师所制作，亦不能视为艺术品。然而，当一套精致的啤酒杯进口到美国时，由于其规格、形状和图案使人们很容易看出，它们主要是用于摆设，而不是作日常使用，因此被列为装饰品。参见G·海勒曼·布鲁因诉联邦政府（1990年）。

如果一件作品是为商业或工业用途而进口的，如用作杂志封面的艺术作品的复制品，用在广告上的道具，或者那些为了大众消费市场而大批量生产的一般产品。尽管从纯美学的角度来看它是一件艺术品，但它仍不能得到免税待遇。取消其免税待遇可能是基于下列考虑：商业性艺术市场是有限的，进口物品将会排挤美国艺术家的创作。因此，向具有商业目的的艺术品进口商征收进口关税，可以降低其在价钱上的吸引力。在判定何为商业目的时，法院侧重于物品进口的原因而并非艺术家创作时的动机；如进口原因难以判定，则侧重考虑货物到达最终收货人手中后的主要用途。

7 以上这些由国会立法时所采纳，由法院在海关司法时所阐明的艺术品的技术上的定义，都是出自政治与经济上而非美学上的考虑。但在其他一些法律场合，诸如在版权法问题上，艺术的定义则包含更多美学方面的考虑。因此，要给"艺术品"下一个定义，首先要看这个词在何种情况下使用。

第二章 艺术品：国际流转

一、现存的问题

艺术品作为亲善使节可以增进人们对其原产地人民的了解、兴趣和爱慕。艺术品的国际流转还可以提高人们的艺术品位和鉴赏力，消除偏见，促进国际间的了解。此外，国家也有保存和保护本国的文化财富的利益。对一个国家来说，充分利用国内所拥有的文化财产，有助于增强民族意识，培养群体自豪感，促进本国学术研究。要保护好每一件艺术品，维护艺术和文化财产与其历史和地理环境的联系，制止对艺术品和文化遗址的掠夺、盗窃与破坏，亦十分重要。

因此，许多国家都制定了有关艺术品进出口和文物出售的法规，对艺术品的国际贸易加以限制。在采取这类措施时，各个国家必须使国际间对艺术品和文物的需求与保护本国文化财产的需要协调一致。法规过分严格只会鼓励黑市交易，而合法的文化交流得不到保障却只会损害国际间的和谐。对于那些拥有艺术品的国家与个人来说，如何利用和保护好艺术品，平衡国家利益与国际需求，确实颇为棘手。

几个世纪以来，国际艺术品市场实际上一直是在没有任何有效的法律、道德或伦理制约的情况下运转的。结果无数价值连城的艺术品遭到洗劫和破坏。例如，哥伦布到达美洲以前的文物的非法贸易，不仅使中美洲丧失了难以计数的文物，同时也严重阻碍了考古学家们揭开古文明之谜的努力。那些哥伦布到达美洲以前的文物从其考古遗址被盗走之后，不仅丧失了其自身的考古价值，而且大多最后落入了私人收藏家手中，从此便与学者们绝缘。学者们所能接触到的文物，常常已没有什么历史价值，因为它们只不过是一些从各个文化遗址中强拆硬卸下来的残片而已。为了拆卸雕有精美图案与象形文字被称作斯台拉（Stelae）的大型石碑，强盗们使用了各式各样手段。有的用链锯切割石碑，有的用火将石碑烧热，然后往上面浇水，直到它断裂。经过这样的处理，石碑上的象形文字就变得无法辨认，而这些象形文字在破译玛雅语言方面具有极为重要的意义。

　　妥善保护文化财产和维护考古遗址耗资巨大，几乎没有哪个国家负担得起这笔费用。盗窃之风至今一直难以遏制——每年纯艺术品失窃造成的损失估计在50亿至80亿美元之间。在意大利，许多拥有无价之宝的教堂根本无人守卫，博物馆内和私人手中的藏品大多也未得到妥善保护。

10　　　环境污染与工业发展对文化财产的保护也构成了严重威胁。在希腊，帕台农神庙与其他古建筑在工业烟尘中所受损害远超过它们在过去400年间所受风化侵蚀。在美国，当田纳西河流域管理局1967年开始修筑特立科大坝和水库工程时，为了赶在该地区被淹没前发掘出印第安古代文化遗址，考古学家们不得不与推土机展开时间上的竞赛。

　　国际局势的紧张也会使有关的考古发掘工作蒙受损失。20世纪70年代初期，耶路撒冷的考古发掘就引起过争议。有人指责以色列人的考古发掘破坏了阿拉伯人重要的历史与文化财产。这项关于毁坏财产的指控引发了一场长期的争论，争论的主要对手是以色列与约旦，争论的主要内容是以色列的考古发掘是否合法、是否适当。1974年联合国教科文组织大会对此作出反应，通过了两项决议，拒绝以色列要求加入联合国教科文组织欧洲小组的申请，并建议在教育、科学与文化领域内中止对以色列的援助。

　　有时即使是以合法的方式将文物从原产国运走，也会引起巨大争议。例如对于发生在1779年的埃尔金石雕事件，人们至今仍争论不休。当年英国驻君士坦丁堡的特命全权大使埃尔金勋爵，经土耳其政府许可，先勾勒出帕台农神庙的一些大理石雕像的草图，后又将其运回英国。埃尔金原计划用这些石雕装饰自己在英国的住宅，后因个人经济状况恶化而出售给英国政府。1816年英国下议院就此进
11　行了激烈的辩论，最后终于批准了这项交易，石雕被放入国家艺术馆。

　　1983年，希腊政府正式要求归还石雕，而英国政府在1984年予以拒绝。出于愤慨，"埃尔金主义"便成了掠夺艺术珍宝的同义词。希腊政府对其文化遗产的遗失深感不快，至今仍不时地或定期地要求归还埃尔金石雕。而反对归还的意见五花八门，有人坚持说，石雕只有留在英国才能供更多的人观赏，有人则指责希腊政府根本无法妥善地保护其文物。

在2006年，一所德国大学同意将帕台农神庙的一尊石雕归还希腊。这是首次有一个机构自愿归还帕台农神庙石雕，这也许会给大英博物馆归还埃尔金石雕带来压力。

归还土著艺术品可能使之遭到毁坏，这个问题使许多博物馆与收藏家面临困难的抉择。1978年曾发生一件特别典型的事情。当时印第安祖尼人部落要求丹佛艺术博物馆归还该馆于1953年获得的一尊祖尼战神。根据祖尼人的法律，任何个人都不得拥有这样一尊战神，战神是部落的公有财产，只有部落成员才能获准拜谒战神。经过反复斟酌，博物馆托管人发表了一项声明：

> 25年来，本馆出于善意保管着这尊战神，通过对它的展览、介绍和保护，使全世界公众获益。如本馆将战神捐赠给祖尼人，它将被置于露天的环境中，承受风沙、严寒、酷暑等大自然的侵袭，而且肯定还会受到某些实际上是人为的破坏和毁灭。祖尼人每年都制作新的战神以取代它们的前任。这是所谓战神的"互相吞食"。此外，战神还有被盗的可能性。祖尼人曾谈到在一些靠近公路的寺庙中加强安全措施的计划，但他们同时也承认，还有很大一批寺庙处在更为偏远的地区，那里基本上没有什么保护措施。归还这尊战神，无疑将导致其最后的毁灭。

12

尽管如此，托管人还是在1979年投票决定归还这尊战神，将其送到新墨西哥州一座拥有相应安全设施，适于存放战神的寺庙中。

1990年，国会通过制定《土著美洲人墓葬保护和返还法》（公法第101-601号），推翻了之前存在80年之久的官方政策。该政策鼓励为研究和展览目的而发掘和搜集印第安人遗址和文物。该返还法将大部分对古代印第安人艺术品和文物的管辖权归还各个印第安部落，有利于促进那些国家资助的博物馆和大学将其保管的藏品当中的人类遗骸、陪葬物及其他祭祀用品返还原主。此外，该法宣布买卖人类遗骸或有关陪葬物的行为为非法，并对文物搜集施加了限制。

1996年有一起涉及肯纳威克人的争议，人们在哥伦比亚河沿岸发现其9000年前的遗骸。西北印第安人部落认为，那些遗骨充满圣灵，希望将其掩埋，但是科

¹³ 学家却希望对那些遗骸进行研究，因为那是在北美发现的最古老、最完整的遗骸之一。第九巡回上诉法院裁定，由于没有任何证据将那些遗存物与现有的部落相联系，所以科学家可以自由地研究肯纳威克人。

有时博物馆无意间收进了据称是属于他人的艺术品也会面临困境。1963年，敦巴顿橡树博物馆接受了一笔捐赠。捐赠物是一套6世纪拜占廷帝国的银器，它是博物馆创建人之一从一位希腊古董商手中获得的。接受捐赠后不到一年，橡树博物馆便获悉，这套银器是土耳其安塔利亚地区被称作坎鲁卡（Kumluca）宝器的一套大型礼拜用器皿的组成部分。20世纪60年代末，土耳其政府多次要求敦巴顿橡树博物馆和美国政府归还该宝器，但均无结果。1981年，土耳其文化部采取报复行动，禁止任何与橡树博物馆有关系的人员参加在土耳其境内的考古发掘工作，同时还威胁说，如仍不归还该艺术品，这一禁令将扩大到其他美国机构。

最近，意大利法院披露，保罗·盖蒂博物馆馆长马里恩·特尔受到刑事指控，检察官指控其将收购的42件文物从该国非法移走。根据意大利法院文件，盖蒂收购了至少52件被劫掠或走私的文物。法院文件还列举了其他涉嫌劫掠的文物，它们分别藏于纽约大都会艺术博物馆、波士顿美术馆、普林斯顿大学艺术博物馆，以及克利夫兰艺术博物馆。因此，大都会已经同意向意大利归还其收藏的6件文
¹⁴ 物，条件是意大利须为其他文物提供长期贷款。

二、对国际间艺术品流转的控制

（一）出口限制

为了解决国际间艺术品流转所带来的问题，有关国家大多通过立法来控制文化财产在其境内境外的移动。大多数国家鼓励出口那些由仍活在世上的艺术家创作的当代艺术作品，对其他文化财产的出口则以种种法律形式加以限制。只有少数国家对艺术品出口没有任何限制。

在限制出口的国家中，一些国家采用的是筛选式或选择式，另一些国家采用的则是全面或完全禁止的方式。筛选式法规规定，具体一件艺术品是否可以出

口，将由其原产地国家的政府决定。例如，根据英国法律，出口任何一件具有100年以上历史，价值超过8000英镑的物品，无论它是在英国创作的，或从要求出口之日算起已进口到英国50年以上的，均须取得许可证。在每个具体案件中，是否授予出口许可，取决于该物品与英国历史和民族风俗联系的紧密程度，取决于它在美学上的价值及在学术研究方面的重要性。

　　由于这种选择性限制出口的方式使出口国艺术品在国际市场上品种齐全，价位合理，因此，采用这种方式能够促进国际间的文化交流，有助于制止艺术品的 *15* 非法交易。相反，完全禁止出口的方式大多难以奏效。例如，墨西哥政府1972年全面限制哥伦布到达美洲前的艺术品的出口。这项措施使黑市活动愈演愈烈，猖獗一时。显然，当一个国家切断了合法的贸易渠道时，需求压力就增大了，艺术品买卖就会转入秘密渠道，最后导致完全丧失对市场的法律控制。

　　出口限制一般是靠刑事制裁或没收的方式来执行的。不过除非能有效地阻止一件物品离境，否则没收只是徒具条文，解决不了收回流失艺术品的问题。在一些判例中，物品首先必须被政府方面截获，然后才谈得到没收和归还其合法所有人的问题。例如，在新西兰检察总长诉奥蒂兹一案中（1983年），新西兰政府试图通过英国法院，收回一件未经新西兰政府许可而非法出口，后又转卖给被告的历史文物。但英国法院拒绝下令归还该物品。法院解释说，新西兰出口条例中有关收归国有的规定并不能自动适用于某件出口物品，该法规只有在新西兰海关或警方截获该物品时才能适用。因此，只有当场截获，新西兰政府才有权取得该物品。而且一旦截获，条例规定，没收充公之日须为非法出口之日。

　　在民间交易中，引用出口法便可使一桩非法出口艺术品的买卖无效。因为 *16* 根据《统一商法典》第2-312条的规定，此时卖方违背了其对出售物品之所有权的默示担保。在让内莱特诉维奇一案中（1982年），曾提出过这个问题，但未作裁决。原告玛丽·路易斯·让内莱特是一位职业艺术商，她从被告安娜·维奇与鲁本·维奇夫妇手中购买了一幅马蒂斯的油画。该画是维奇夫妇1970年从意大利带到美国的。当发现维奇夫妇并未从意大利当局那里获得任何出口许可证或出境证明时，让内莱特夫人便提出，除其他问题之外，维奇夫妇违背了对该油画之所有权的默示担保。由于在纽约各法院均找不到先例可循，法院拒绝就此问题作出裁决，该案被发回重审。但法院在发回重审的通知书中支持让内莱特夫人的诉讼请求，法院指出，该画本不应售给任何一位讲信誉的商人或拍卖行。但法院同时也指出，只要让内莱特夫人或任何一位后来从她那里购买该油画的人不把油画带回意大利，该油画便不应被没收；无论是让内莱特夫人，还是后来购买该油画的人，对意大利政府都不负有责任。

（二）进口限制

国家控制艺术品国际流转的另一手段是设置进口障碍。一般来说，对于艺术品的进口没有什么法律上的限制；只有少数国家以进口关税形式设置经济上的限制。不过艺术品和文物获准免税入境的现象是很常见的。例如在巴西和以色列，由于进口的文物对其国内艺术家并不构成经济上的威胁，因而大多能获准免税入境。正如在第一章开始时所谈到的，大多数艺术品在美国也能获准免税入境。

少数国家单方面禁止进口从其他国家非法出口之艺术品。在美国法律中就有这种形式的立法（《美国法典》第19编第2091–2095条及以下各条），它涉及哥伦布到达美洲以前的文物、建筑艺术雕塑、壁画等。该立法准许艺术品的原产地国家收回有争议的艺术品。但由于单方面禁止非法出口之艺术品的进口对一个国家来说并没有什么益处，因而有些国家，如以色列和新几内亚，只有在艺术品原产地国家有相应互惠规定时，才承诺归还非法出口之艺术品。虽然这些法律正式讲不能被视作条约，其实施的方式却与条约类似。

（三）条约

作为调节国际间艺术品流转的一种手段，条约的不利之处在于，其缔结与修订都需要国与国之间进行广泛的谈判与磋商。但与互惠性进口法规不同的是，无论对方是否予以相应的合作，签约国都必须归还非法出口之艺术品。条约是预先达成的协议，清楚地表明了签约国的政策与意图。

一些双边条约不仅禁止从其他国家非法出口之艺术品的进口，同时对归还非法出口之艺术品也作出了规定。此外，一些双边条约，如美国与墨西哥之间的引渡条约，还规定了将违反对方文物法之嫌疑犯和罪犯引渡回国的条款。还有一些双边条约确立了重要的文化交流机制。例如美国与墨西哥之间的《收回与归还被盗的有关考古、历史及文化财产合作条约》，促进了两国间联合考古及文物交换活动。

多边条约可以在更大范围内达到许多同样目的。不过一些地区性多边条约，如美洲国家组织《关于保护美洲国家出土文物、历史及艺术遗产圣萨尔瓦多公约》，亦有一定局限性。这类地区性条约的主要缺陷之一是，条约仅对其成员国有约束力，从而网开一面，为黑市商人留下可乘之机。而且圣萨尔瓦多公约采取了一种极端的立场，认为除对文化财产所有国为促进民族文化交流而批准出口的物品允许进口之外，任何进口文化财产的行为均被视为非法。该公约的另一条款进一步规定，有关文化财产所有权的法规，受各国国内法制约，这就承认了许多国家所宣布的文化财产均归其原产地国家政府所有的极端的限制性立场。例如，墨西哥1897年、1934年及1970年的文物法规定，某些特定的历史文物属于国家财产，它们必须登记备案；只有获得国家明文许可，方可出口到国外。

其他一些多边条约涵盖面更为广泛。例如，联合国教科文组织《关于禁止与防止非法进出口文化财产和非法转让其所有权方法的公约》就是一个全球性公约。联合国教科文组织公约的早期文本因未能就合法的文化交流问题作出规定而遭到美国的反对。然而，联合国教科文组织的公约最终还是明确承认了"各国间为科学、文化及教育目的而进行的文化财产交流，增进了对人类文明的认识，丰富了各国人民的文化生活，并激发了各国之间的相互尊重和了解。"对文化财产进行妥善保护与利用需要国际间的合作，因而公约所侧重的不是各国的文化遗产问题，而是国际间在文化财产问题上的共同利益。

由于联合国教科文组织公约最初签约国主要是厄瓜多尔、喀麦隆、墨西哥、埃及、巴西等艺术品出口国，因而一些批评家对该公约的有效性产生怀疑。1983年里根总统签署了授权法（《文化财产公约实施法》），使美国加入该公约，不过，美国声明该法仅适用于那些从该公约成员国窃取的文化财产。现在已有超过100个国家加入了该公约。

该授权法指定，由美国财政部长在与美国新闻署署长磋商的基础上，制定一份具有考古及人类文化学价值而需要保护物品的清单。该授权法同时规定，对从

20   公约缔约国非法出口之物品实施进口限制。进口物品如未附有来自其原产地国家的出口证书，或其他足以证明其并非非法出口物品的文件，应予以扣押并由司法当局没收。如其原产地国家愿意承担相应费用，该物品将被归还其原产地国家。不过，即使没有证明文件，如果进口商能够提出令人信服的证据，证明在进口到美国之前，该物品从其原产地国家出口已达或超过10年，而且从报关之日起计算，进口商或有关个人购买或订购该物品的时间尚不满1年者，亦可进口。在受保护的具有考古及人类文化学价值的物品清单公布之前出口的物品，即使无出口证书亦可获准进口。

　　属于文化财产之物品与具有考古及人类文化学价值的物品，在所享有的待遇方面略有不同。从博物馆、宗教或世俗古迹及类似地点偷窃来的物品不能进口到美国，但进口商如能拿出对一件物品拥有有效所有权的证明，在进口时该物品就不会被没收，除非其原产地国家向该所有人给付合理的补偿。进一步说，即使不能拿出拥有有效所有权的证明，只要是凭价购买，购买时不知道或没有理由怀疑所买物品系赃物，亦不会被没收，除非该物品之原产地国家向物主偿付购买所耗费用，或者除非美国能够证明，基于法律或互惠协议，其原产地国家将归还一件从美国某处盗走的物品而不要求给予补偿。

21   　　2001年，联合国教科文组织通过了《保护水下文化遗产公约》，旨在帮助保护从沉船及其他水下遗址中所发现的历史。同时，它通过一个新的国际道德标准——《文化多样性宣言》，要求其成员打击非法贩运文化财产。只有少数几个国家成为该条约的签署国。

　　国际统一私法协会起草了一份《关于被盗或非法出口文物公约》，这是在1995年开放供签署的公约。这一条约，已有20多个国家签署，它规定，任何关于返还被盗文物的请求，应自原持有国知道该文物的所在地及该文物拥有者的身份之时起，在3年期限内提出；并在任何情况下自被盗时起50年以内提出。关于返还某一特定纪念地或者考古遗址组成部分的文物，或者属于公共收藏的文物的请求，则不受请求者应自知道该文物的所在地及该文物的拥有者身份之时起3年以内提出请求的时效限制。对非法出口的文物的时效与此相同。任何缔约国可以声明返还请求应受75年的时效限制，或者对被盗文物受到该国法律所规定的更长时效的限制，但非法出口的文物不在此列。当提出返还请求时，如果请求国证实从其境内移出的文物严重地损害了有关该物品或者其内容的物质保存，损害了有关组合物品的完整性，损害了有关信息的保存，损害了某一部落或者土著人社区对传统或者宗教物品的使用，被请求国的法院或者其他主管机关应当命令归还非法出口的这一物品。在这两种情况下，一个尽职做过调查的善意购买人有权要求补偿。美国目前还不是该条约的签署国。

（四）非政府组织作出的自律规定

22

博物馆及其他机构为防止国际间非法艺术品贸易中可能出现的一些争议，亦可作出规定进行内部约束。诸如国际博物馆理事会、全美考古学会、国际艺术品协会、国际文化遗址委员会、保护和修复文化财产国际研究中心等机构。除了对条约的签订和国家立法施加影响之外，也制定了一些重要的非政府组织的规范性政策。例如各机构之间旨在促进彼此短期或长期互借藏品的协议，有助于控制非法收购文物和文化财产的活动。这些协议的签字各方还可以进一步要求所有签字方采取限制性收购政策并遵循严格的道德准则。虽然这些协议的签订与执行存在着某些阻力，但这些非政府组织毕竟为控制艺术品在国际间的非法流转提供了一种重要机制。虽然大多数博物馆拒绝接受这样的文化财产应被遣返要求，但也有一些引人瞩目的例外。埃默里大学的迈克尔·C·卡洛斯博物馆向埃及返还了一具木乃伊，冬宫则向哈萨克斯坦返还了一个非常稀罕的铜碗。

三、对故意破坏和盗窃文物行为的制裁

除了限制非法获得的艺术品的进出口之外，许多国家对文物最初获得的方式亦有限制。美国1906年文物法规定（《美国法典》第16编第431-33条），为禁 *23* 止故意破坏文物的行为，在联邦土地上进行任何文物发掘都必须事先取得许可。联邦政府诉迪亚兹一案（1974年）涉及出土两年之久的印第安阿帕切族的礼仪面具。美国政府试图引用该法有关规定时，虽然受理此案的法院裁决该法语义含

糊，有违宪之嫌，但其他巡回上诉法院却都承认该法符合宪法精神。参见联邦政府诉斯迈尔（1979年）。

1979年国会通过了一个更为严厉的文物保护法——《1979年考古资源保护法》〖公法第96-95号，法规汇编第93章第721条（已编入《美国法典》第16编第470aa-470mm条）〗，该法解决了1906年法中语义含糊的问题。1990年通过的《土著美洲人墓葬保护和返还法》进一步限制买卖在1990年11月16日以后从政府或部落土地上发掘出的物品，并进一步限制进入印第安人遗址。返还法的规定限制获取和出售在联邦土地或部落土地上非法发掘的印第安人物品，禁止购买或出售人类遗骸或有关陪葬物，无论其在何时被发掘出土，除非取得其直系后裔或所属部落的同意。违反该法者将处以罚金和监禁。

另一种可对买卖本国和外国艺术品加以控制的手段是利用当地的侵占财产法与反盗窃法。这些法规一般来说是一个国家财产法和刑法体系的一部分。不过在确定被盗物品所有权时，常常要依据外国法律的有关规定。例如在温克沃斯诉克里斯蒂、曼森及伍兹公司一案中（1980年），法院裁定，由于原告所拥有之艺术品是在英国被盗，后又被携往意大利出售给被告的，因而应依据意大利法律来确定该艺术品的所有权问题。法院所依据的是"物之所在地法"（lex situs）的规则。该规则规定，动产交易的合法性应依据交易时该动产所在国家的法律来确定。同样，在联邦政府诉荷灵希埃德一案中（1974年），法院裁定，被告合谋在危地马拉获取哥伦布到达美洲以前的文物并转运到美国出售，触犯了《国家被盗财产法》（《美国法典》第18编第2314-15条）。该法禁止在州际和国际贸易中转运价值在5000美元以上 明知其为"被盗、非法获得或诈骗的"物品。法院判决的依据是，危地马拉法律规定，所有哥伦布到达美洲以前的文物均系政府财产，必须经政府批准方能将其运离危地马拉。现有充分证据表明，被告十分清楚搬走其合谋进口的石碑是违反危地马拉法律的，被告亦清楚该石碑是偷窃来的赃物。

在联邦政府诉麦克雷恩一案中（1977年）（第一麦克雷恩案）出现过类似的情况。在第一麦克雷恩案中，向一位联邦调查局便衣侦探出售哥伦布到达美洲以前的墨西哥文物的5名被告均因触犯了《国家被盗财产法》而被判有罪。虽然从

传统观念来看，这些文物均非赃物，但把这些文物从墨西哥运出却明显触犯了墨 ²⁵
西哥法律。公诉人指出，墨西哥法律规定所有哥伦布到达美洲以前的文物均归国
家所有。而法院却认为，墨西哥只在1972年5月6日所通过的一项立法中明确宣布
所有哥伦布到达美洲以前的文物均归国家所有。该案与荷灵希埃德案有所不同，
荷灵希埃德一案公诉人曾出示了那座石碑的有关资料，并请一位考古学家出庭作
证，证明在危地马拉有关法律生效之后，他仍在石碑原址见到过那块石碑。在第
一麦克雷恩案中，公诉人未能提出证据，证明那些文物是在1972年之后被运出墨
西哥的。

　　第一麦克雷恩案判决被推翻了，该案发回重审所需重新确认的事实之一就是
那些文物从墨西哥出口的日期。在新的审判中，被告依然被判有罪，被告再次上
诉。在联邦政府诉麦克雷恩一案中（1979年）（第二麦克雷恩案），上诉法院的
另一个陪审团确认了对其共谋犯罪的指控，但推翻了另一项关于触犯《国家被盗
财产法》的罪名。法院认为，虽然墨西哥专家证实，自1897年以来墨西哥一直把
所有哥伦布到达美洲以前的文物视为国家财产，但墨西哥政府并未以明确的语言
将这一立场在其法律中表述；而且经过文字翻译，该法不能让美国公民理解到这
一点，因此亦不能通过《国家被盗财产法》而对美国公民加以约束。法院认为，
在此前提下，通过联邦法引用该墨西哥法违反了正常程序，并违反了宪法第5条
修正案中有关预先通告的规定。

　　不过法院表示，如政府在此案中依据另外两项论据之一提出指控，被告罪名
就会成立。其一是，墨西哥政府于1934年和1970年两度宣布，所有艺术品遗址及 ²⁶
所有在此类遗址之内或之上发现的艺术品均归国家所有。私人所收藏的文物应
于限定时间内向政府登记以确定个人所有权。未经登记的物品将被推定为国家所
有。因此，法院指出，只要能证实有争议的物品未曾登记，并且是在1934年之后
运出墨西哥的，被告即可被判有罪。其二是，墨西哥政府于1972年明确无误地宣
布，在其境内所有"已被发现或未被发现"之哥伦布到达美洲以前的文物均归国
家所有。因此，只要能够确认被告是在该日期之后将该物品运出墨西哥的这一事
实，被告即可被判有罪。但联邦政府选用的却是1897年墨西哥早期的文物法，该
法措辞显然含糊不清。这个案件对所有涉及哥伦布到达美洲以前的艺术品贸易的

博物馆与收藏家都构成了一种威胁。

最近，在涉及纽约市的一个艺术品经销商的案件中，弗雷德里克·舒尔茨被指控图谋获取被盗埃及文物，第二巡回上诉法院裁定，《国家被盗财产法》适用于从外国政府那里偷窃来的财产，只要该外国政府依据有效的遗产法表明其对该财产拥有所有权。参见联邦政府诉舒尔茨（2003年）。

在艺术品与文物的国际流转中所出现的问题，需要在国家及多边国家的层次上解决。各国都已认识到其文化财产的重要性。并已采取措施保护其财富。为实现这一目标各国所采用的方法在许多方面都不尽相同，究竟哪一种方法最有效，只有时间才能做出回答。

第三章 艺术：战争的牺牲品

一、问题

有史以来，征服者的大军总是在被征服的国土上搜刮掠夺。在长篇史诗《奥德赛》中，荷马就记述了许多从特洛伊城掠夺来的珍宝。但首先把掠夺艺术品的行为视为一种荣誉的还是古罗马人。在被征服的国土上掠夺，不仅仅是为了艺术品本身特有的价值，同时亦被视为勇武的象征。在古罗马，展示那些从希腊、埃及、小亚细亚掠夺来的艺术珍品，并非由于其本身价值连城，更重要的是它们象征着罗马的强大。在第二次世界大战期间，德国人同样从其他国家劫掠艺术品，其目的在于使"优等种族"享有这些无价之宝；但与此同时，无数后期印象派的作品却被视为"堕落"而遭销毁。

艺术与文化财产也常被用作战争筹码而毁于现代化战争之中。在亚洲，当波尔布特政府将大量城市居民强行迁往农村安置时，吴哥窟的柱子与墙壁上布满了逃难的人们为寻找亲友而刻下的留言。士兵和平民都把圣庙作为避难所，以为古庙的神圣可庇护他们免遭攻击。但他们的想法过于天真了。吴哥窟现在弹痕累累，到处都是蓄意破坏与亵渎的痕迹。在海湾战争中，伊拉克人从科威特国家博物馆劫走了大批伊斯兰文物，幸亏大多数文物在战后都归还给了科威特，这主要还要归功于联合国所施加的压力。在科索沃，100多个教堂和修道院自1999年以来已遭到破坏。阿富汗艺术品，包括古代佛像，都遭到塔利班的摧毁，伊拉克国家博物馆于2003年美军进入巴格达后被洗劫一空。 *28*

最早旨在限制战时对艺术及其他文化财产从事破坏的尝试之一是《利伯法典》，这是一部美国陆军野战条例集。该法典规定，只有在搬运不会给艺术品造成任何损坏的少数情况下，才允许没收艺术品。同时该法典规定，这些艺术品的最终所有权应由战后所缔结的和平条约来决定。在1899年与1907年的《海牙公约》签订之前，国际间对这类问题一直没有正式的规定，《海牙公约》是国际间首次正式制定的指导原则。但该公约仍准许夺取战利品。夺取战利品，为占领军提供必要的供应及物资，这是长期以来为国际战争法则所认可的行为。但没收或破坏私人财产，包括用于宗教、慈善和教育事业的设施及科学艺术财产，则属于掠夺，是非法的行径。这些规则被所有主要强权大国所认可。但是在20世纪全球性重大冲突发生时（第一次世界大战和第二次世界大战），这些规则被证明是无效的，起不到预防掠夺与破坏的作用。

29　二、法律上的解决方式

　　战后对于被破坏、被没收、被盗艺术品及其他文化财产所有人的赔偿和归还问题，需要运用法律方式来解决。在第一次世界大战之后，清理被没收和被盗私人财产的任务交付给了根据《柏林条约》（美国在该条约上签字）建立的混合索赔委员会，以及根据其他协约国签订的《凡尔赛条约》而建立的混合仲裁委员会。根据这些条约的规定，德国对于战争所造成的一切损失承担全部责任。但由于德国的财力不足以赔偿全部损失，因而赔偿对象仅限于普通平民。只有在能以货币单位合理地计算出损失的准确数字，且德国人的行动是导致该损失的直接原因时，物主才能获得赔偿。

　　对于私人之间有关所有权的争执，这些委员会无权作出裁决。确定在战争期间遗失及被盗财产所有权的案件必须由民事法院作出裁决。因此在门泽尔斯诉李斯特一案中（1966年），门泽尔斯夫妇是否有权收回其马可·夏加尔的油画就必须由法院来裁决。该画是在第二次世界大战期间纳粹军队逼近布鲁塞尔，门泽尔斯夫妇于逃亡时丢弃的。该画被格林-罗森堡纳粹集团没收并在国际艺术市场上出售，后来被皮尔斯画廊获得。这家画廊对该画过去的历史情况一无所知，善意地把它买了下来。后来该画又被李斯特买去。正是在李斯特手中，门泽尔斯夫妇发现了这幅画。在要求归还而没有任何结果时，门泽尔斯夫妇提起诉讼。法院进退两难，原告与被告都是无辜的，而法院必须在两者之间裁定由谁来承担损失。

　　法院最后裁定，要求被告或归还该画，或向原所有人门泽尔斯夫妇支付价款。由于在每一笔买卖行为中，都包含卖方对所有权的默示担保，因而被告可以把损失转嫁给皮尔斯画廊。但是画廊辩称，它是一个以价值为准则的善意购买者；不应负任何责任。法院否决了画廊的辩解，因为最初劫取该画的纳粹党人是盗贼。法院指出，法律的基本原则是，盗贼没有任何权力转让所窃物品的所有权以损害原物主。

皮尔斯画廊还辩称，根据国家行为学说，它取得了该画的正当的所有权，法院也驳回了这种说法。国家行为学说建立在四个基本点上：

（1）没收必须是一个有主权的外国政府所为；

（2）没收必须发生在该政府所管辖的疆界之内；

（3）在诉讼期间，该外国政府必须存在并为美国政府所承认；以及

（4）没收不能违反任何条约义务。

法院裁定，由于上述基本点一个也不具备，因而画廊不能取得该画的所有权。该画是被纳粹党，而不是被一个有主权的外国政府没收的。由于该油画在被没收时，比利时政府仍存在，因此发生在比利时境内的没收行为并不是在采取行动之政府疆界内。而且美国从未承认过纳粹党，该项没收违反1907年《海牙公约》的规定。

如果一个国家发生了革命，而原告在法庭上是就在一个革命后确立了新政府的国家中丧失的财产要求赔偿，其结果就会完全相反。在佩利·奥尔加公爵夫人诉魏兹一案中（1929年），俄罗斯大公的未亡人对从苏联政府手中购买了其财产的人提出控告。该财产是俄国革命期间公爵夫人逃离俄国时遗弃的。苏联政府没收了该财产，宣布所有逃离俄国的人的财产将被收归国有，成为国家财产。英国法院驳回了原告要求收回其财产的请求。裁定俄的法令是国家行为，一个英国法院不能对其合法性提出质疑。因此，当向购买者出售这份财产时，苏联即转让了正当的所有权。

但当各国政府试图就战时被劫掠艺术品之所有权提起诉讼时，就会出现一些特殊的问题。在德意志联邦共和国诉埃利考芬一案中（1970年），德意志民主共

和国（东德）的一个机构——魏玛艺术收藏协会企图收回两幅阿尔布雷克特·丢勒的油画。该两幅画是在第二次世界大战期间，在旋瓦茨堡被盗走的。诉讼开始时，美国政府并未承认东德，因此该案被驳回。法院裁定，根据三权分立的原则，原告没有资格在美国法院提起诉讼。从宪法角度来讲，司法当局不能承认行

32 政当局未予承认的政府。

此后不久，在1974年，美国总统承认了东德，诉讼重新开始。这一次法院裁定，魏玛艺术收藏协会有资格提起诉讼。而且在审讯中提出的证据证实了它的说法，该画确系被盗物品。参见魏玛艺术收藏协会诉埃利考芬（1981年）。

美国最高法院裁定，美国法院对维也纳博物馆提起的一宗涉及多幅古斯塔夫·克利姆画作的诉讼享有管辖权。玛丽亚·阿尔特曼状告奥地利共和国，要求追回那些画作，她声称那些画作是被纳粹从她家里抢走的。法院认为，《外国主权豁免法》允许针对外国政府的某些民事诉讼，而且有追溯力。阿尔特曼和奥地利政府同意将此案提交给奥地利一家仲裁法院，该法院最近裁定，那些画作属于阿尔特曼女士的合法财产。参见奥地利共和国政府诉阿尔特曼（2004年）。两幅埃贡·希尔的名画，即《沃利肖像》和《死城之三》，曾被租借到纽约现代艺术博物馆。在利·邦迪·加雷的继承人举报这两幅名画是被纳粹从他手里抢夺走的之后，曼哈顿地区检察官罗伯特·摩根索下令予以扣押。不久，《死城之三》回到维也纳，但关于《沃利肖像》的诉讼仍悬而未决。

三、法律外的解决方式

33 由于这些管辖权、起诉权以及法律冲突问题，法院并非总能妥善解决战争后所出现的有关财产遗失、被盗及被没收物品的疑难问题。有时法律外的解决方式更为有效。例如在第二次世界大战之后，为寻找丢失和被盗艺术品，使其物归原主，各国政府将所开列的清单散发给艺术商与收藏家。在说服那些已知自己所拥有的艺术品是被劫或被盗来的人归还这些艺术品方面，政治压力与法律程序被认为同样有效。

在第二次世界大战期间，美国政府为实施保护而扣留了大量物品。实际上军方有一个部门专门负责对所缴获的敌方珍宝进行登记并妥善保管。停战之后，大多数物品都迅速物归原主，但也有一些物品是在出现了政治上的压力之后才归还的。例如在第二次世界大战期间，美国由于担心一些德国艺术家的作品会起到美化纳粹主义的作用而将其没收。战后，经过这些德国艺术家不断努力争取，卡特总统方于1978年签署法令，准许部分归还所没收的9000件艺术品。参见公法第95-517号，法规汇编第92卷第1817页（1978年版）。同样，归还当年从波兰科拉科夫市瓦韦尔堡运往加拿大保存的一批艺术珍宝的要求，最初亦遭到加拿大政府的拒绝。拒绝的理由是，现任波兰政府已非当年把艺术品送往加拿大之波兰政府。最后在民众、波兰政府和联合国的压力下，加拿大政府终于让步，归还了这批珍宝。

在多尔诉卡特一案中（1977年）出现了与加拿大政府占有波兰艺术珍宝案类 *34* 似的情况。该案涉及在大约公元1000年时，由教皇西尔维斯特二世赠送给匈牙利第一位国王的圣·斯蒂芬王冠。对匈牙利人来说，该王冠具有特殊的历史和文化意义。第二次世界大战之后，在苏军占领匈牙利前夕，该王冠和其他加冕服饰被送往美国保存。1977年，当卡特总统准备将全套服饰归还给匈牙利人民共和国时，来自堪萨斯州的参议员罗伯特·多尔控告总统，反对归还。诉由是总统未经与参议院协商及征得同意而采取行动，违反了宪法第2条第2款的规定。该款授予总统"经与参议院协商及征得同意，并得到该院出席议员三分之二赞成时，方可缔结条约"的权力。

地区法院拒绝接受参议员多尔的论点。所有证据未能证实该参议员的说法，即《巴黎和约》缔约国曾同意扣押该服饰直到苏军撤出匈牙利。归还服饰的协议本身微不足道，不足以构成宪法第2条所说的条约。此外，既然总统可以不经参院批准而承认一个外国政府，那么总统单方面采取行动亦不能被视为违宪。上诉法院维持了原判，但其所依据的理由不同——归还匈牙利王冠是一个不应以司法手段来解决的政治问题。

迫于政治压力，奥地利政府同意将纳粹从奥地利犹太人那里掠夺的8000余件无人认领的艺术品拍卖。本次拍卖在1996年举行，是由维也纳犹太社区组织的， *35*

总收入超过1450万美元。所得款项大部分被犹太社区留作慈善用途，而其中12%给予了遭受纳粹迫害的奥地利非犹受害者。

上述情况表明，解决战时艺术品遗失或被盗问题的最佳方式是预防。除制止战争爆发之外，预防战时对艺术品破坏或掠夺的唯一手段是缔结条约。因此，为重新确立在两次世界大战中被忽视了的原则，《海牙公约》缔约国于1954年重新集会。缔约国所一致通过的条款规定，对所有国家的文化财产实行全面的保护，使其既免遭战争的破坏，亦免遭发生在和平年代的劫掠。《武装冲突情况下保护文化财产公约》禁止征用艺术品，无论其所有权归属何人，无论其是否可以移动，也无论其所处何处。公约明令禁止为获取军用物资而破坏艺术品。更为重要的是，公约还规定了保护措施，要求建立一定数量的庇护以保护可移动的文化财产。公约亦禁止在无法移动的文化财产如文化遗址附近进行战斗，除非由于某些军事上需要而出现不可避免的特殊情况。虽然在实施公约规定及在解决具体问题时，缔约国可能会吁请联合国教科文组织予以协助，但公约的执行主要还是依赖各国所作出的保证。

这些明文规定的措施，实行起来有效性如何，尚未经历过严峻的考验，虽然在本章第一节指出，文化财产和艺术品继续被盗、损坏并在战争中被摧毁，当然，全人类都不希望这类考验的场面再次出现。公约中受到许多人批评的一个条款是，在特殊情况下，出于军事上的需要，可以不遵守保护文化财产的规定。波兰科拉科夫市加哥娄尼安大学的斯塔纳劳·纳利克教授是一位以私人身份参加条约起草工作的人士。据他说，这一条款之所以被纳入公约，主要是由于英美两国表示，如无这一条款，两国将不会签署任何公约。不过既然到目前为止两国都还未成为公约的签字国，有人建议应取消军事需要例外这一条款。

千百年来，在战争中交战各方总是会给艺术品和艺术品的所有人带来灾难。一般来说，完全避免私人财产和文化财产的损失是不可能的。因此必然要由法院来判明有关损失的问题。世界各国只能在一定程度上就战时军队的行为以及对艺术品的处置达成协议，与此同时，法院则需要在现有国际法规的范围内裁决所有权问题及损失问题。此外，在有可能禁止劫掠与破坏文化财产的地区，或在有可能帮助将艺术品归还给蒙受劫掠的个人与国家时，也应使用政治性压力。

第四章　作为一种投资的艺术品　*37*

一、艺术市场

几百年来，富有的人们一直在收藏艺术品。这不仅是为了他们自身的享受，而且还是由于他们深信，艺术品可用于交换，随着购买者财力的增长，艺术品还会升值。虽然纯粹为投资目的而购买艺术品的观念最初为人们深恶痛绝，但今天，可以肯定地说，艺术投资已成为一种体面的事情。一些投资顾问鼓励其顾客购买艺术品作为预防通货膨胀的手段，并作为传统投资项目的补充。除此之外，艺术品还可以提供无形的利益，诸如美的享受和与艺术家及其他精通艺术的专家建立私人关系的机会。

作为投资手段，艺术品显然在通货膨胀时期最能发挥作用。虽然从长远来看，艺术品随传统投资市场一般趋势而发展，但在短期内，如股票市场暴跌时，艺术市场则一般呈上升趋势。这显然是由于一些人认为艺术品比金钱或股票更有价值。例如，20世纪70年代初期，美国和欧洲货币的贬值便导致了艺术市场的抢购风潮，许多艺术品大幅度升值，利润相当可观。《皮克今日世界报道》分析了1975年的价格趋势，断言预防通货膨胀的最佳投资为购买法国印象派绘画。在道·琼斯指数平均仅增长了38％的同一时期内，法国印象派绘画的价格却令人震 *38* 惊地上涨了230％。但从另一方面来看，在通货紧缩物价下跌时，投资者寻求的是货币形式的利润，而不是留待升值的财产。因此，许多投资顾问劝告他们的顾客，在包括艺术品在内的有形财产的投资方面，投资额不要超过其资产的10％，而且应把不动产除外。

由于艺术品价格持续攀升不断刷新纪录，因而不断滋生出新的艺术基金和投资公司。还有一些指数来帮助投资者跟踪艺术品价格波动，如梅/摩西艺术品价格指数。根据梅/摩西指数，在过去的半个世纪里，艺术品在1953年至2003年之间的年回报率表现为12.6％，优于标准普尔500种股票回报率 11.7％，包括股息再投资。尽管人们担忧2001年9月11日的袭击会导致艺术市场崩溃，艺术市场上的价格仍一路看涨。2004年，毕加索的一幅《带烟斗的男孩》卖出了1.04亿美元高价，打破了绘画作品的拍卖纪录。此前的纪录是梵高的《加歇医生肖像》，1990年它的卖出价是8250万美元。

若想进行成功的投资，关键在于了解购买对象、价格以及购买的时机与地点。因此，每个投资者都应尽可能地全面了解艺术市场情况。就艺术市场而言，大公司、银行、博物馆、私人收藏家和艺术基金会一直是主要的买主，而且每个

39 集团都在以自己的欣赏口味和购买方式影响着市场。

艺术市场基本上是不受制约的。与受法律制约并由行政机关监督的那些更富有传统色彩的投资方式所不同的是，在艺术市场中，并没有一套完整的、专门旨在禁止操纵市场和欺诈行径的法律体系。在本书第六章中可以看到，一些州已通过了旨在保护消费者的法规，这些法规在一定程度上可适用于艺术市场，但没有哪一个法规像联邦或州的证券交易法那样全面。由此而产生的问题是，这些旨在调整证券交易的法规，是否适用于艺术品。

1933年的证券法要求每一位发行人在证券发行前向证券交易委员会（SEC）提交一份注册申请书。同时法律还要求发行人准备一份详细的说明书，以公开有关发行证券的所有重要情况。这些文件公开了该证券的全部有关信息，有助于潜在的投资者做出明智的决定。根据1933年法第2条（1）款所下定义，"证券"，是指"任何一种票据、股票……（或）投资合同。"有些东西，诸如金字塔式销售的自我发展程序书和稀有硬币资料卡都被视为证券。持这种看法的主要原因在于，出售者对所要获取之财富的说明及获利的可能会吸引投资者去参与有关活动。但1979年证券交易委员会却裁定，在推销1万美元一份的艺术投资资料卡的

40 活动中，虽然投资者可以交纳手续费请发起人代为保管与不断更新该卡，但该卡发起人仍可不受1933年法中有关注册的规定的制约〖（1979年）证券交易委员会判例汇编（BNA）第514号，判例1（1979年8月1日）〗。

除了1933年证券法对股票的最初发行有注册规定外，1934年《证券交易法》还对所谓"二级市场"；即在证券发行后进行的交易作了规定。1934年法中特别重要的一项规定是证券委员会条例第10条（b）（5）款，它规定：

下列行为均属非法：任何人使用任何州际贸易或邮递……的方式或手段，直接或间接地——

（1）利用任何方式、方法或手段进行欺诈，

（2）在所公布的材料中歪曲主要事实，或对在特定情况下为避免产生误解所必须说明的重要事实避而不谈，或

（3）在与证券买卖有关的活动中，对他人实施或即将实施任何欺诈或欺骗行为或商业活动。

法院一直把第10条（b）（5）款视为一种行为准则，该准则远比普通法严格，普通法中为防止欺诈而规定的行为准则是一种最起码的行为准则，基本上可以说是仅要求行为公平而已。然而迄今为止，在所公布的案例中，还没有一位法官考虑过第10条（b）（5）款能否适用于艺术品买卖的问题。

41

某些买主和竞争者一直试图引用《反诈骗与贪污组织法》（RICO）。在加莱里·弗斯腾伯格诉科菲罗一案中（1988年），法院裁定对萨尔瓦多·达利的某些素描和版画拥有专有权的一位竞争者受到了损害，因而有资格依据该法对在市场上出售伪造的达利作品的一家画廊提起诉讼。巴劳格诉夏威夷中心艺术馆一案（1990年）是另一起涉及伪造达利绘画的案子。第九巡回上诉法院在对此案的裁定中认为，依该法提起的民事诉讼可在发现损害时而不必在损害进行时提起。

二、进行投资所需考虑的因素

由于艺术市场基本上没有制约，同时由于艺术市场有许多独特之处，稍不小心便有掉入陷阱之虞，因而艺术品收藏家应对其 "艺术" 投资仔细作出评估。艺术投资是一项具有投机性的事业，说到底就是一场赌博。与所有其他投资一样，风险越大，可能获得的利润也就越高。艺术品也不是一种回收特别快的投资。艺术品很难一下子就出手，若想使艺术品有较大幅度的升值从而获得利润，可能需要一年或一年以上的时间。代理商的佣金一般为10％到50％，因此艺术品

必须大幅度升值，卖主的原始投资才能获得利润。此外，出售艺术品绝非拿起电话就能找到买主那样地便利；卖主必须去寻找一位或愿直接买下，或愿代为寄售的顾客，或一位代理商。

42 　　不同的艺术品身价亦不相同。虽然多数专家认为，收藏家只应购买其喜爱的作品，但对于一位可能成为买主的人来说，在购买前尽可能多地去了解有关他所要购买的那类艺术品的情况亦十分重要。除了对艺术和艺术市场要有一般性的了解之外，收藏家在购买前还应观察当地的市场行情、商品种类及拍卖情况。艺术市场中的大部分资金是由已经成型的资本化运作或存在巨大风险的投资决定的。投资顾问一直建议不要购买处在中间档次的大多数作品，也就是说，对于任何特定的艺术作品，要么买最好的，要么买最便宜的。

　　在个人购买任何艺术作品之前，还有几个其他因素应予以考虑。对某些附加费，诸如保养、保险、安全装置以及适度的温度和湿度控制等费用，必须进行估算。当然如把作品借给博物馆展出，这些开支便可节省下来，对这一点收藏者亦不可忽视。如收藏者准备将作品转售以获利的话，还应考虑到再次出售时的纳税问题。

　　以分期付款方式购买艺术品是进行艺术投资的方式之一。在美国几乎每家画廊都采用这种购买方式。有些人采用在股市上以押金保证购买的方式分期付款购买艺术品，其目的是价格一上涨便转售该物品以迅速获利。

　　另一种艺术投资的方式是贷款，以艺术作品本身作为附属担保物。由于艺术市场的持续走强，用艺术品作为贷款抵押的收藏者和经销商增加了。接受艺术品43 抵押的一些主要债权人包括美洲银行、佛利特银行、花旗银行、大通曼哈顿银行、日本兴业银行与信托白厅公司、佳士得、苏富比等。这些贷款项目往往包含艺术品咨询服务。

三、获取艺术品的方式

艺术作品可以从拍卖会，从画廊，直接从当代艺术家手中，甚至从科斯塔

（Costco）购买，科斯塔从2003年起开始销售纯艺术品。不过许多艺术家因签订了合同而负有仅向特定画廊出售其作品的义务。从知名艺术商那里购买，可使收藏者获得某些好处，诸如内行人的咨询服务、试用期、无息的分期贷款、适于浏览观赏的舒适环境及可供选择的丰富的藏品。一些艺术商还提供用一幅特定作品换取同一艺术家另一幅作品的选择机会。如果作品买后未受损坏，而购买者又选购了另一件作品，艺术商甚至可以保证以原价的一定比例，在有些情况下是80％到100％，收回原作品。

在20世纪90年代末，出现了数十家网上画廊，但是当互联网泡沫破灭之后，许多这些网站倒闭了。最近，第二波投资者正在进入互联网市场。收藏者是否愿意经常从互联网上购买艺术品，这还有待观察。

不是作为投资，而是为您的墙壁或"试用"一件您正在考虑购买的艺术品，是另一种获取艺术品方式。许多博物馆和画廊，包括洛杉矶市艺术博物馆，旧金山现代艺术博物馆，俄勒冈州波特兰市艺术博物馆，纽约州布法罗市的奥尔布赖特–诺克斯画廊，华盛顿州西雅图市艺术博物馆，威斯康星州拉辛艺术博物馆[44]等，都向那些买不起或不愿购买的人出租艺术品。

不过，投资者应当明白，如今许多画廊已不再是一声不响听任市场力量来左右艺术家名声与价格的艺术品储存所了。有些画廊的推销手段与公关技巧十分老练，诸如把有可能成为顾客的人拉到艺术家的工作室参观，巧妙地向"最佳"买主推销，有意识地散布该艺术家的作品即将脱销的传闻，等等。正因为成功的推销可以推动对某一特定艺术家作品的需求，因而投资者一定要与其他熟悉市场的人磋商以核实某一位艺术家作品的声誉与价值。在作出选择时，对于买方至关重要的一点是，要求艺术商将有关作品的全部细节，包括艺术家的姓名、流派、创作媒体、年份及其他所有有关信息，填入货单。日后如发现作品与所说的情况不符，艺术商就必须负责收回该作品并退还全部货款。

许多投资者借助顾问的帮助进行购买。纽约现代艺术博物馆向大公司提供艺术咨询服务，希望教会实业界人士大胆购买艺术品。大公司艺术顾问们所承担的任务与收费标准各不相同。服务项目包括咨询、藏品评估、代购和分期付款。费用或按小时计算，或从每一笔交易中按某个固定比例提成。除此之外，一些顾问是以收取佣金的方式服务的，佣金数额为交易额的10%到50%，这个比例与大多数画廊收取佣金的比例相同。

45　　　艺术品交易中的欺诈行为极少曝光，但一旦曝光，案情可能就颇为惊人。一位马萨诸塞州的艺术商向其顾客炫耀内容丰富的藏品目录和一大批美轮美奂的艺术珍品，以先付出巨额利润的方式引诱顾客上钩，然后对其实施欺诈。这位艺术商出售不归他所有的绘画，推销根本就不存在的绘画，将同一幅画卖给几位不同的买主。整个阴谋活动在1979年败露。该艺术商宣布破产，所欠债务超过1600万美元。他本人还要面对证券欺诈、非法侵占、挪用资金等46项指控（见卡特《数百万美元艺术品骗局的终结》一文，载1980年10月《艺术新闻》第100页；1979年10月1日《时代》第27页）。如前文所述，在已公布的案例中，尚无一份判决认可在艺术品交易中援引证券交易委员会条例第10条（b）（5）款有关反证券欺诈的规定的问题，但像此案这种情况即可确保其适用性，或进一步讲，可能有助于一些专为满足艺术投资者需要的新法规的形成。

第五章　拍　卖

46

一、一般拍卖

在自由市场经济体系中，有三种基本的转让形式。第一种形式可能是每个消费者最熟悉的，即固定价格式。在这种形式中，购买者可进行选择，接受或拒绝卖方所标价格。这种形式在最大限度降低交易成本方面最有效，但其缺点是，采用这种形式，要就是要，不要就是不要，没有丝毫回旋余地。相反，第二种形式，私人谈判式，允许当事人各方共同商定一个大家都可接受的价格，但通过代理人寻找买主所需广告或合同费用可能相当可观。

几位买主同时被吸引，互相竞争欲购某物，这种交易形式就叫拍卖，也就是第三种转让形式。与私人谈判一样，拍卖所需交易费用也相当昂贵，因为拍卖需要吸引大量竞争者来参加预定的销售活动。大多数拍卖行向卖方收取佣金以弥补开支，有些拍卖行还要求买方付附加费。把所有感兴趣的买主集合在一起，竞相喊价以确定价格，这种方式对艺术品交易特别有益，因为每一件艺术品在市场上的价格常常会有巨大的波动。这种波动的产生是由于艺术品的价值不仅取决于 47 创作时所耗费的材料成本，同时亦取决于其美学上的魅力，艺术家目前的社会地位，同类作品的多寡，以及根据艺术家其他作品销售情况而推断出的该作品升值的可能性。在衡量这些无形因素的价值方面，拍卖正是一种有效的机制。因此，投保物品的估价通常都是以拍卖物品价目表为依据的。拍卖甚至对于非参与者来说也至关重要，一言以蔽之，因为拍卖确定了价格。

虽然传统的拍卖仍是最常见的，电视转播销售和网上拍卖（特别是通过eBay）是越来越受欢迎。拍卖有多种形式，而且可以使用多种复杂的手法来左右价格。新手参加拍卖时应保持警惕，慎之又慎。

二、喊价

在竞相喊价的拍卖中，报价可以是公开的，也可以是不公开的。在公开喊价的拍卖中，欲购者公开竞争互相抬价以图压倒对方。一般来说，喊价是口头进行的，但也可以采用举牌或举拍的方式。不公开的报价，是在不知其他竞争者所报价格的情况下，递交密封信函或秘密进行的报价。秘密报价可以用书面形式，也可以用别人不懂的手势或耳语来表达。然后拍卖人在不透露报价数额和应买人身份的情况下，比较应买人所报之价。不公开报价有其不利之处，最明显的是采用这种方式所进行的拍卖活动耗费时间。密封的报价还有另一个不利之处，就是每位应买人仅有一次报价的机会。公开喊价与密封报价相结合是一种常用的方式。在这种拍卖会上，无法到场的应买人事先递交一份密封的报价，授权拍卖人或一位指定的代理人代表缺席者，在一个指定的价格上参与报价。

喊价的方式每个地方各不相同，不过有三种是最常用的方式：增价式，或称英国式，这种方式在美国最常用；减价式，或称荷兰式；以及同时报价式，或称日本式。在英国式拍卖中，拍卖人首先邀请应买人喊价，如无人响应，拍卖人将以逐步降低直到有人接受为止的方式提出一个开价，然后拍卖人或允许应买人自由喊价，或以渐次提高不断喊出下一个可接受之报价的方式引导喊价。最后，出价最高、无竞争对手的应买人获得购买该物品的权利。在荷兰式拍卖中，拍卖人宣布一个开价，然后依次降低，直到有人报价应买为止。与英国式拍卖不同，荷兰式拍卖是由第一位报价的应买人，而不是最后一位，获得拍卖品。日本式拍卖与其他两种拍卖方式不同的是，拍卖前并不出示拍卖物，在卖方出示其物品后，应买人立即或用代表一具体数字的手势报价，或将所报之价密封送交拍卖人。在允许报价的短暂时间里，由拍卖人来判定谁报价最高，卖方可以或接受所报的最高价，或在说明理由后，撤回该拍卖品。

三、喊价的策略

借助于报价的技巧，拍卖人、出卖人和应买人可使用不同的策略来左右价格。有些技巧是合法的，诸如拍卖人的穿戴打扮、语调、个性、举止及对拍卖品的评论。拍卖人也可巧妙地安排拍卖几件物品的顺序，促使喊价形成一种高潮。其他技术是不合法的。例如，拍卖人故意高声报出并不存在的喊价，有时过分激动的应买人就会陷入圈套，自己与自己竞价，这就是所说的"卖吊灯"。这种做法是不合法的，但却经常发生。因而老练的应买人常常坐在拍卖厅后面的角落里，以便观察喊价时的竞争。拍卖人还可能在应买人中安插一位专门哄抬报价的同伙。在英国这种做法被称为"抬价儿"，在美国则称为"托儿"。这是一种被视为触犯刑律的共谋犯罪行为。此外，根据《统一商法典》第2-328条，如拍卖人在接受报价时，明知有人代表出卖人喊价，却未能将出卖人可能亦参加喊价这一事实通知其他应买人，那么应买人可取消该交易，或在拍定前，按出卖人的代理人喊价前最后一位善意应买人所报之价购买该物品。不过如应买人明知喊价有假仍接受该项交易，就失去享有这些补偿的权利。参见瓦尼埃诉庞索尔德案（1992年）。2000年，易贝的在线拍卖行取消了被认为是理查德·迪本库恩一幅价值135805美元的抽象画的销售，认为卖方违反了抬价规则。后来，三名男子被起诉参与团伙竞标，使数百个买主损失了总额45万美元。

　　有时，应买人亦希望拍卖物能卖出高价。例如，一位拥有某位艺术家大量作品的人就希望这位艺术家的其他作品能以高价售出。因此收藏家与艺术商可能也会使用许多与拍卖人相同的策略来维持踊跃的喊价。不过，一般来说，真心购买的应买人会使用不同的策略来阻止价格的上升。他们会以种种评论贬低拍卖品，或制造分散注意力的事端以打断正在飞速盘旋上升的喊价竞争。财力有限的应买人可以采用不参与小件物品喊价的计策，期望其竞争对手去购买小件物品而耗尽其所有可利用的资金。如果一位知名艺术商或收藏家到场并对某物感兴趣会引发过分激烈的喊价竞争的话，该收藏家可请一位代理人代为购买。应买人也可采用联合购买的方式，由若干应买人组成一个小团体，仅派其中一人做代表参加拍卖。如果他们的目的只不过是为了减少麻烦或降低开支，则这种作法是合法的。但如果应买人之间为避免互相竞争而缔结秘密协议，有明确的压价目的，那么这就是组织"团伙"。这种协议在美国可能会触犯反垄断法，在英国也是非法的。

四、拍卖中存在的问题

许多州规定拍卖行和拍卖人开业须领取执照。有关领取执照的规定不仅仅是为了防止使用欺诈性拍卖手段，同时也是为了增加税收，防止利用拍卖销售赃物。但有时，在确定什么是拍卖以颁发执照时，也会出现一些问题。例如，在夏威夷珠宝商协会诉艺术品公司一案中（1970年），被告坚持说，虽然其所举办的交易会是以竞价方式进行的，但并不是拍卖。因为被告以资金作担保，给予买方在30天内不论何种原因均可退货的权利。这种交易方式，被告坚持说，与《统一商法典》中有关拍卖的定义不符。该法典中规定，由拍卖方式所进行的交易，在拍卖人击槌宣布成交时便告完成。法院认为，这个差别无关紧要。由于所有其他拍卖的特征均已具备，所以为期30天的担保只不过是向拍定人提供了一个退回货物取回资金的选择权，或者说，是在货物售出后的30天内，被告继续提供一个更换所购之物的机会。因此，被告在取得执照之前，不得继续进行拍卖活动。

大多数州也在试图制定有关拍卖的法规。特别需要以立法形式加以明确的两个问题是，有关底价的概念和撤回拍卖货品或撤回报价的程序。底价的概念首先在英国产生，是为了对付"非法团伙"而提出来的。底价是一个起始价，按惯例由拍卖人加以保密，应买人所出价必须达到这个起始价，拍卖品才能真正出售。

《统一商法典》第2-328条明文规定，除非另有明确的说明，所有的拍卖都将被视为是有底价的。在有底价拍卖中，只要拍卖人尚未宣布成交，出卖人就可随时撤回拍卖品。例如，当出卖人所指定的最低价，也就是底价无人应买时，便可撤回拍卖品。

另一方面，在无底价拍卖中，欲购者所出任何报价，均为接受拍卖人所拍卖之货物的表示。因此，《统一商法典》第2-328条规定，除非在相当一段时间内无人出价，否则拍卖人在无底价拍卖中不能将货物撤回。此外，一般来说。在无底价拍卖中，拍卖行不能采用最低利润保障法。在皮奇福德牧场公司诉巴尔TL公司一案中（1980年），怀俄明州最高法院指出，利润保障法实际上是剥夺了最高出价人的应买权，在无底价拍卖中，违反了出卖人无条件向最高出价人出售货物的原意。当然，无论是有底价拍卖还是无底价拍卖，应买人在拍卖人击槌前随时都可撤回自己的出价。

底价保密制的支持者认为，这个制度可保护出卖人，使之免遭抵制和诸如"团伙"等互相勾结的应买活动。但也有人一直在施加压力，要求底价公开。纽约市现在规定，在拍卖中若有底价，拍卖行应告知应买人，但无需公布底价数额。

另一个棘手的问题是公布所有权的问题。按惯例，拍卖人和拍卖行只是卖方的代理人，但拍卖行也可能会拥有部分拍卖品。如拍卖行因此被视为出卖人，而在有底价拍卖中又未公布这一情况，那么看来该拍卖行就违反了《统一商法典》第2-328条（4）款之规定。该款规定，只有在通知了其他应买人卖方保留应买权 [53] 之后，卖方才能参与对自己货物的应买。如拍卖人因应买人所出价未达到预定底价而从拍卖台上撤回拍卖品，该行为即视为拍卖行出价收回了自己的财产。

1974年有人曾试图以立法的形式要求公布所有权，以防止出现这类情况，但未获成功。拍卖行反对这种规定，认为这种规定具有歧视性，有利于艺术商而不利于拍卖行，因为那些不愿透露自己身份的出卖人更愿意通过艺术商而不是通过公开拍卖的方式出售其财产。显然是为了阻止制定其他约束性法规，一些拍卖行，如索斯比·帕克·伯尼特公司，最终采用了这样一种方法，即公布哪些拍卖品为拍卖行所有，哪些拍卖品是根据保障最低价格的协议而代售的。不过在1987年，拍卖法规还是做了修订以适应现在的情况。《纽约市行政法典》（第20编第2章第3条）规定，拍卖行应公布对某件拍卖品是否有利害关系以及该物品是否有底价。

按一般做法，如拍卖行以无利害关系的第三方和卖方代理人的身份进行拍卖的话，卖方的身份是不公布的。在这种情况下，就会产生拍卖人是否能保证所售出物品的真实和是否能担保所有权的问题。在魏兹诉帕克-伯尼特画廊公司一案中（1971年），法院裁定，应买人之所以买了假画，是出于对画廊的信赖，相信该画就是画廊方面所说的艺术家的作品。法院建议，拍卖行今后应以明确宣布无法进行这类担保的方式来保护自己。上诉法院在1974年推翻了该判决。上诉法院指出，能否鉴别真伪、鉴别的可信度决定着一幅画的价值，亦为应买人参加竞买 [54] 的因素之一。法院声称："（应买人）在到处都贴有购者当心标志的环境中未能小心行事，现在就没有什么可以抱怨的。他们做的是一笔蚀本生意。"从另一方面讲，如果拍卖人有欺诈行为或说了假话，那么应买人便会胜诉。在帕斯特耐克诉埃斯凯艺术品公司一案中（1950年），一名拍卖行的代理人通知原告，有一批珠宝价值大约4.6万美元，并力促原告出价将其买下。该代理人答应在下一次拍卖中将这批珠宝转卖出去，所得利润由双方平分。但事实上这批珠宝仅值1.1万美元，因而原告在拍卖中出价1.4万美元的买卖合同被解除。

大多数州规定，如果在拍卖中所卖出的货物系赃物，即使拍卖行实际上不知情，或无法推定其为赃物，拍卖人也应接收退货。但如果拍卖人受卖方欺骗，对货物缺陷未加说明便将货物售出，拍卖人可不负退货之责。如果拍卖人已觉察到有欺诈行为或情况可疑，或在任何一位有理智的人都会有所警觉而做进一步调查的情况下，那么对拍品做出说明的规定就必须执行。这些规定有助于制止盗窃，要求拍卖人对出卖人的所有权进行核实，使其不致因无法控制的缺陷而承担责任。

有时，某人喊价买定了一件作品，而实际付款的却是另一个人，这也会在产 55 权问题上引发纠纷。在林德诉汉塞尔一案中（1969年），原告布洛瓦夫人出价购买了一件布兰库斯的雕塑，但付款人却是她的丈夫。在他们分居之后，布洛瓦先生去世。他的女遗嘱执行人将那尊雕塑捐给了古根海姆基金会。法院裁定该雕塑仍应归布洛瓦夫人所有。当布洛瓦夫人所出价为拍卖人接受时，购买该作品的合同便已成立。她从何处获得资金来付款则属枝节问题。法院声称，既然布洛瓦夫人已承诺购买该雕塑，布洛瓦先生代其所付出的款项，要么是一种赠与，要么是一种给她的贷款。不过在其遗嘱中，布洛瓦先生已免除了她的一切债务。

由于拍卖人接受应买人的出价，彼此间就产生了合同义务，如果应买人未能付款，拍卖行便可提起诉讼，要求赔偿损失。不过赔偿的性质与限度问题可能颇为复杂。弗伦奇诉索斯比公司一案（1979年）表明，根据《统一商法典》第2-703条，卖方可进行选择，或要求作不受领的损害赔偿（第2-708条），或在法定情况下，要求给付价金（第2-709条），或将该物品再次出售由有过失的一方承担由此而造成的损失（第2-706条）。在弗伦奇一案中，拍卖行并未选择再次出售的方式，而是要求给付价金。根据《统一商法典》第2-709条规定，价金支付需具备下列条件：货物已被受领；货物在风险转移至买方后灭失；卖方再次出售已无法获得合理的价金。但拍卖行无法证明上述情况，而且由于拍卖行仅依据第2-709条要求赔偿，因而法院拒绝根据第2-708条作出不受领的损害赔偿的判决。这种在诉讼请求上的失误，对拍卖行来讲是不幸的。如果获得第2-708条所规定的赔偿，拍卖行可能有权获得市场价与未付之合同价之间的差价，外加连带损失赔偿，还节省了再次拍卖的开支。

卖方亦可从拍卖行获得损失赔偿。在克里斯莒丽娜诉克里斯蒂拍卖行曼森和伍兹公司一案中（1986年），艺术作品的拍卖委托人因拍卖失败而起诉克里斯蒂公司及其拍卖人。克里斯莒丽娜指称，拍卖人所印制的绘画拍卖图录不具有拍卖吸引力；拍卖人由于疏忽而未向卖方提供有关绘画拍卖价值的重要信息；克里斯蒂公司向公众提供的售前估价互相矛盾；拍卖人违反拍卖行的一贯做法，提出的保留底价高于售前最高估价。法院在预审中裁定，这些指控应予受理。开庭一周之后，克里斯莒丽娜与克里斯蒂拍卖行达成了一项不公开的庭外调解协议。

2000年，共同主宰了全球拍卖市场的索斯比和克里斯蒂，了结了一起违反反托拉斯法的共同诉讼，其绑定金额为5.12亿美元，使美国买家和卖家受损，另一起类似的诉讼，其绑定金额为4000万美元，使美国以外的买家和卖家受损。在司法部调查之后，索斯比承认绑定价格有罪，并交纳了4500万美元的罚款。A·阿尔弗雷德·陶布曼，苏富比的主要拥有者，他因与克里斯蒂共谋操纵拍卖行收取绑定销售费用，被判处监禁一年，罚款750万美元。克里斯蒂和它的首席执行官克里斯托弗·戴维奇获得由政府检察机关发放的有条件的赦免，因为他们同意配合政府的调查。

正如上面所谈到的，在拍卖中所存在的这样或那样的问题表明，新手参加拍卖时应小心谨慎。尽管有关领取开业执照的规定及著名拍卖行的行规提供了一定的保障，但对于那些粗心大意的人来说，复杂的拍卖技巧与程序仍会使拍卖成为危险的陷阱。不过拍卖确实为局外人提供了有关艺术品价格与需求的重要信息，因此，对于任何打算涉足艺术市场的人来说，对于拍卖的运作方式及其可能产生的危险有一个基本的了解还是十分重要的。

第六章　鉴别真伪

一、确定真伪

艺术作为一种投资对象，刺激了艺术赝品的增生。在所有的艺术品交易中，大约有10％涉及赝品或冒牌货。制作一件足以乱真的赝品可以获得相当大一笔金钱，对于不择手段的无耻之徒来说，这无疑是一种巨大的诱惑。由于一件艺术品的价值部分取决于其美学上的魅力，部分取决于作品的真伪，因此对于一位购买者来说，至关重要的是，能否有十分的把握识别作品的真伪。然而善于作伪的高手们常常使得这种鉴别极为困难，就连专家也一筹莫展。

根本的问题在于，是否有必要如此注重作品的真伪。艺术鉴赏是一种"整体性的感受"，在这种感受中，人们欣赏一件作品视觉上的美，同样也欣赏其历史之悠久，其所具有的原创性，以及其在艺术创作百花园中的地位。赝品打乱了这种"整体感受"，同时也会在经济方面造成不良后果。虽然最直接的受害人是买了艺术赝品的个人，花了钱却得不到相应收益，但除此之外还有许多间接受害人。诸如艺术史学家可能会被赝品上所出现的反常特征所误导，银行可能会把艺术赝品作为贷款的附属抵押品。

赝品一般可分为三大类：（1）伪造品。伪造者精心制作，假冒另一位艺术家的作品出售，有意进行欺骗，其中包括伪造艺术家的签名，伪造作品的证明文件，或伪造整件作品；（2）复制、翻印和临摹产品。制作时无进行欺骗之意图，最后因错认或失误而被当做原作出售，其中包括某位著名艺术家"所属之流派"中的其他人所创作之作品，后来被当做该大师本人的作品来出售；（3）改头换面的艺术品。其中包括对原作进行修饰加工，剪裁拼接，补全未完成之作品，以及没有根据地肆意挖补修复的残品。

汉斯·冯·梅赫伦曾以伪造维米尔的画而发财，直到荷兰政府指控他在第二次世界大战中资敌，他为逃避所指控之罪名而自首坦白，其欺诈行为才被发现。这一新闻震动了整个艺术界，但没有人相信他的话，直到他在囚室中画了一幅"名画"以证明他当年实际上是在欺骗德国人，人们才相信了他所说的一切。先进的科技手段证实了其他"维米尔作品"也是赝品。

另一个大名鼎鼎的伪造专家戴维·斯坦，他模仿著名艺术家的风格，伪造其签名，并把自己创作的作品当做著名艺术家的真品出售。斯坦的伪造技巧出类拔萃，甚至关在狱中时还在继续伪造，只不过他的作品都已加上"斯坦仿"的标记。有人为斯坦的作品举办了展销会，尽管纽约州司法部长曾试图用法律手段加以阻止。司法部长坚持说，不择手段的无耻之徒会从展销会购买斯坦的作品，然后除去斯坦的名字，再加上斯坦所模仿之艺术家的签名。但法院裁定，仅仅出于一种阻止非法行为发生的考虑，并不足以构成下达禁制令的理由。参见斯泰特诉 *60* 赖特·赫伯恩·韦伯斯特美术品公司（1970年）。在展销会的第一个晚上，斯坦的作品就卖出了一多半。

其他几个人的赝品，包括约翰·迈亚特、艾斯里奥·费德里科·乔尼和约瑟夫·范·德维科的作品，曾作为高仿赝品展出过。1995年，英国警方破获了案值数百万美元仿冒贾科梅蒂、布拉克、夏卡尔、杜布菲等艺术家作品的团伙。那些仿冒品附有详细的但却是伪造的出处证明，并通过克里斯蒂、索斯比和菲利普斯拍卖行出售。最近，伪造者将数百个欧洲小国艺术家的作品重新加工，在上面加上俄罗斯重要艺术家的签名。有时仅仅是伪造签名和改变标题；有时，他们将不那么像"俄罗斯人风格"的内容删除或修改。

联邦与州的反诈骗法对伪造艺术品的行为规定了一些制裁措施，但与制作并成功地出售赝品所能获得的利润相比，所给予的惩罚过轻。此外，这些刑事法规都规定要提出有诈骗或犯罪意图的证明。这一点在指控伪造者的案子中很容易证明，但如指控中间商，要证明这一点就难得多。中间商可能仅仅怀疑物品来历不明，或毫不知情。如果不是因为还有民事处罚的规定的话，出售者可能根本就不想知道其所出售作品的真伪。

到目前为止，对艺术品购买者的最佳保护就是采取预防性措施，使赝品难以蒙混过关。目前有几种能够降低购入赝品之可能性的预防手段。有意购买者应多 *61* 了解有关艺术家的创作风格、时代背景和创作特点，并把所选中之作品与已知的赝品和真品加以比较。为了提供一个机会，让人们能够识别在制作赝品时一些最常玩弄的伎俩，几家博物馆已筹备举办赝品汇展，为公众服务。一位细心的买主还应向卖主询问有关情况，诸如艺术家的姓名，有关作品的说明，作品完成日期，是否有能够说明所有权变更的历史文献，或能证明艺术家签名之真实性的历史文献。

如艺术家本人健在，买主可要求出具真品证明和卖据，无论该作品何时出售或转让均应附有上述两份文件。真品证明应包括艺术家姓名，作品名称，完成时间与地点，作品的内容，所使用的材料和载体，以及对艺术家所保留之权利的说明（参见第十四章），而且有可能的话，还应包括艺术家保证该作品为真品的签名。如系中间商经手出售，无法获得艺术家签名，卖方应为真品出具担保。

二、艺术专家

除依靠个人的知识外，有意购买者还可求教于一位艺术鉴定专家。艺术鉴定分为两大类：风格鉴定与科学鉴定。风格鉴定是由一位艺术史学家根据其知识、直觉与经验对作品进行的主观评估。而科学鉴定则是根据各种科学检测的结果，对作品进行的客观评估。

有时这些方法的差异会导致无法解决的矛盾，特别是在科学鉴定的数据与专家的风格鉴定看法相左时。不过这两种鉴定方法并不是互相排斥的。如果能克服职业性妒忌与自负，两种鉴定法可以互补，并产生一个更为准确的结论。

一位艺术史学家依赖头脑中的"资料库"，把有待研究的物体与不同的文化、历史时期及艺术家联系起来，这本身也是一种科学的方法。当然，任何一个资料库的可靠程度取决于其所容纳信息的质量与数量。仔细查看一件作品的每个细微之处，并把它们与据信是同一位艺术家所创作之真品的细微之处加以比较，这种比较法是最有效和最常用的方法。

雇佣一位艺术专家去鉴别一件艺术品，后来却发现该作品并非当初他所认定的那件，此时购买人往往会要求那位专家赔偿其损失。并非所有的"专家"都完全无懈可击，一旦失误就会卷入旷日持久、耗资不菲的诉讼当中，这种危险使许多正直的专家根本不愿提供意见。对一个打算购买艺术品的人来说，博物馆管理员可能是一个可靠的信息来源，但大多数博物馆都禁止向外人提供意见。许多私人专家由于担心引起诉讼，或担心自己的名声受损，甚至对其他专家作出的有明显错误的鉴定也不愿公开提出不同意见。因此，要想对一件新发现的作品作出最终结论，确定其作者身份和真伪，如果说不是不可能的话，至少也是十分困难的。专家们经常给出的说法是，根据现有资料，该作品与其他作品相比，更像是某位艺术家在某个时期的创作。 ⁶³

在一个震动了整个艺术界的案件——哈恩诉杜维恩案件中（1929年），经庭外调解，艺术鉴定专家杜维恩因对原告拥有的绘画所作评论而付出了6万美元。杜维恩，一位从未亲眼见到过那幅画的艺术风格鉴定专家，宣称该画并非列奥那多·达·芬奇所作，原作实际上存于卢浮宫中。据原告哈恩指控，杜维恩虚伪而恶毒地向一位《纽约世界》的记者说，哈恩的画并非真品，该行为侵犯了她的产权。哈恩进一步说明，这些评论导致堪萨斯市艺术博物馆取消了当时正在进行中的购买该画的谈判，给她造成了额外的损失。另一方面，杜维恩则反驳说，如果不能善意地对一幅准备公开出售，并已成为美、法两国报刊评论对象的绘画发表见解的话，那么他所享有的宪法第一条修正案中规定的言论自由权就受到了侵犯。这种说法相当于被告以"正当评论"为由的抗辩。

哈恩案之后，以正当评论为由的抗辩被扩展开来。对于一件涉及公众利益问题的正当评论或批评，只要其动机无实际的恶意，就不能对其提出控告。自由交换意见所具有的社会价值要远远超过这类讨论可能在公众心目中对某个人所造成的伤害。以"正当评论"为由的抗辩因此具有下列基本要素：（1）所发表的是一种见解；（2）这种见解所涉及的并非某个人，而是其行为；（3）评论是正当的，也就是说，读者可以看到评论的事实依据并作出自己的结论；（4）所发表 ⁶⁴ 的评论只涉及有关公众利益或任何呈现于公众面前的事物，诸如图书、艺术展览和音乐表演等。小心谨慎的评论者可将评论局限于那些事实清楚的事物，并使其评论内容仅涉及对作品的批评，而不是针对艺术家个人、个性以及专业技能的批评，这样便可保护自己不致遭受诽谤的指控。即使原告商业信誉受到了损害，经济上蒙受了损失，艺术专家亦可受到保护。

然而，以正当评论为由的抗辩也有一定的限度。如果被告所作的评论带有实际的恶意，也就是说，明知所发表的评论中有虚假成分，或完全不顾事实，以正当评论为由而进行抗辩便不能成立。进一步说，如果被告是一位职业评论家，他以与其职业所要求的慎重态度不符的做法发表评论，那么他就不能被容许以正当评论为辩护借口。因此，虽然被告杜维恩与哈恩达成庭外调解协议，但艺术专家们无须因此案而产生惧怕。作为一名艺术风格鉴定专家，杜维恩未曾亲眼见到过有争议的作品便发表意见，其行为完全有悖于职业道德，他以正当评论为辩词显然是不合适的。

后来纽约的一个案例，特拉维斯诉索斯比·帕克·伯尼特公司案（1982年），进一步表明了艺术专家职业道德的重要性。如果一位专家在鉴定一件作品的真伪或作出一项评估时所使用的方法有缺陷，他可能就要面对该作品购买人因失望而*65* 对其职业性过失提出的指控。另一方面，专家根据全面的职业化评估而得出的坦率结论，即使与雇主的看法和期望完全相反，他也无需承担任何责任。在特拉维斯案中，一位首次购买美术作品，承认自己对艺术一无所知的应买人，曾在一次拍卖会上用1.7万美元买下了一幅他认为是乔舒亚·雷诺兹爵士的作品。这位买主对于他准备捐赠给大都会艺术博物馆，并将因此享有慈善事业减免税的这件作品，希望有一个较高的评估。然而他的希望落空了，那位拍卖行的专家估计该画仅值3万美元（而不是所期望的20万美元），而且专家在其结论中指出，该画是由特利·凯特尔所作，并非乔舒亚·雷诺兹爵士的作品。

于是购买人作为原告提起诉讼，指控评估人不仅疏忽大意，而且还诽谤该作品，宣称评估给他造成了经济上的损失。法院对此持有异议并接受被告关于进行部分即决裁判的提议，判定对于两项指控原告均未能提出足够的证据以证实主要事实。在其口头所表述的判决意见中，法官承认一位专家在对一件艺术作品作出鉴定和评估时所面临的困难。法官声称，"我们在这里所处理的问题，没有一项客观的标准。每个专家的结论都是根据其个人的美学趣味与经验而作出的……简言之，我们是让专家们对两百年前所发生的事情作出一个他们认为是科学的猜测。"

关于对疏忽的指控，法院认为，在当时的条件下，该评估人的工作已经做到所能指望的程度。她进行了深入的研究，参考了范本和有关资料，还同关于雷诺兹作品的公认权威人士谈论过。她做了全部她应该做的事，因此说，她的行为并无疏忽之处。⁶⁶

法院也未能发现支持诽谤作品指控的必要条件。没有人能绝对肯定到底是谁画的这幅画，因此一定要说评估是错的，也有疑问。即使假定结论是错误的（该画并非凯特尔的作品而是雷诺兹的作品），也找不到诽谤指控中所必需的具有恶意这一附加条件。这与哈恩诉杜维恩一案的情况不同。在那个案件中法院说明，无论何时，如果一个人在没有必要的情况下，干预与其毫不相干的他人的事务，这种纯属多管闲事的干预将被视为具有恶意，有赔偿额外损失之责。而本案被告是应邀来做评估的，她只不过是在进行自己的工作而已。

在调查原告因所谓贬低性评论所蒙受的损失方面，承审特拉维斯案的法院也承受了巨大压力。据评估，该画价值远远超过刚刚6个月前原告为购买它所付出的金额。而且，无论该画是雷诺兹的作品还是凯特尔的作品，博物馆都愿意接受。原告所蒙受的损失似乎只不过是未实现其期望值而已。更何况在原告购买之前，就有人对该画的真伪，即它究竟是不是雷诺兹的作品，公开提出过质疑。因此，那些期望或许本来就不现实。

最近，一位艺术专家在遭受他人恶意起诉和滥用诉权之后，获得了一笔将近2140万美元的赔偿金。这位专家名叫史蒂夫·塞尔策，在他发表关于其祖父曾创造过一幅油画，具有一个著名艺术家的好名声的结论意见之后，遭到起诉。这幅油画的新东家诉称，塞尔策知道他的意见有误，贬低了油画的价值，使它不能卖掉。参见塞尔策诉莫顿（2005年）（初审法院的陪审团裁决将赔偿减少到1130万美元；这项命令被上诉，并正在等待蒙大拿州最高法院审查）。⁶⁷

在与顾客签订合同时，有些专家试图就诉讼问题订立一项特别条款，以减少自身所承担的责任。但法律并不维护这类条款。一些法院裁定这类条款无效，称其违反公共政策，正如迪尔伯恩汽车信贷公司诉尼尔一案（1959年），该案就涉及一份拖拉机零售合同中有关被告免责声明的问题。其他法院对于这类不利于缔约人的条款则严格按其字面解释，使其仅在有限范围内生效。参见博尔诉夏普和多姆公司案（1953年）。

三、科学鉴定

有许多科学方法可以用来帮助鉴定，这些方法往往通过确定作品的创作年代和所使用的材料进行。

这些方法包括放射性碳元素年代检测、热荧光分析、化学分析、黑曜岩水合分析、裂变轨道分析、钾—氩分析、比较分析、古制品复原技术、显微技术、X光摄影术、X光衍射术及自动射线摄影，甚至运用统计学，对绘画工具按压所形成的片段和细小的"指纹"的形式、笔触风格等等进行计算机计算。这些方法以及其他未指明的方法使科学家能够确定该作品中所使用的材料，以及研究该作品外部和内部结构。当涉及一件重量级艺术作品的时候，这些检测还是可行的，如果是不那么重要的作品，进行代价高昂的检测就不值得了。最近用科学的检测方法得出结论，两个在哥本哈根国立美术馆收藏的两幅伦勃朗油画被认定为伦勃朗的真迹。三年来，专家们利用X射线、裂变轨道分析、钾—氩分析等对该作品进行研究，并对画布的经纬线、底衬、油漆层等进行分析。该博物馆在其主办的名为《伦勃朗——大师及其画室》的展览中，完整公布了这些研究成果。

四、购买人依普通法向卖方索赔的方式

因他人出售署有其姓名的赝品而蒙受损失的艺术家有几种可以采用的索赔方式。正如在下面第十二章中将谈到的，可据此提出侵犯隐私权的控告，或可以像第十四章所谈到的那样，根据《兰哈姆法》第43条（a）款，《美国法典》第15编第1125条（a）款，以伪造出处为由提出控告。但买进一件赝品的人又能用什么方式索赔呢？发现所购之画毫无价值的购买人，其隐私权并未受到侵害，而仅仅是花了钱而未获得相应收益而已。亦不能根据《兰哈姆法》提起诉讼。尽管该法第43条（a）款文字含义很广，它规定"任何人认为自己受到或可能受到损

害"都有权以个人身份提起诉讼，而且尽管事实上商标法是旨在保护消费者的预期利益，但大多数法院都认为消费者无权依据该条款提起诉讼。

不过购进了艺术赝品的人确实也有一些向卖方索赔的方法。一些州已通过了特殊的艺术品买卖立法，允许购买者向出售赝品者索赔，而且如卖方能找到前一位出售者，在某些情况下，亦可以违反担保为由向其索赔。此外，购买人还可以根据普通法中有关侵权与执行合同的理论进行索赔。这些理论中许多部分是重叠的。例如下面将谈到的魏兹诉帕克·伯尼特画廊公司一案，索赔要求是以违反担保为由提出的，但上诉法院却是依据反欺诈论和过失论对该案作出判决的。因此卷入一件赝品之争的买卖双方必须弄清这些理论当中每一个理论的具体规定及其相互间的关系。

买方可以采用的另一种索赔方式是以受诈骗为由提出侵权诉讼，该诉讼可能使受到侵害的买方获得赔偿金或取消该交易。作为普通法的一种理论，确定欺诈所必需的证据，各州之间不尽相同，但共同的一点是，必须证明作为被告的卖方的说明不真实。该不真实说明：（1）与重要事实有关；（2）是为了博得信任而有意进行欺骗；（3）骗取了完全的信任；（4）错误的说明导致原告遭受了损失。如买方能证明，卖方明知一件作品并非所说之艺术家的作品，但仍说为其所作，对其诈骗的指控多半就会成立。不过在有些情况下，即使不真实的说明仅仅是由于疏忽造成的，买方也能以对方诈骗为由获得赔偿。如果被告在查证事实时未能采取应有的谨慎态度，如果中间商或卖方没有运用其职业所必备的技术与能力去查证事实，疏忽大意的不真实说明也可能受到起诉。不过由于大多数艺术诈骗案都很难被侦破，即使专家亦无能为力，因而以疏忽大意的不真实说明为由提起的诉讼一般也很难证实。

不真实说明可以作为取消合同的理由。确认不真实说明所必需的证据可能与确认诈骗所必需的证据非常相似，但也并非总是如此，还要看当地的法律是如何规定的。常见的区别是，只有在不真实说明既涉及重要事实，同时又有意进行欺骗时，才会产生侵权责任；而根据合同法，如二者仅具其一，或仅有意欺骗，或仅涉及重要事实，不真实说明仅会使合同无效。原因在于，侵权法规定不真实说明应负赔偿之责，而合同法规定，不真实说明仅会使有关合同无效；因此有关合同的规定无需过分严格。

在交易中有关艺术品为何人所作的陈述几乎总是至关重要的，因此要以不真实说明取消合同，从理论上说，无需提出卖方有意欺骗买方的证据。但如赝品的出售者无欺骗之意图，那么他所作的有关作者的任何陈述，必然只是一种见解而不是对事实的陈述。除了亲眼目睹艺术家创作了某一作品的人或者艺术家本人之外，无人能够绝对肯定地说，某作品就是某艺术家创作的。因此，对作品创作者一事没有直接的了解却声明作品是真品的出售者实际上是在说："根据我掌握的所有资料，我认为这件作品是真品，但我无法予以证实。"从这个角度来看，买方在交易中也应行使自己独立的判断力，如仅因买方未能这样做而造成失误购入赝品，就允许买方取消合同，这显然是不公平的，除非买方与卖方之间有一种特别的信赖关系，或除非买方有理由相信，与自己相比，在鉴别待售之艺术品方面，卖方有特殊的技巧、判断能力或客观性。参见《合同法重述》（第二版）第169条（1981年）。

另一种可运用的索赔方式是合同法中关于互有失误的理论。买方欲取消合同，一般必须证明：（1）合同赖以签订的基本前提有误；（2）这种失误对各方所达成协议的履行有重大影响；（3）蒙受损失的一方并未预料到有失误的风险。当事各方中一方单方面的失误亦可使受害方有权取消合同，但除上述互有失误论中的三个条件外，还必须证明，失误的结果将使合同的履行成为不当行为，或证明另一方肯定知道这一失误，或证明这一失误是对方的过失造成的。在这种情况下，该失误实际上相当于卖方的不真实说明、胁迫签约或其他某种不当行为。

如赝品出售者并无欺骗购买人的意图，以失误为由提出的诉讼请求，特别容易遭到被告以买方业已承担了作品真伪难辨之风险为由所进行的反驳。这正是魏兹诉帕克·伯尼特画廊公司一案中所出现的情况（1974年）。原告在拍卖会上购入两幅据信是拉乌尔·杜飞的画，后来却发现是赝品，几乎没有什么商业价值。上诉法院在判决中说：

> 由于在目前所提出的证据中，没有丝毫蓄意欺诈的迹象，因此买方

在认定该画为易于识别的该艺术家的原作；并据此报价时，就已承担了可能出现失误的风险……。（应买人）在到处都贴有购者当心标志的环境中未能小心行事，现在就没有什么可以抱怨的。他们做的是一笔蚀本的生意。

虽然严格地说，这项判决只能用于以拍卖形式出售的作品，但一般来说，它对任何艺术品交易均适用。由于在当今的市场上制作赝品之风盛行，因而大多数买主都知道或应该知道购买艺术品时所存在的风险。正因为如此，只要卖方无欺诈行为或其他不当行为，或买卖双方彼此间无特别的信赖关系，买方若想依据普通法关于过失或不真实说明的理论而向一位无过失的卖主索赔，那将是极为困难的。

五、担保

另一种可以用来向出售艺术赝品者索赔的途径是提出违反担保的诉讼。与以欺诈为由而提出的侵权诉讼不同的是，违反担保的诉讼是以类似于无过失责任的概念为基点的。卖方无需有任何过失，买方仅需证明曾有过担保，证明原告因货物与担保不符而蒙受了损失即可。不过，与依据不真实说明或失误为由所提出的合同诉讼不同的是，在担保诉讼中受损害的购买人可以索取赔偿，而不是仅仅选择撤销合同。

除路易斯安那州外，各州采用的商法法典是《统一商法典》。该法典第2编涉及的是包括艺术品在内的商品。根据《统一商法典》所提起的担保诉讼，赔偿额为购买人实际所收到的有缺陷之商品的价值与卖方所担保之商品的价值之间的差额。参见《统一商法典》第2-714条第（2）款。这种赔偿法与大多数州有关诈骗的赔偿法相同，赋予购买人以低于销售价购买该物品的权利。相比之下，根据普通法中不真实说明或失误的规定而取消合同，其结果仅能使购买人收回已造成的损失，即有缺陷的商品的价格与购买人所实际付出的合同价之间的差额。不过，值得注意的是，按照《统一商法典》第2-608条（1）（b）款的规定，如果"受领前很难发现缺陷……而按常规予以"受领后，买方仍有权取消交易。一件艺术品是制作精美而未被发现的赝品，这一事实本身就完全符合上述条款所规定的标准。该法典的注释指出，受损害的购买人既可根据第2-608条退回货物，同时亦可要求违约赔偿。应予注意的还有，如在受领前发现有与合同不符之处，那么根据第2-601条规定，购买人可以拒绝受领。

正是由于《统一商法典》允许一个在受领货物后发现赝品的购买人索赔，以取得交易上的利益，因而对于一位从并无过失的卖主那里受领了与合同不符的作品的购买人来说，以违反担保为由提起诉讼似乎最为有利。但在这种情况下，使用旨在调节一般商品交易的担保法规，也有一些潜在的问题。正因如此，一些州已通过了专门适用于艺术诈骗案的有关担保的立法。不过，在没有这类立法的地区，购买人可设法以担保为据向卖方索取赔偿。

（一）明示担保

担保有两种基本形式：明示担保与默示担保。根据《统一商法典》第2-313条，明示担保在（1）出卖人对买受人提出的有关货物的任何事实的确认或允诺，如构成交易基础之一部分时，以及（2）任何对货物所作的说明如构成交易基础之一部分时，即为成立。明示担保不限于写入合同的说明，某些附带材料，诸如广告或商品目录中的说明也能构成明示担保，但买方需证明自己知道这些说明，而且这些说明构成了交易的基础。即使合同本身涉嫌诈骗，卖方的口头声明亦可视为明示担保。更进一步说，由于明示担保并不仅仅限于合同条款，因此它在合同签订后亦可产生。

《统一商法典》的起草人在法典中明确表达了这样一种信念，除非有充分理由表明情况恰恰相反，否则卖方的所有声明都是交易基础的组成部分，因而都是明示担保。虽然这种措辞的含义很广，但买主仍需小心谨慎地将足以构成担保的对事实的确认或允诺，与那些并不构成担保的仅仅为一种意见或"吹嘘"区别开来。这种区别常常很难作出，一般要留待调查事实的法官来决定。在有关艺术品的问题上，英国的詹德威恩诉斯莱德一案（1797年）及鲍威尔诉巴尔汉一案

（1836年）表明，在涉及古代艺术品时，对其真实性的断言必然是一种见解，而在谈及当代作品时，这类断言更恰当地说应被视为对事实的说明。但也可以这么说，鉴别真伪即使对于专家来说也不容易，但买卖双方又都期望能对艺术品的真伪作出一个结论，在此背景下产生的意见看法并不能视为明示担保。另一种方法是审查每一个案件中的具体事实，把注意力集中于陈述中相对含糊的措辞，当事各方的专业水平，陈述是书面的还是口头的，陈述的前因后果，包括卖方是否说 *76* 过任何表明他所说的仅为一种见解的话，以及卖方是否说过可能会提醒一位有理性的买主应保持警惕的话。

在艺术赝品买卖纠纷案中引用担保法的另一个困难是，如何界定《统一商法典》第2-313条（1）（b）款中所说的"构成交易基础之一部分的对货物所作的说明"这段话的含义。在希尔飞机租赁公司诉西蒙一案中（1970年），法院裁定，把一架飞机说成是"空军司令，N-26778，第135号，联邦航空署，可飞"，即构成一项明示担保，担保飞机完全符合联邦航空署的准飞条件。但说某件艺术品是"伦勃朗绘画"，对这项声明就可以有几种不同的解释。这个词语可能是指该作品系伦勃朗绘制，但也可能仅仅是指该画的"绘制方法"是伦勃朗式的，或该画是"伦勃朗画派"的作品。由于词语本身的含义十分模糊，因此这类声明并不能构成一项该作品为伦勃朗所创作的明示担保，除非购买人能够提出证据，证明在买卖中使用这个词语的含义已有明确的界定，或证明在买卖中使用这个词语便表示所卖的并非赝品。

为一幅作品付出的价格也可用来判断有争议的担保问题。因此，如果买价与一幅荷兰大师真品的价格相当，就可以证实购买人认为自己是在购买一件伦勃朗真品的说法。相反，过低的售价显然会使一个有理智的人注意到，这幅伦勃朗绘画的价格便宜得离谱，因而所出售的绘画不可能是一幅真正的古代大师的杰作。 *77*

在罗森诉斯潘尼里曼一案中（1990年），以违反担保为由起诉的诉讼时效问题成为全案的关键。原告曾收到一件礼物——一幅题为《魏德海默姐妹》的绘画。该画是20世纪60年代从被告的画廊购买的。销售发票上说明："在发票上签名的人绝对保证此画系约翰·辛格·萨金特的原作"。由于纽约州《统一商法典》第2-725条规定了从出售之日起为期4年的诉讼时效期，因而法院驳回了原告的请求。

（二）默示担保

《统一商法典》还规定了三种形式的默示担保，即所有权担保、适销担保和适用于特定用途的担保。根据《统一商法典》第2-312条规定，第一种担保，即所有权担保，在每份商品买卖合同中是默示的、不言而喻的，但该项担保对于购入了一件艺术赝品的人来说，并没有什么用处。如卖方并不拥有完整的所有权，或该物品的转让权有争议，该项担保即遭破坏。因此，对一件被盗或被劫掠的艺术品来说，它的真正的所有者有权要求归还，而它的购买人可以违反所有权默示担保为由提起诉讼。但对于购入艺术赝品的买主来说，这项规定并未提供索赔的依据。

第二种默示担保是适销担保，见于《统一商法典》第2-314条。该条款规定：“除非已明确排除或已进行了修正，……否则只要卖方是经营这类商品的商人，其销售合同中就有商品必然适销的默示担保。”因商品缺陷而导致人身损伤或财产损失时，消费者一般使用适销性的默示担保作为索赔手段，但有些判例只在涉及买卖引起了损失的情况下才引用该项默示担保。而且，只有当作品是从一位“商人”手中购入时，才能引用适销担保。第2-104条对商人的定义是：“以经营某种或其他种商品为其职业，对买卖活动或所涉及之商品有专门知识或技能的人……。”因此，由艺术商或大多数拍卖行所进行的买卖都在该条款范围内，而由普通个人所进行的买卖则一般不在其内。

无论何时，如果所售货物不符合第2-314条（2）款所写明之任何一项规定，都违反了适销性的默示担保。在六项规定中有三项可能适用于艺术赝品的买卖。第一项规定，适销是指货物必须“与合同中的说明相符，在买卖中能被接受而无异议”。注释2具体说明：“在具体行业中，一位商人依协议而提供之商品必须符合协议中的说明或其他指明之特点，具有相当于该行业中一般人所能接受的质量。”第三项进一步规定，具有适销性的商品“必须适用于该商品的一般使用目的”。第六项规定，“如包装或标签上有允诺或对事实的确认，商品必须与之相符。”如买方能证明一幅艺术作品与其说明不符，证明购买人的投资或审美目的因赝品而受到损害，或证明作品上或框架上的签名相当于一个允诺或对事实的确认，那么买方就能提出适销性的默示担保已遭到破坏的指控。

《统一商法典》第2-315条规定了第三种默示担保，即适用于特定用途的担保，该项担保也适用于艺术品买卖。要证明违反特定用途的担保，必须具备三个条件：第一，卖方肯定知道买方的特定用途；第二，卖方肯定或实际上知道或可以推断出，买方是依赖于卖方的技能和判断力的；第三，买方必须实际上依赖于卖方的技能。本条注释把"特定用途"限定为一种具体的、与买方事业性质有关的特殊用途，使其有别于第2-314条适销性默示担保所涉及的"一般性用途"。一般以留待增值为目的的购买人或以收藏为目的的收藏家似乎不符合特定用途的条件。但另一方面，想获得某一幅特定作品，或想充实某一种具体的收藏的买主则处于这种担保的范围之内。

（三）否认

默示担保与明示担保都可能被卖方否认。确实，在其商品目录中加入说明文字以否认其担保之责，这对许多商人和拍卖行来说是常事。在以违反担保为由而提起的诉讼中，这是一种在许多情况下使原告无法获得赔偿的抗辩理由。不过要使抗辩成立，卖方的免责声明必须符合《统一商法典》第2-316条的规定。

只要在免责声明中具体提到了"适销性"这个词，否认有适销性的默示担保 [80]的说法便成立。免责声明可以是口头的，如其为书面的，则书写必须醒目。对适用于特定用途的默示担保亦可作出免责声明，但这种声明不能以口头为之，而必须以醒目的书面形式为之，虽然在文字上无需具体提到"适用于特定用途"这几个字。

对明示担保的免责声明则较为困难。第2-316条注释1指出，设置这种困难旨在保护买方不受与明确说明措辞不一致的、未曾谈到的、无法预料的免责声明的损害。因此，根据《统一商法典》，调查事实的法官在每个案件中都必须裁定明示担保与免责声明是否能以一种互不矛盾的方式来解释。对明示担保的否认与限制，如果不能作出合理的解释则无效。但把这条规定运用于有关艺术赝品买卖的案件中时，却远不能满足受损害的购买人的需要。一份有关艺术品的作者的说明常常是十分含糊的，因而免责声明很容易成立。

（四）艺术品担保法规

在艺术品诈骗案中，解释和运用《统一商法典》中有关担保和免责声明的条款有一定的困难，一些州认识到这一点而制定了具体处理艺术品担保问题的法律。纽约州立法机构1966年通过了一项法律，其中规定，任何一位艺术商如向一位非商人的买主出售一幅作品，在介绍该作品时，只要点明了作者或创作情况，即构成一项明示担保〖纽约州艺术和文化事务法第13.01–13.21条〗。纽约州法律确认消费者在弄清作品来源方面需依靠艺术商的经验、受教育程度和专业技能。因此，法律禁止艺术商将其对作者身份的认定仅仅说成是他的"判断"而非对事实的确认。该法律还作出一项推定，有关艺术品真伪的说明构成交易的基本组成部分，该法律甚至不允许卖方为吸引顾客购买一件有争议的作品而进行"吹嘘"。而且，要取消有关对作品真伪问题的明示担保，免责声明必须以醒目的书面形式作出，必须"用清楚而明确的文字通知购买人，卖方不承担有关作品真伪问题的任何风险、义务和责任"，并把它单独写入一项与确立担保的文字不同的条款当中。纽约州的法律还为购买人提供了比《统一商法典》第2–316条（1）款更多的保护，它规定如证明卖品为赝品，则对明示担保的免责声明即无效。

密歇根州1970年通过了一项类似的法规，见密歇根州法律汇编第19.410条及以下各条，而佛罗里达州则在1990年通过类似的法律，见佛罗里达州注释法规汇编第686.501条至686.506条（西部出版公司）。不过，虽然密歇根州、佛罗里达州和纽约州的法规在保护艺术品消费者方面颇有成就，但也有一定局限性。第一，这些法规仅适用于卖方为商人而买方为非商人的交易。密歇根州的法规中有关艺术商的定义包括在公开拍卖活动中出售艺术品的拍卖人，以及标的物的货主或委托人，但似乎并不适用于未通过拍卖人而出售艺术品的收藏家。第二，这些法规仅适用于用文字所作的说明。第三，这些法规仅适用于在纽约州、佛罗里达州和密歇根州所进行的买卖活动。例如20世纪60年代伊利诺伊州曾试图通过类似的法律而未成功，部分原因在于立法者们认为《统一商法典》已足以应付这类问题。但正如前面所谈到的，在涉及艺术赝品的案件中，《统一商法典》有关担保及免责声明的规定仍给人们留下了许多无法解决的问题。

六、有关印制和批量生产艺术品的立法

精美的印刷品和限量生产的雕塑品日趋流行的原因有很多，其中包括制作费用低廉以及可用于制作印刷品和雕塑品的新工艺增多。随之而来的问题是，进入市场的有争议作品的数量也日益增多。能够使购买印制作品的买主上当受骗的方法有若干种，如在印制完成后印版未拆卸或销毁，一些无耻之徒就可能会再次使用印版；在未签名的印制作品上伪造艺术家的签名；未经授权而制作、印制真品的复制品。至少在一个著名案件中，已发现有人将带有艺术家签名的空白纸张偷运进美国，然后再用机械方法把艺术品印在上面。参见联邦贸易委员会诉玛贵出版公司案（1991年）。

同样，限量制作的雕塑品也会引出许多问题。例如，未经授权而制作，将二次印模的复制品当做首次印模的原作出售，在艺术家指定数量的作品制作完成之后，利用尚未销毁的旧模具制作假冒艺术家作品的复制品。在一个奇特的案件中，偷窃了一件所谓雷明顿雕塑作品的窃贼们居然在法庭上企图以所盗物品系赝品为由，反驳对他们的刑事起诉。参见联邦政府诉托宾案（1978年）。[83]

调整印制美术作品和批量生产艺术品的市场的法规已在一些州获得通过，其中包括加利福尼亚、佐治亚、夏威夷、伊利诺伊、马里兰、密执安、明尼苏达、纽约、北卡罗来纳、俄勒冈、南卡罗来纳。参见加利福尼亚民法典第1740至1745条（西部出版公司）；佐治亚州法规注释第10-1-431条至第10-1-437条；夏威夷修订法规第481条F款；伊利诺伊州法规注释第815编第345条；马里兰州商法典，法律汇编第14-501条至14-505条；密歇根州法律汇编第19.409条；明尼苏达州注释法规汇编第324条；纽约州艺术和文化事务法第15.01条至15.19条；俄勒冈州修订法规第359.300条至359.315条；南卡罗来纳州法典注释第39-16-10条至39-1-50条（1976年版）。这些要求公布精美印刷品和批量生产艺术品的详情的法规，规定了在"限量生产的艺术品"的实际发行量大大超过购买人有充分理由和权利所预期的数量时，购买人应有的特定权利和索赔方法。虽然上述所有法规

仅适用于批量生产的印刷制品，但在纽约州、加利福尼亚州、佐治亚州和密歇根州，有关法规亦被用于诸如限量生产雕塑品等其他批量生产的艺术品。

　　所有这些州的法律都规定，物品售出时，在售货凭证、发票或收据上要相应公布某些信息与数据。需公布的信息与数据，在每个法规中都有具体说明，一般包括下列内容：（1）艺术家的姓名，作品印制或铸造年份；（2）制作数量是否有限制（尽管"有限"一词通常没有限定数额）；（3）印版或模具的现状；（4）如作品制作了多版，本作品的版次应予注明，同时注明本版制作数量；（5）本版是加制还是复制，如果是复制，是否重新制作了印版或模具；以及（6）印制或浇铸本版作品的工厂或铸造厂的名称（如果有的话）。大多数法律还要求公布所使用的材料和制作方法，诸如该印制品是蚀刻、雕版、木刻，还是石印作品，或者说明卖方是否根本就不知道作品的制作方法。如系雕塑，则必须公布所使用的材料。在有些州，还进一步要求公布批量生产之作品上艺术家姓名的来源（是亲笔署名，还是盖的印章），而且规定，除非另有说明，限量生产之作品上所标明的制作数量便构成一项明示担保，担保不再制作更多同样形象的制品。

　　如果制作是限量的，还需进一步公布最大发行量，详细列出签名和未签名的作品数量，经认可的校样数量，以及全部制作数量。

　　对于"明知故犯"，未按要求公布相应资料而将印制或批量生产的艺术品投入市场的行为，某些州还规定了卖方所应承担的责任，纽约州和俄勒冈州都规定了严格的责任。所有这些法规都有关于免责声明的条款，如卖方对按规定所应公布的资料并不知情，可提出免责声明。但是，该声明必须就每一具体细节"分门别类"地加以说明。

　　对于违反公布有关信息之要求的个人，所有这些法律都规定了所应承担的赔偿责任，赔偿额为购买人所付出的价款及从购买之日起该价款所应产生的利息。如系故意违反有关规定，购买人可获得3倍于买价的赔偿。夏威夷州法律规定，索赔额可为买价的3倍，或1000美元，购买人可选择获得赔偿额较高的那一种方式。

七、预防性措施

保护购买人免受赝品或假冒艺术品损害的最佳方案是设立艺术品登记制。它将为购买人提供迅速核查艺术品真伪的便利，从而杜绝赝品买卖。可行的登记方法有若干种。在世的艺术家可将真品证明书、作品照片和第一位购买者的姓名提交给一家登记中心。登记中心的组建和操作可以仿照汽车牌照的发放管理模式。另一种方法是，艺术家在其作品上留下签名或识别标记，然后加印用光谱中重原子色制作的密码，最后将有关艺术家识别标记的档案集中保管。这种方法的另一方式是将艺术家在绘画作品中的指纹经化学处理而保存下来以供鉴别。

在艺术品上加标记并非只能用于当代艺术家。艺术品本身都具有可识别的独特之处。因此任何艺术品——当代的，过去的，或远古的——都可以编目登记。艺术品所有人可向一个登记中心提交一份该作品真实性证明书的副本。

目前已建立了几种艺术品登记制。在英国，有两名警察研制出一种栅格标记法，并将其运用于被称之为国际艺术品登记局的现有的艺术档案中心。在与两百周年国庆有关的活动中，美国联邦政府设立了一个登记处，专门登记1914年以前所创作的绘画作品。

另一种处理赝品与伪造品问题的方式是设立识别标志，用它来识别作品之真 伪，并对非法使用标志者加以惩处。美国内政部的一个分支机构，印第安雕刻和工艺品委员会，对土著美洲人的艺术和工艺品已作出这类规定。它采用的是一种只能由土著美洲人使用的识别标志，以识别其作品。违反此法规者将予以惩处。参见《美国法典》第25编第305条至305条（c）款。该法规定委员会应帮助土著美洲人、土著美洲人部落及其社团，将其识别标志登记。遗憾的是，该法律自1935年通过以来从未执行。阿拉斯加州为其土著居民通过了一项类似形式的立法。参见阿拉斯加州法规汇编第45.65.010条至45.65.1070条。

还有许多工作要做。在联邦立法机构认识到问题的重要性之前，在联邦立法机构拨款建立一个完善的现代化登记制度，并通过联邦艺术担保法对违法者予以实质性惩罚之前，在大多数场合下，艺术品购买人必须时时处处将"防伪"二字牢记心头。

　　替代立法的一种方法是艺术界内部的自行管理。法国与美国的艺术商一直在进行着某种程度的努力以实现这一目标。艺术品商界人士制定了行业道德准则并予以严格执行，这将有助于遏止伪造风。艺术商自我管理的一种可能有效的方式是建立一个发放营业执照的非官方协会。这将使艺术界能自行清理门户，因而也将有益于购买艺术品的公众。印第安艺术和工艺协会基本上正在实行这样一个计划。该组织已有了一部正在执行中的规定相当严格的道德规范，并鼓励其会员展示这个私人组织的徽章副本及其职业道德规范。美国艺术商协会同样也通过了一部职业道德准则规范，但到目前为止并非所有艺术商都是该协会成员。

　　当发现一件所谓的名作实际上是一件赝品之后，随之所披露的丑闻常常会吓跑一些想购买艺术品的顾客。对于这个问题采取法律措施固然可以为受损害的收藏家提供赔偿，但对这个问题采取预防性措施可能更为有效。艺术市场在经济上获利的多少一般取决于下列条件，即出售作品时所附有的手续齐备的证明文件在多大程度上能够使购买人相信，他所购买的是一件真品。

第七章 保 险

一、保险的拥护者与反对者

即使采取最严密的保安措施，也不可能消除拥有艺术品而产生的全部风险。昂贵而复杂的警报系统一般只能吓住缺乏经验的小偷，专业窃贼反而会被吸引，甚至将其当做对自己的一项挑战。艺术家、收藏家、商人和博物馆为举办展览或为请有心购买者鉴赏，常常需要搬运其藏品，这样就会产生一些在其他情况下不大可能发生的丢失或被盗的风险。火灾、洪水、地震也会对藏品的安全构成威胁。防范这些可能出现的经济损失的措施之一就是参加保险。

是否投保，对于拥有艺术藏品的所有人或监护人来说，可能是最重要的问题。虽然艺术品保险费一般低于许多其他种类的保险，但其绝对数额可能仍然十分可观。收藏量越大，保险费越高，保险公司一般还要根据被盗风险增加的趋势而加收额外费用。随着艺术品被盗案数量的增长，保险费也一直在增长。目前艺术品被盗案已成为国际上仅次于毒品买卖的第二大犯罪活动了，而且仅有10%的被盗作品能够被追回。在许多情况下，为预防这类风险而投保完全得不偿失。因为盗窃和火灾所引起的损失一般不会波及全部收藏，同时艺术品价值波动很大，定期盘点、评估并重新确定保险金额不仅困难而且费用昂贵，因此艺术收藏家们 *89* 很少会按其藏品的真正价值投保。在美国，大多数博物馆都上了防盗险和财产损失险，而许多博物馆，特别是在欧洲，一般都投保火险和水害险，但不上盗抢险。例如，奥斯陆蒙克博物馆的一幅油画《呐喊》曾在在2003年8月被盗。一些博物馆不是根据作品的价值投保，而是花钱支付艺术修复专家的费用。

一些机构仅为其借出的艺术品投保，而且有时借出机构仅在借入机构为作品投保的前提下，才肯借出作品。由于在不同地点之间移动作品要比把作品存放在一个固定地点所冒的风险高得多，因此巡回展览的保险费通常也十分昂贵。不过有些展览活动可以通过国家艺术基金会的艺术和工艺品保障计划而获得保险 。

参见《美国法典》第20编第971条。这个计划是国会于1975年核准的，旨在为那些因保险费过高而无法举办的国际展览活动提供保险，使其得以顺利举办。外国在美国的巡回展览可享受联邦保障，同时美国在海外的巡回展览如系与外国文化交流的组成部分，亦享有联邦保障。该法律的保障范围很广，任何物品丢失、被毁、被盗，或蒙受了除自然磨损以外任何外因所引起的损坏，均可获得赔偿。为其他大多数保险所排除在外的核战争、战争以及恐怖主义损失保险，也在该法律保障范围之内。赔偿总金额以6亿美元为度，并根据展品价值和私人承运者一般所承保的保险金额折算扣减。正因如此，各博物馆才能为各种巡回展的举办而投保，否则公众根本无法看到这些展览。

　　一批艺术收藏品的代管人或监护人有时在是否投保这个问题上并无选择的余地。一些委托证书规定必须投保，而且一些法院亦认为，如委托管理旨在营利，而损失使营利的希望破灭，那么未投保便是未尽到代管人的职责。在这类案例中，未参加保险，代管人个人便要承担全部责任。

　　如对是否投保有选择的余地，那么有关机构或个人便可以使用类似保险公司所使用的简便算法，测算各种可能性。首先测定目前重新购置所有收藏品的费用，然后测算出对这一数额投保每年须交纳的保险金的数额，并对受损失的可能性及其严重程度作出预估。如果蒙受损失的可能性不大，或只会蒙受很小的损失，那么收藏者最好每年拨出一笔与应缴保险金相等的款项，自己为自己保险。如果情况正相反，受损失的风险很高，一旦受损失其损失程度将很严重，那么投保当然是可行的。不过收藏品如系无法替代的名作，许多博物馆和收藏者倒宁可将本应用于交纳保险费的金钱用来加强诸如防火防盗等设施，以防止艺术品的损失或损坏。

二、保险合同

　　一旦决定投保，收藏者必须决定选择何种保险。虽然只要不违反法律或公共政策，保险公司与投保人有完全的自由去签订他们所要签订的合同，但如今，独立的保单已很少使用。承保一般常见险情的标准保单已取代了独立保单，情况有少许差异则可使用附加条款。

保险协议包含一份私人合同所具有的所有要素。签约各方必须是符合各州法律规定的有签约能力者，协议必须合法而且需经双方一致同意。在一份保险合同中，各方必须就保险标的、所保风险的类型、被保险人、保险金额、保险期和应当缴纳的保险费等问题达成一致意见。

协议体现了标准合同中要约和承诺的原则。一般来说，申请保险被视为要约。由于承诺必须在要约条款的范围之内，因此发放一份与申请书内容有所不同的保单，便被视为是一种反要约。正因如此，从技术角度来说，被保险人必须同意这种变更，否则便无法签订合同。不过，虽然有这种一般性原则，但口述的临时保单与草签的投保订单通常是不完备的，没有列明合同的所有条款。在这类案例中，法院可将一般常用条款视为合同的当然内容。在其他一些案例中，保单上如出现一般人预料之外的条款，常常会受到抨击，因为这些条款超出了一般被保险人所能够预料的范围。被保险人是否有义务去核对保险单中的条款，对这个问题各法院意见并不一致。一些法院把审读保险单作为一项明确的义务加于被保险人，如系审读疏忽，被保险人就无权再提出某一条款无法执行的申诉。在佛洛斯海姆诉伊利诺伊州旅行者保险公司一案中（1979年），被保险人在法院的申诉被驳回。其原因就在于，保单中有一条款规定，诉讼应在损失发生后一年内提出。被保险人坚持说，她并不知道保单内有这样一项规定。当初在她向保险公司提出附加证据以证明她那幅瓦尔利绘画的损坏是由于洒上了松节油所致，而不是由于作品本身内在缺陷所致之后，她一直在等待着保险公司来付赔款，因而未及时起诉。但法院裁定，被保险人有义务注意阅读保单的内容而不能完全依赖保险公司去提醒她有关她的责任问题。其他一些法院则不愿作出这类苛刻的裁决，它们要求承保人在对保单内容作出变更前，应提请被保险人注意保单中变更的内容。

公共政策禁止为那些对所投保的标的物并无保险利益的个人保险。这条规定旨在遏制冒险行为，减小诱惑因素，以免被保险人有意制造损失以获取保险金。法定的保险利益有产权、合同上的权利、潜在的法律责任以及实际上可能发生的损失。拥有这类利益的个人包括财产受托保管人、遗嘱执行人、管理人、监护人、保管人、继承人、股票持有人、出租人、承租人等。在损失发生时，保险利益必须仍然存在，而且有些州规定，在签订保单时保险利益就必须存在。

在解释保险合同时，法院依赖一系列标准解释规范。当事人的意图一般被认为是由保单上的文字，按一个未受过专门训练的普通人所能理解的习惯用法来表述的。具体条款优于一般性条款，打印、手写或后贴上去的条款优于标准格式条款。如果保单中的文字从整体上看可作两种不同的合理解释，法院可将保单以外的因素纳入考虑范围。法院将会调查交易产生的前因后果，当事人各方的情况以及被保险人所想投保的保险额、保险范围。可以考虑的具体内容有，保险费的多少、行业惯例以及当事人各方的实践经验。一般来说，语义含糊者应作有利于被保险人的解释。被保险人虽然不一定非得以明显荒唐的解释为根据，但如保险代理人向被保险人就保单作了解释说明之后，保险人就不得否认他就保险金额与保险范围所作的承诺。

在解释合同时另一个容易出现问题的方面是保险合同中的除外条款与限制条款。一份个人家庭保险单，一般都把属于被保险人商业经营方面的财产除外。对许多收藏者来说，这一点可能会引出一些使人意想不到的问题。一位出售了部分收藏品的商人或收藏者将会发现，所有剩下的藏品已被划入他商业经营方面的财产，因而不能享有个人家庭财产保险。收藏者还会发现，特定的使用方式也会使其藏品被排除在个人家庭财产保险之外。例如，在斯特旺斯龙诉北美保险公司一案中（1951年），被保险人所投保的是个人财产保险，保险的标的物是其收藏品的一部分。但这些标的物在相当长的一段时间内在其所开设的餐馆内被当做装饰品陈设，因而索赔要求被法院驳回。另一方面，在辛格诉哈特福德国家火灾保险公司一案中（1970年），被保险人是一位室内装饰专家，她计划将其个人所收藏的艺术品借出几件给一位顾客，以实物说明她对其顾客办公室的装修建议。但在搬运过程中，艺术品在被保险人的车中被盗。法院裁定，这些物品为个人财产，应根据被保险人的个人财产保险予以赔偿。

有些类型的保险并不包括艺术品，除非在保险合同中具体谈到了这一点。要将艺术品纳入保险可以在开列所承保的财产的条款中，将艺术品作为一类而列入条款，或单独开列所有物品，将被保险人收藏品的明细表列在其中。这种预防性措施会导致保险费增加，但从长远来看，则可避免金钱上的损失，节省打官司的时间。

在综合性或包含一切项目的保险中，被保险人的财产所蒙受的任何损失与损坏一般都可以获得赔偿。但即使是在这类保险的保单中也有除外条款与限制条款。正因如此，在普拉扎证券公司诉依特那意外事故保险公司一案中（1974年），法院驳回了因一座大型金属雕塑倒塌而引起的被保险人的索赔要求。虽然该保险单是包含一切项目的那一种，但其中明确排除了"由于设计、规格、操作或材料方面的失误、疏忽或缺陷所直接引起的"损失。即使没有一个明确的除外条款，一些法院，也会驳回因这类损失而提出的索赔要求。在丘特诉北河保险公司一案中（1927年），虽然享有综合保险的一块宝石由于内在缺陷而碎裂，但法院仍驳回了索赔要求。法院裁定，保险合同并非是对财产的质量和耐用性的担保，而仅仅是对偶发事件或外部力量所造成的损失或损坏的补偿性赔偿。法院推 _95_ 断，当事人各方如有意将内部缺陷所造成的损坏纳入保险范围，则应在保险单中具体写明。

在火灾保险中，火常被划分为有害火与无害火。油灯中或火炉中所燃烧的火一般被视为是无害的。一般认为，由于操作疏忽，这种火所造成的损害不在保险范围之内。因此只要火仍在其所应在的范围之内，那么，因灯火过亮或因火炉、取暖炉有缺陷而产生烟雾所造成的损害是不能索赔的。如果火逸出了其所应在的范围，无害火就可能变为有害火。因此，烟筒逸火所造成的损害，保险公司就必须赔偿。如无害火燃烧过大而失控，无害火亦可变为有害火。

一份赔偿合同并不能使承保人对承保事件的一切间接后果负责。承保人仅对那些直接的并由合同条款所写明的后果负责。如某人为其住宅和财产保了火险，那么即使由于被保险的房屋失火，给邻居的房屋造成损害，保险公司对邻居房屋亦无赔偿之责。然而，在高恩斯诉西北太平洋保险公司一案中（1971年），一位失主因悬赏而找回了被盗物品。法院裁定，保险公司应向这位投了防盗保险的失主赔款，以补偿其为找回丢失财物而付出的赏金。参见克劳特诉摩根兄弟曼哈顿仓储公司一案（1976年）。不过，为了防止被保险人与所谓窃贼相互勾结，许多 _96_ 保险单中规定，被保险人在支付赎金前应征得承保人的许可。此外，由于赎金保险的泄露将使保险公司处于易受损害的地位，因此一些保险单中规定，如被保险人泄露保险单中具有赎金保险之内容，合同即作废。

里克尔·费南斯AB公司诉北美诺德斯特公司一案（2001年），涉及将委托人的一幅油画错误投递。法院认定，这种错误投递，实际上应包括在保险范围内，因为它导致了委托人的损失。

三、赔偿与补救措施

如损失发生，赔偿金额主要取决于保险合同中有关条款的规定。在一份"定值"保单中，赔偿金额是预先确定了的，不存在欺诈与失误的问题，对于各方都是无可争议的。在1990年艺术精品公司诉联合包裹服务公司（UPS）一案中（1990年），一家美术馆通过联合包裹服务公司，计划将6件厄特绘画原作运交艺术精品公司。美术馆额外付给联合包裹服务公司2.25美元，为这批画投保了999.99美元。包裹丢失后，艺术精品公司对联合包裹服务公司提起诉讼，要求按这批绘画的实际价格索赔2.7万美元。法院裁定，联合包裹服务公司只需按事先说明的包裹价值赔偿艺术精品公司即可，无需赔偿超额部分。在"未计价"或"未定值"的保险中，一旦损失发生，被保险人即可在保单注明的限度内，按财产的现行价格获得全额赔偿。许多保险单中还有一条被称之为"共同保险的条款"。该条款规定被保险人需按保险标的物价值的一定比例（通常为80％）投保。一旦损失发生，如被保险人已按规定数额投了保，被保险人则可按保单面值获得全额赔偿。如未按规定数额投保，被保险人则将与保险公司一起成为标的物的"共同承保人"。损失一旦发生，保险公司无需按保单全额赔偿，只需按一定比例赔偿，该比例依据保险金额与实际价值之比确定。

在测算被保险之财产的现行价格时，常常会产生许多争议。在最初投保时，保险公司常常会要求对标的物进行估价，但这并不意味着承保人一定要按这个数额承保，因为评估人被视为被保险人的代理人，他所评估的价值也只是一个参考性数据。许多保险单中都有评估和仲裁的条款。这些条款规定了讼外解决有关价值的争议的程序。按规定，评估人应按被保险人所说的情况评定标的物的价值。正因如此，在美洲安全保险公司诉沙玛一案中（1984年），评估人认为36幅微型画并不配套，并非如被保险人所称，是来自印度邦迪派的一套配套作品，这个评定意见被法院否定。在其他案例中，如诉讼是因赔偿金额问题所引起的，那么证明标的物价值常常会变成专家证人之间的一场争论。如证据不足而损失又非局部性的，一些法院可能就只承认该物品的原始买入价。就钱币收藏品来说，如市场价上下波动较大，法院可以按商品目录表上的价格而非相应的市场价来裁定赔偿数额。

　　如损失仅仅是局部的，诸如一幅绘画局部受损而不是完全被毁，保险公司则可根据标准处理方式按财产价值的一定比例进行赔偿，以弥补修复费用以及因贬 *98* 值而引起的损失。但由于在一批艺术收藏品中，同样程度的损坏对每件作品价格的影响截然不同，因而这样一个方式可能并不足以弥补艺术品所有人的损失。一件举世无双的物品可以被修复而不会影响其价值，但如果一件物品并非原作或并非举世无双之作，那么它一旦受损可能实际上就会变得一文不值了。确定艺术品赔偿金额的最佳方式是请专家逐件作出评估。

　　在"定值"保险中，如赔偿金额是由保险公司预先确定的，那么只有在合同中有欺诈因素或有错误时，赔偿金额才能改动。如保险单中有书写错误，一般常用的补救措施是取消合同或更改合同。不过，只有在合同并未表达出当事人各方实际上所达成的协议内容时，才能更改合同。如法律并未规定保险合同必须是书面的话，这种协议可以口头合同或口头更正为据，但无论在何种情况下，协议与合同之间的矛盾必须是在重大问题上的矛盾。一般来说，如果错误是某一方单方面造成的，合同就不能更改，虽然有些法律规定，如另一方知道或怀疑合同有误，合同即可更改。如因合同有误而需要更改，法院在处理保险合同纠纷中所要求提供的证据也不像处理其他类型合同纠纷时那么严格。这可能是因为，双方在订立合同时处于典型的不平等地位，被保险人须依赖保险人而且保险合同是典型的诚信合同。不过，谨慎的收藏者仍应细心地检查所有文件以确定保险单是否正确无误地反映了他的意愿。

　　如收藏者在投保时是善意的，损失发生后才发现所投保的艺术品系赝品，那 *99*

么他从承保人那里所得到的赔偿将低于原保险金额，但他同时亦可收回因原来对作品估价过高而交付的保险金的超额部分。不过，如在损失未发生时，一位专家或由于失误或由于与卖方相勾结而将一件作品鉴定为真品，损失后又被揭穿了的话，被保险人应向该专家，而不是向承保人索赔。正因如此，在东方保险公司诉邓拉普一案中（1941年），被保险人曾为一串珍珠项链投保，后因发现其实际价值远低于保险金额而企图收回所付出的超额保险费。在最初投保时，双方都认定该项链价值6万美元，并按此数额保险。虽然项链实际只值60美元，但这个失误是双方共同造成的。法院拒绝下达退还被保险人所付出的超额保险费的裁定。法院推断说，如在发现价值有误之前发生了损失，保险公司须按保险金额付款，因此说保险公司曾承担过这个风险，在这样一个案子中更改保单，退还超额保险费，法院认为是不公平的。

当事人如果不真实地说明标的物的真实价值，他将完全得不到补偿。在这种情况下，正如商业火灾保险公司诉拉铁摩尔一案（1959年），有关保险合同可予以取消。拉铁摩尔明知其未具体开列清单的财产价值3.65万美元，但谎称其价值仅为9950美元。法院宣布这份保险单无效。它所引用的法规是，保险合同的每一方都应诚实地向对方通报所有重要事实。

¹⁰⁰ 在某基金会的一位赞助人将来自俄罗斯和乌克兰的7件美术作品，通过联合包裹服务公司（UPS）从敖德萨运到加利福尼亚的时候，UPS建议托运人的代理人必须按委托人提出的 558美元估价投保，而不是按托运人认为在美国这批画大约价值6万美元的估价投保。当这批画在运输途中丢失后，托运人只能收回558美元。法院认为，即使UPS对这批画拒绝投保超过558美元，正如托运人诉称的那样，UPS已遵守相关法律规定，将可保险的范围限制在海关文件上所列明的价值。法院进一步指出，尽管没有按这批画的全值投保，邮递公司还是提供了一个公平的机会，托运人本可购买更大范围的保险。参见基泽尔诉美国联合包裹服务公司案（2003年）。另见肯珀公司诉联邦快递公司（2001年），邮递公司将"非寻常物品"的保险范围限制在500美元以内。在这两种情况下，法院指出，托运人如果需要，可以另外购买第三方保险人提供的保险。

尽管本章重点是艺术品有形载体的保险，在艺术领域，还有另一个重要的保

险问题。在越来越多的知识财产侵权案件中，保险公司往往在一般责任条款之内，根据"广告伤害"条款提出抗辩。商标侵权案件往往特别需要跟保险政策相一致，但在一些案件中，法院裁定，专利和版权侵权损害也适用于广告伤害的相关规定。在这种情况下，保险公司因此需要自行为侵权指控进行辩护。

制定一项保险策略，使之既能准确反映有关情况，又能满足投保人的各项需 *101*要，是非常重要的。在投保艺术品时，特别重要的一点是，保险单中应包括所有可能导致作品受损、被毁或被盗的风险。如一位收藏者并不准备自我保险，那么，小心选择并定期更新保险单是保护一份艺术投资的重要措施。

102

第八章　税务问题：收藏家与艺术商

一、正确划分收入

打算购买、出售或以其他方式转让艺术品的个人要加以考虑的一个主要方面，是由此而产生的纳税问题。涉及艺术品的交易可能要依据所得税法、赠与税法或财产税法纳税。每一桩具体交易的构成不同，税率与减免税的方式也不同，因而在决定采用某种具体方式买进或卖出艺术品之前，应对各种不同形式的税收进行分析研究。如果对现行税收制度有一个基本的了解，精细的收藏家或艺术商就能够节省一大笔钱。

计算所得税的第一个步骤就是弄清楚什么是总收入。在《国内税务法》（IRC）第61条中，总收入的定义是"从各种来源所获得的全部收入"。这是广义的说法，其中具体包括"从财产交易中所获得的利益"。出售一件艺术品所获收益额的计算方式是卖出价减去该物品的基价。基价通常是指卖方最初买进该物品所花费的金额。如该物品系收到的赠品，在计算收益时，基价即为赠与人所花

103

费的买进价。如系遗赠，那么基价即为遗赠人去世时的合理市场价。除了这些以及其他少数情况外，不那么严格地说，所获收益可视为通过转售所获利润。

通常所获收益额为应纳税额，也就是说，该项收益应包括在纳税人总收入之内。税法中也有几项重要条款谈到了非纳税额，如《国内税务法》第1031条规定，从生产性或投资性同类财产交换中所获收益为非纳税额；第1033条规定，不得已而变卖毁于盗窃、劫掠、征用或没收之财产，所获收益为非纳税额。在这类情况下，收益当年不纳税，税收被顺延到下一次交易，下一次交易中的收益即为应纳税额。一旦收益被列为应纳税额，就必须纳税。税率取决于收益是被划为"普通收入"还是"资本收益"。过去，这种划分具有重要意义，因为资本收益的平均税率低于普通收入的税率。对普通收益最高征税35%，对资本收益一般征税15%，尽管对后者的征税可能高达28%，而对于处于最低档的纳税人可能仅征

税5%。对于来自收藏品收益的税额将按照最高税率，即征税28%。

根据《国内税务法》第1222条，纯资本收益的定义为长期资本纯收入（即长期资本收益减去长期资本损失）超出短期资本净损失（即短期资本损失减去短期资本收益）的部分。因此，一般来说，他或她将其持有一年以上的资本资产出售或交换后获利方出现资本收益，具体数额还要看纳税人其他收益与损失的情况。

为获得资本收益，纳税人必须出售或与人交换一份资本资产。根据《国内税务法》第1221条，资本资产的定义为"纳税人所持有的财产（无论与其贸易或商业是否相关）"，而不包括纳税人在日常贸易或商业活动中所持有的主要为出售给顾客的待销存货、库存商品和财产。因此，长年从事艺术品买卖的艺术商从这类买卖中所获得大部分收入一般来说不能被列为资本收益，因为这类交易从根本上来讲是出售存货。

二、减免

收入一旦被划定为普通收入或资本收益，纳税人就要确定其中有多少是应纳税额。在确定税额时，允许纳税人扣减某些贸易或经营费用（所谓"线上扣减"），以得出总收入。从核算后的总收入中扣除其他各项减免额（所谓"线下扣减"），便可得出应纳税额。纳税人不享有宪法保障的减免，因此如无具体允许减免的法律，总收入便无核算的必要。正因为如此，法院一般把减免解释为只能由国会授予的有限权利。

对于收藏家与艺术商来说，有两类费用可以扣减：获取收入的生产性费用（《国内税务法》第212条）与经营性费用（《国内税务法》第162条）。后者是供从事某种"贸易或经营"的纳税人使用的。贸易或经营扣减常常比生产性费用的扣减更为优惠，因为生产性的费用是从核算后总收入中所作的"线下"扣减，只能在这类费用超过纳税人的零档次数额时才予扣减〔（"标准扣减"）《国内税务法》第63条〕。

要根据《国内税务法》第162条或第212条享受减免，费用必须与经营或投资活动有关，而并非出于个人原因。这可能是整个税务问题上最复杂的分类问题之一。如果一桩具体交易活动带有个人嗜好的特征，如收藏艺术品，那么要将其分类定性就极为困难。《国内税务法》第183条规定，在连续5年中，如有3年或3年以上时间，从某一活动中所获收入超过减免额，该行为即被推定为具有营利性。如果无法进行这类推定，法院则会考虑其他因素。

　　一些法院所考虑的是所经营事业的性质与其财务上营利的状况，诸如在塞西尔诉税务局长一案中（1939年），法院声明，判断的标准在于"经营费用必须与总收入有重要联系，而且从事实整体上看，必须能证明，经营的目的并非仅仅是为了逃税。"在塞西尔案中维持与经营一座博物馆的费用被判定为可享有税务减免的贸易或经营费用。相反，在赖茨曼诉联邦政府一案中（1970年），法院裁定，购买和收藏一批数量可观的艺术品的有关费用不享有税务减免。虽然有证据表明纳税人投资艺术品是由于他们对其他投资方式存有戒心，虽然有证据表明他们对自己的活动保存有详尽的记录，而且他们的大部分时间并非在贮藏着其绝大部分艺术品的住宅中度过的，但法院却强调这样一个事实，纳税人个人生活中相当大的一部分时间是花在其艺术收藏品与收藏活动上，而且为个人目的广泛使用着这些收藏品。法院认为在纳税人的活动中虽有一种投资的目的，但纳税人却未能负起举证责任，以证明投资是他们的主要动机。

　　这些或其他一些问题已被列入《财政条令》。《财政条令》第1.183-2条规定，在判定所从事的活动是否具有营利性时，须看下列有关因素：（1）纳税人从事该项活动时的经营方式；（2）纳税人或其顾问的专门技能；（3）花费在该项活动中的时间与精力；（4）对于在该活动中所使用的资产将会升值的期望；（5）纳税人在其他活动中的营利状况；（6）该项活动收入与损失情况的记录；（7）如有利润，每次所获利润数量；（8）纳税人从其他来源所获得的收入或资本；以及（9）个人享受与娱乐。这些因素中没有一项被认为是具有决定性的。

　　除了证明费用支出并非出自个人原因之外，纳税人还必须证明该项费用是"正常而必要的"，同时证明该费用是日常费用而非资本投入。一般来说，证明某项费用是"正常而必要的"这一规定没有数额限制，根据《国内税务法》第162条，其内容具体包括有允许合理扣减的工资性支出和其他劳务性支出、旅行

费和租赁费。由于这类支出仅在现行税务年度内创造利润，因此属于日常费用。 *107*
但第263条规定，购入财产的使用寿命大大超过本税务年度时限者，其费用不能
扣减。由于这类投入的资金实际等于纳税人为将来的经济收益而支付的费用，因
而属于资本投入，其扣减额应平均分摊在该项财产假设的整个使用寿命之中。延
长投资财产使用寿命或改变其作用的支出，诸如为保护艺术品而在一栋建筑物中
安装温度和湿度控制器，就不能作为现行费用而扣减，而是要加到资产基价中，
分期扣减。与此相反的是，简单的修理与维护，诸如修理一幅绘画的破裂的镜
框，则可以作为现行费用予以扣减。而对于许多小型企业来说，某些资本支出可
以立即扣减。在2006年，最高达10.5万美元的这类开销可算作该年度的"支出"
而完全不必计入为纳税对企业财产所做的折旧。

　　在为营利而进行的交易中，因贸易或经营而引起的损失，或因火灾、风暴、
沉船及其他意外事故或盗窃所引起的损失均可扣减。参见《国内税务法》第165
条。如一件艺术品从其他角度讲被视为资本资产，而其出售价低于最初的买进
价，那么收藏家可以将买进价与售出价之间的差额申报为资本损失。但应予注意
的是，只有当作品是作为一项投资而不是为个人观赏而购入时，才能享有资本收
益的待遇。这是一条很重要的规定，特别是在收藏家无意间购入一件艺术品而后
来却发现其为一文不值的赝品时，该规定的作用就更显得突出。资本损失首先可 *108*
以冲抵当年的资本收益，剩余的资本损失则可以从一般性收入中扣减，最高限
额为每年3000美元，超额部分可转入下一税务年度。《国内税务法》第1211条规
定了一个计算减免具体数额的公式：短期资本纯损失冲抵一般性收入1美元对1美
元，但长期资本纯损失要2美元才能冲抵1美元的一般性收入。对于纳税人来说，
申报短期损失要远比长期损失更为有利。因此，当收藏家发现其购入的作品为赝
品时，如有可能，应在买入后一年之内售出。出售时应附有作品真伪的全部说
明，以便使纳税人免于承担可能会出现的责任，诸如说明有误、违反担保或其他
类似的责任（参见前面第六章）。另一方面，如非资本资产的财产出现损失，何
时转售该财产就无关紧要了。所有一般性损失都能冲抵等量的一般性收入，因而
对于纳税人来说，申报一般性损失要比申报短期或长期资本损失都更为适用。

　　巨额意外损失的发生无论其原因是否与纳税人所从事的贸易、经营或投资活

动有关都可以得到税务扣减。如果一件艺术品被盗，纳税人未从保险公司或其他途径获得赔偿，他可以扣减全部损失中超过100美元以上的部分，但该项损失或其他损失的扣减额不得超过核算后总收入的10％。要享受某些减免，纳税人必须提出证据，证明根据被盗地所在州的法律，其财产是被非法取走的，而且取走时带有犯罪意图。有关意外损失的详细规定，参见国内税务局出版物第584号《灾难与意外损失手册》。另一方面，如纳税人因意外损失获得保险赔偿，而财产投保金额大于纳税人的财产基价，《国内税务法》第1033条授予其选择权，允许其将这种收益列为非纳税额，其前提条件是，在损失发生后的两个税务年度内，将保险收益重新投资于类似或相应的财产中。

109
　　虽然不是技术上的扣除，收藏家减少税负的另一种方式是，通过法律规定的在某些情况下的艺术品免税。2003年内华达州通过一项法律，"公开展示的美术作品"可免除个人财产税（内华达州修正法规汇编第361.068条）。

三、慈善用途捐赠

　　收藏家或艺术商将艺术品捐赠给某个符合规定的慈善机构时，可以从核算后的总收入中作税务扣减。这类扣减的总额有一定的比例限制。公司最高额为其应纳税收入的10％。个人向教会、教育机构、政府部门及其他法定组织所作捐赠，扣减额可高达其核算后总收入的50％，但向其他慈善性团体捐赠，扣减额仅为30％。如向教会、学校等机构捐赠有资本收益之财产，诸如艺术作品，捐赠人扣减的限额为30％，向其他慈善性团体捐赠，扣减额仅为20％。根据《国内税务法》第55-59条其他最低限度征税条款的规定，向慈善性团体捐赠某些增值财产的人可享有纳税优惠。该项优惠旨在鼓励向博物馆与美术馆捐赠艺术品，允许捐赠人根据所捐赠物品的合理市场价而非基价作扣减。该规定的截止期为1992年7月1日，但国会可以通过追溯方式来延长优惠期。

　　某些类型的捐赠不能扣减。被要求捐赠其时间的个人应当明白，虽然在其进行服务期间所花费的现金支出可以扣减，但其劳务价值并不享有慈善用途捐赠扣减。赠与属于个人的有形财产中的未来权益，只有在该财产的使用、占有或享有的所有有关权益均已到期或已被非赠与人的其他人所拥有之后，才能作扣减。不 *110* 过，转让财产中未经分割的现行权益，则可享有慈善用途捐赠扣减。《财政条令》第1.170A-5（a）（2）款列举了一则有关一幅捐赠绘画中未经分割的1／4权益的具体例证。这项权益规定，受赠者每年有权占有该绘画3个月。该项捐赠行为与受赠者正式接受并经认可的捐赠行为享有同等待遇。但受赠人首次占有行为推迟时间不得超过1年。

根据现行法律，向慈善机构转让一件艺术品原作，如捐赠人保留版权，或将版权转让给捐赠人的家庭成员，一般都不能享有慈善用途捐赠扣减。原因在于捐赠人转让某些具体权利而保留其他权利，这种转让不能被视为捐赠未经分割的权益。但从遗产赠与的慈善用途税务扣减的角度来看，一件艺术作品及其版权被视为不同的财产。对于1981年12月31日之后去世者的遗产，如向慈善团体转让其中的一件艺术品，即使版权为政府所保留，或转让给了一位非慈善机构的受赠人，仍可享有慈善用途捐赠扣减。

一项具体的慈善用途捐赠的扣减额一般是指它的合理市场价，但可能需要根据捐赠财产在捐赠人手中时的性质以及受赠人接受该财产后的用途而作削减。如将捐赠财产出售可产生短期资本收益或一般收入的话，捐赠扣减额应以财产核算后的基价为限。如财产是赠与私人基金会，或者如财产是有形的个人财产而其用 *111* 途与受赠方的宗旨或职能毫不相干（诸如向博物馆捐赠牲畜，或向联合基金会捐赠绘画），那么扣减额将被削减，削减额为该财产出售时可能获得的收益的数额。

捐赠品价值超过5000美元者必须在捐赠后60天内出具一份符合规定的评估文件，该文件应说明捐赠物品的名称，其具体形状，所涉及的税务问题，捐赠日期，捐赠方与受赠方就捐赠品所达成协议的内容，评估人姓名、地址与资格，评估日期，该物品的估价，评估方法及定价的依据（参见《财政条令》第1-1704-13条）。就捐赠艺术品而言，专家们常会对一件具体作品的合理市场价意见不一。值得庆幸的是，纳税人可以根据《国内税务法》第212条（3）款扣减慈善用途捐赠评估成本费，该条款允许扣减在计算税额、纳税或退税过程中所有有关的一般费用和必要费用。参见税务裁定第67–461号，国内税务局补充公报第1967–2期第125页（1967年）。但是如果在纳税额问题上出现分歧，纳税人就负有举证义务，以证明其所申报的扣减额是适当的。

然而，如果对一件作品的估价大大超过其实际价值，纳税人就可能被课以罚款。《国内税务法》第6662条规定，个人、私人服务性公司或股票不上市的公司在交纳所得税时，如因估价超值而纳税不足，将以附加税的形式课以罚款。如纳税人在税务报表中所申报的财产价值是正确评估价的200％或更多，而且在本税务年度内，因纳税人估价超值而造成的纳税缺额总额超过5000美元时，将会被课以罚款。罚款数额为纳税缺额的20％。如所申报的财产价值为实际价值的400％以上，罚款则为40％。采取这些严厉措施是为了促进纳税人尽可能实事求是地估价捐赠给慈善团体的作品。

112

评估方面所出现的问题一般可分为两大类：要么是专家们彼此之间及其与国内税务局之间无法就作品价值问题取得一致意见，要么是对作品的真伪问题存有争议。为解决这些问题，国内税务局建立了特别合议庭以审议捐赠人所申报的扣减额。这些艺术咨询合议庭在其意见中通常会压低纳税人所申报慈善用途捐赠品的价值而提高死者遗产中所含作品的价值。除提出意见之外，如对一件艺术作品的估价存有争议，合议庭的成员还可以出庭作证。值得注意的是，国内税务局对作品的估价并非总是前后一致的。1976年在亚历山大·卡德尔去世时，艺术咨询合议庭评定其遗产中1292件树胶水彩画的价值为897230美元，在卡德尔去世6个星期后，其遗孀收到1226件绘画，作为分赠给其夫妇的儿孙们的礼物而代为保管。为缴纳赠与税，她按遗产估价将其价值申报为897230美元，但国内税务局坚持说艺术品价值为230万美元并向卡德尔夫人扣征了459419美元的赠与税。

113

当国税局艺术咨询合议庭确定，由于捐赠艺术品价值被高估从而造成了逃税，不仅纳税人需要承担刑责，在某些情况下，鉴定人也要承担民事和刑事责任。

四、遗产安排

卡德尔一案表明，在收藏家死后就如何处理其收藏品做出安排和决定，其重要性不应被过分强调。有关艺术收藏品的一些特殊问题是其他种类的私人财产所涉及不到的。一组艺术收藏品如能保持完整，其价值可能远比在几位受益人之间分割为高，某一受益人可能会因必须支付维护费用以及艺术品缺乏流通性而不想拥有艺术品。反之，另一位受益人却可能想拥有一件艺术品，即使其货币价值不大也无所谓。

在一般的遗嘱中处理个人有形财产的方式是将其遗赠给未亡的配偶，如配偶先于遗嘱人死亡，则遗赠给遗嘱人活着的后嗣。在遗产税和赠与税问题上，《国内税务法》第2056条规定，如财产遗赠给死者的配偶，可作婚姻扣减而无任何限制。只有配偶在其有生之年处置财产而获利润时才需纳税。如财产一直未动，那么在配偶去世后，应将该财产以其去世之日的合理市场价，或根据《国内税务法》第2032条，在其去世后6个月内，以其遗嘱执行人所选择之日的合理市场价，并入其遗产内。

如财产是遗赠给遗嘱人配偶的，必须注意的是，所转移的不应为一项可终止的权益。根据《国内税务法》第2056条，可终止的权益为，配偶对财产的权益将依据某一事件的发生或不发生而终止，或将随时光的流逝而终止，同一财产中的另一权益无充分理由而从逝者过户给第三者，而且当配偶权益终止时，第三者就能占有或享有部分财产。不过《国内税务法》允许含有"符合规定的可终止的权益"的财产免税转移给配偶。符合规定的可终止的权益的财产的定义为，转移给死者配偶的从中可有条件地终生获取收益的财产。如死者配偶接受这种安排，且获取收入之权益的所有条件都已履行，那么转移的全部财产均可作婚姻扣减。

除了能够享受婚姻扣减之外，每个人在其一生中，在赠与税方面可享有一笔统一的减免，未使用的免税额可用于其遗产税。参见国内税务法第2010条。这意味着，死者可遗留价值200万美元的财产而无需使用婚姻扣减，尽管统一的赠与税减免仅有100万美元。因此说，将巨额遗产全部留给配偶是一个错误，将会失去这个免税机会。

114

对于一位收藏家来说，降低遗产税税负的方法有许多种，完全不必单独依赖婚姻扣减。正如本章开头所谈到的，慈善用途捐赠可以使捐赠人享有税务减免，扣减额为捐赠给慈善性团体的财产总额或其中的一部分；同时，这类生前的财产

115 转让亦减少了留在他应纳税遗产中的财产数额。非慈善用途赠与也能减少收藏家的遗产数量。此外，根据《国内税务法》第2503条，个人向他人赠送礼品（而非赠与财产中的未来收益），在每个税务年度内，赠送给每个人的礼品总价值中有1.2万美元可享受免税。同意按第2513条纳税的已婚者每年赠送给每一位受赠人的礼品总值中有2.4万美元可享受免税。抛开这一点不谈，赠与税税率之间并没有什么差异。因此除非预计从赠送礼品之时到收藏家去世之时，财产将会有大幅度升值，否则生前赠与，无论从收藏家角度还是从遗产角度来讲，都不会有真正的纳税方面的便宜。不过，如把受赠人的纳税问题也考虑在内的话，那么将升值财产留待收藏家逝世以后作为遗产移转给受赠人，就可能更为有利。根据《国内税务法》第1014条，受赠人那时接受财产将以遗赠人去世之日或其死后6个月内的合理市场价为其基价，这样便可减少其日后出售该财产时应纳税的收益额。

如果一位收藏家可以通过礼品赠与而降低其税负的话，那么必须小心的是，如该收藏家死亡时间可以预计，则在其死前3年之内不要进行某些形式的礼品赠与。根据《国内税务法》第2035条（c）款，如死者或其配偶向他人赠送礼品，致使赠与税的支付造成了死者遗产总量的减少，那么每项赠与税的数额将被计入死者遗产总数当中。此外，根据《国内税务法》第2035条（d）（2）款，如死者在其死前3年之内转移财产，且在所转移之财产中保留终身权益（第2036条），或转移在其死后生效（第2037条），或转移在其有生之年可以撤回（第2038

116 条），或转移收取人寿保险金之权利（第2042条），那么所转移财产的价值应计入死者遗产总价值之中。

信托也是一种可供选择的减轻遗产税税负的方式。从遗产税角度来讲，将财产转移给一个合法成立的信托机构，只要在转移后3年之内转移者并未去世，（《国内税务法》第2035条（a）款），只要转移者对该信托机构并未保留有法律所禁止保留的权益或权力（《国内税务法》第2036条至3038条、第2041条），那么所转移的财产就可以从转移者遗产总值中扣除。从所得税角度来讲，如该信

托机构是依据《国内税务法》第671条至677条中的授予信托条例而合法成立的，那么该信托机构出售财产所获收入应由该信托机构而不是由财产转移人纳税，如收入分配给信托受益人，则应由受益人纳税。

对于拥有巨额遗产的人来说，为儿女、孙辈、重孙辈而信托财产，由几代人连续享用而无须缴纳遗产税和赠与税，这种做法，已经不可能了。自1976年起，《国内税务法》规定向"隔代信托"施行征税。隔代信托即信托受益人是与委托人所在的那一代人相隔一代以上的后嗣。

五、避税

避税通常并非是免除纳税人的纳税义务，而是旨在推迟或延缓纳税。要实现这一目的，通常有两种方式：（1）在投资初期加速成本扣减而不是随资本收益而同步扣减，以这种方式推迟目前税负；（2）在不增加现金投入的情况下，设法增加赖以计算税务减免的基价。这些方法所利用的是税法中的"漏洞"。虽然艺术品的避税法对纳税人来说可能具有极大的好处，但目前国会与国内税务局正全力以赴地堵塞这类可资利用的漏洞。因此，本书读者应该明白，在这一领域内，情况变化极快，读者应定期咨询他的律师或会计师。

对避税行为的主要限制之一是《国内税务法》第465条中的"风险"条款。该条款中并无详细说明，但可以说，第465条所涉及的范围包括了绝大多数纳税人（包括个人、部分小型实业公司以及股份不上市的公司，但不包括正规的股份有限公司）以及各式各样的经营活动（包括从事旨在营利，构成一种职业、实业或商业活动之组成部分的活动）。该条款将纳税人的损失扣减限制在纳税人置于"风险"之下并在经营活动中可能蒙受的实际损失的金额之内。被视为置于"风险"之下的金额即纳税人投入经营活动的现金金额，投入经营活动的财产经过核算的基价，还有纳税人为开展经营活动而进行的个人借贷金额。

风险条款以下述方式对避税行为产生影响。以一个典型的事件为例，复制艺术品的投资人在商定买价之后将有权：（1）获得限量印制的全部产品，（2）获得印制原作的印版（虽然原作者可能会坚持拥有销毁或"熔铸"印版的权利，以确保印制数量是有限制的），以及（3）获得原作版权，包括获得对原作或其印制品的使用、制作、出售、发行、促销、广告和发放使用许可证等专有权。如买价是10万美元，通常只付10%的现款，其余9万美元可以票据形式支付，该票据将以出售印制品和转让该设计图形其他附属权利所获利润来兑付。所使用票据可以是有追索权的期票，由背书人负责兑付，也可以是无追索权的票据，虽然背书人无个人责任，但以印制品本身向持票人提供担保。

　　如票据是有追索权的，第一年度的投资免税和折旧扣减将以全部10万美元的购买价为计算基点。从另外一个方面来看，如果无追索权的票据是9万美元，那么就只有1万美元用来承担风险。根据第465条的规定，折旧损失扣减（假定避税部分不带来收益）也将限于风险金额1万美元之内。涉及这类避税行为的计划，应咨询税务顾问，因为根据被动避税行为规则，有一些额外限制。

　　除风险金额的限制之外，这类避税行为还有几种其他的潜在危险。例如，《国内税务法》第168条对于使用寿命不同的财产分别规定了不同的折旧率。正如《税务裁定》第79432号，《国内税务局补充公报》第1979年第2期第289页（1979年）所揭示的那样，投资人必须小心，因为国内税务局并未断定说名画印版不属于最少可用3年的财产。同样，《国内税务法》第469条对于在处置被动避税所产生的收益方面将不那么具有吸引力。

　　某些财产的折旧费和投资免税部分可能也会被再次征税。如果出售业经折旧的个人有形财产而且财产售价又超过经扣减的基价，那么根据《国内税务法》第1245条，将对折旧部分再次征税。该条款规定，因折旧而获得的收益将被列为一般性收入而非资本收益。

　　纳税人可以用来避税以保护收入的另一方法是将升值财产捐赠给他人。例如，如果某人很幸运地以低于合理市场价的价格购入一件价值不菲的艺术作品，他或她可将该艺术品在手中保留一年，然后捐赠给一家符合规定的慈善机构。这项捐赠的税务扣减是以捐赠之日该作品的合理市场价为基点来计算的。不过正如本章第三节所谈到的，估价是一个需要认真考虑的重要问题，如因估价过高而导致纳税不足，可能会被科以重罚。

纳税人可以将这种捐赠法进一步扩展，制定一整套捐赠计划，捐赠限量制作的印刷品或书籍。根据这种计划，投资人可以按一定折扣购买印制品，或以成本价购入图书。在持有这些印刷品和图书12个月零1天后，再将其捐赠给博物馆或慈善团体，那么他（她）就可以根据捐赠之日该印刷品的合理市场价及该图书的零售价而在应纳税额中进行慈善用途捐赠扣减。不过，两个税务裁定〖第79-419号，国内税务局补充公报第1979-2期第107页（1979年）；第79-256号，国内税务局补充公报第1979-2期第105页（1979年）〗清楚地表明，在这类利用艺术品的避税活动中，投资人的行为使他大致相当于一位在一般贸易过程或经营活动中的商人。因此，捐赠物品就应与捐赠人所拥有的，在其一般贸易过程或经营活动中将要卖给顾客的一般有收益的财产同等对待，无论捐赠人实际上是否参与了这样一种贸易或经营活动。

根据《国内税务法》第170条，在纳税人的慈善用途扣减额中应减去如投资人按合理市场价出售该物品而可能会获得的非长期资本收益额。根据《财政条令》第1.170A-1（e）（1）款，纳税人只能按成本价，而不是按捐赠之日的合理市场价进行扣减。国内税务局显然将会注意到诸如对限量印制品的批量购买以及后来再把其大部处理掉的情况，从而可能会发现，这些活动实质上相当于一位艺术商所进行的活动。

另一种避税方式是，根据《国内税务法》第46条，修复合乎规定的古建筑的费用可享有投资免税。这是国会似乎乐于支持的少数几种避税方法之一。立法机构可以借此来鼓励其认为是有益的修复古建筑的活动。在这些情形中，纳税人可直接从应缴税款中扣除免税额。对于经过鉴定确认具有历史价值的建筑物，投资免税额为20％，而对其他符合条件的建筑物，则为10％。按照规定，大多数建筑物在修复工程动工时必须是非居住性的，不过对于经鉴定认为具有历史价值的建筑物来说，可以是居住性的，也可以是非居住性的。在修复开始之前，建筑物也必须是在使用中的建筑物，而且工程必须主要是修复性的，现有外墙必须有50％以上经修复后仍为外墙。同样，纳税人必须选用直线折旧法而不能选用加速折旧法。对于经鉴定确认具有历史价值的建筑物，修复工程必须获得内政部长的批准。

当然，收藏者必须确保他们的避税或减税计划是合法的。泰科国际公司的前首席执行官L·丹尼斯·科兹洛夫斯基曾被指控偷逃市和州购买艺术品所应缴纳的销售税款1百万美元，曼哈顿地区检察官自2002年起，对销售税展开调查，导致多名艺术品经销商被起诉税务欺诈，数百万美元的偷逃销售税款被收缴。有些经销商谎称他们购买的艺术品已经运出纽约州，以逃避州的销售税。

要避税或减轻税负，还有其他许多方法。富有创意的律师与会计师们正在不断地设计着新的方案。不过正如前文所述，由于税法常常变更，因而并非所有这些方案都能产生预期效果。所以收藏家、艺术商、艺术投资人在安排策划其交易时应格外小心谨慎。不过，只要充分了解了税法，还是可以节省大笔金钱的。

第九章　从事创作的艺术家

一、创作与销售的地点

作为一位艺术家要取得稳定的经济收入是十分困难的，犹如登山，要一步一步地去努力。许多艺术家在其技艺得到社会承认之前，都被迫从事过低贱的计时工作以维持生活。有些人或托庇于学术研究机关，或从事艺术管理工作。虽然这些工作岗位提供了生活保障以及与其他艺术家接触的机会，但许多艺术家发现他们没有时间和创造力去创作自己的作品。少数艺术家为了谋生，不得不过着双重人格的生活。一方面以笔名创作被称之为"艺术垃圾"的作品来换取生活费用，一方面在不懈地追求探索着自己独特的创作风格。这种使人癫狂而缺乏连贯性的工作条件，令艺术家在精神上付出重大代价。

因此，艺术家要取得经济上的成功和社会的承认，不仅仅是一个如何完善其艺术技艺的问题，也是一个如何有效地推销自己作品的问题。第一个步骤是寻找销售自己作品的地方。作品屡遭画廊拒绝的经历使一些艺术家深感沮丧，因而其作品参加艺术比赛或评选活动获得赏识之前，他们不愿再与任何画廊接触。也有一些艺术家在利用诸如银行、餐厅、地铁站、医院、旅馆甚至出租车等这些所谓"替代空间"方面成绩不俗。标有艺术家姓名和价格的作品常在这些地方悬挂展 *123* 出。如果作品售出，艺术家一般要付给这些机构少量佣金。某些替代空间是经过改建的公共建筑或库房，这些地方为没有名气的艺术家们提供了最廉价的画室与展览场地。这种销售方式，使许多艺术家在得到各画廊赏识之前，便已为公众所熟知。得到州和联邦政府资助的各种艺术活动也为艺术家们提供了就业机会，开拓了作品的销路。参见第十章。

互联网是另一个销售艺术品的地方，而无论是艺术家直接销售自己的作品，还是通过在线画廊或诸如eBay那样的拍卖行。

其他一些艺术家在展销会或工艺品展览会上通过租摊位来推销自己的作品。

但干这一行，对许多艺术家来说，可能也是颇为尴尬的，因而有些人感到，还是找一位助手照顾摊位较好。另一种类似的做法是与其他人联合销售作品，轮流负责照料摊位。有时，这种联销形式就会发展为一所合作制画廊。在美国各地已有几所合作制画廊取得了相当可观的成就。不过，在组建合作制机构之前，合作伙伴必须花费一部分精力去解决那些不可避免的内部利害冲突，力争在开始阶段即将其消除。一个高效率的合作制机构的成员必须培养出高效经营所必备的气质与商业才干。而这些特质并不是所有艺术家都具备的。另一个潜在的问题是如何防止人才流失。一个合作制机构在将其收入平均分配给其成员的同时，也必须对那些已经成名的合作者进行奖励，以留住他们，使其不至于脱离团体。

124   一些艺术画廊与合作制机构试图取得免税实体的资格以降低经营成本。根据《国内税务法》的规定，要取得免税实体的资格，一个机构的组建与经营必须完全是出于慈善、教育或科学的目的。依《财政条令》第1.501（c）（3）-1（d）（3）（ii）款中有关所得税的规定，博物馆和类似机构是典型的教育性免税机构。但在第71-395号和第197-2C.B.228号《税务判例》中，国内税务局所持立场为，如果一个合作制画廊不收取门票，但出售成员作品，并将一部分收入付给该作品的作者的话，那么它就不能享有免税资格。国内税务局显然认为，合作制画廊的艺术家成员在经济上所获利益足以构成剥夺画廊免税资格的依据。

而后，在第76-152号《税务判例》中（1976年国内税务局附加公报第1卷第152页），国内税务局重申并进一步阐明了其立场。在该案中，一批赞助人组成了一个机构，在其画廊中展出当代艺术作品，以促进当地居民对艺术发展趋势的了解。选送展览的作品都是艺术家们寄售的作品。作品出售后，该机构仅收取10%的佣金。其余举办展览的经费均来自该机构所得到的赞助。国内税务局认为，该机构不能作为教育性机构而享有免税资格。由于寄售作品的艺术家得到了销售收入的90%，因而使人感到该机构是为寄售作品的艺术家的私人利益服务的。国内税务局将上述事例与第66-178号《税务判例》（1966年国内税务局附加公报第1卷第138页）的事例区别开来。在该案中，一机构为促进艺术的发展而

125 举办了一次艺术展览会，会上免费展出了一些没有名气但富有才华的艺术家的作品，但没有一件作品出售或标价待售。

后来，在戈尔斯波罗艺术联盟公司诉国内税务局局长一案中（1980年），税务法院最后裁定，根据《国内税务法》第501条（c）（3）款，两家展销艺术作品的画廊均享有免税资格。两画廊通过艺术评审委员会选取供展销的作品。销售收入的80%付给售出作品的创作人，剩余的20%由该机构提留以支付各项开支。法院指出，这些画廊的主要职能是从事教育，其销售活动仅仅是附带的。这里，税务法院似乎忽视了这样一个事实，由于画廊得以免交联邦所得税，因而与那些纳税的竞争对手相比，就在经济上占有明显的优势。免税画廊可以根据所节省的税款额来降低所出售作品的零售价，从而以低价击败商业上的竞争对手。在克利夫兰创造艺术协会诉税务局长一案中（1985年），税务法院审查了另一个坐落在乡村的非营利性艺术机构的活动。该协会的宗旨是"改善社区的文化生活"，主要是开办艺术创作室，并为活动提供课堂。但协会也发起举办过一些艺术节和工艺品展览会。在参照戈尔斯波罗一案的判决后，法院裁定，从该机构所追求的免税目的来看，销售活动是其次要的、非经常性的活动。

不久前，在国内税务局第8634001号批复（1986年8月31日）中，国内税务局对另一个致力于教育及唤起社区意识的艺术机构以寄售为基础所进行的出租与销售活动，作出了有利于该机构的裁决。国内税务局认为，在所有该机构与艺术有 *126* 关的活动中，包括举办巡回展览，组织参观博物馆，资助音乐及戏剧演出，举办研讨会、讲座、学术讨论及各种竞赛活动等，销售与出租活动仅占其中很小的一部分。

二、画廊与佣金问题

对于一位要出售其作品的艺术家来说，各种画廊是可资利用的最主要的销售途径。但遗憾的是，艺术家对其与画廊关系的法律基础以及其应坚持拥有的权利几乎一无所知。艺术家与艺术商常常不大注意细节问题，结果往往会产生令人不快的误会，导致令人失望的结局。

艺术家与画廊之间的法律关系有两种基本形式。第一种形式在欧洲最为常用，即直截了当的购买协议。艺术商从艺术家那里购入作品，然后出售。除了按购买价付款之外，艺术商对艺术家不负有任何合同责任。协议可以适用于艺术家的全部作品，也可以适用于其中一部分。协议中可以包括无条件的或有条件的优先取舍权，该项权利包括艺术家优先向该艺术商提供其作品的义务，以及艺术商对是否购买作品的取舍权。

第二种法律关系的形式，即寄售协议，是在美国通用的标准形式。实际上，大多数州和哥伦比亚特区实际上已通过立法对此加以确认。它规定，当一位艺术家将其艺术作品交给艺术商时，寄售关系即自动成立。寄售协议确立了一种代理关系，在这种关系中，画廊或艺术商（受委托人）即为艺术家（委托人）的销售

127 代理人。这种信托关系要求艺术商只能作为艺术家利益的代理人，不得从交易中谋取任何个人利益。艺术商同时还有义务对这种关系保守秘密。16个州制定了对艺术家的保护措施，要求艺术家与艺术商签订合同，以确保其他州的法律所直接规定的保护措施得以实施。按规定，合同条款一般包括具体写明的佣金数额或手续费数额，对作品价值和最低售价的说明，同时还有如发生丢失或损坏，艺术商所应承担的责任等。除新泽西州与得克萨斯州外，在其他所有已制定寄售法规的州内，寄售的艺术品和相应的销售收入都被列为信托资产，只有康涅狄格州规定销售后收入属于信托资产，而作品本身并不属于信托资产。任何被列为信托或寄托资产的财产，既不在艺术商债权人的索赔范围之内，也不受制于其索赔要求。大多数并未规定必须签订合同的州也认定，艺术商要对所寄售作品的丢失或损坏负责。

除此之外，在艺术家与艺术商的合同中，因当事各方未能就某些意外事故作出相应规定而留下的漏洞可以由《统一商法典》来弥补。《统一商法典》第2-509条有关"双方均未违约时损失风险之承担"的规定说明，损失风险一般由持有货物的一方承担；第2-309条有关"未具体规定时限条款"规定，如双方未就运送、送交或其他行为的时限作出规定，那么时限应以公平合理为度；第2-308条规定，除非另有协议，卖方营业地点通常即为交货地点；同时第2-305条

128 指明，如未商定价格，价格的确定应以公平合理为度。

但是，《统一商法典》的各项条款可能并不适合当事人各方的实际需要，而且各法院已对其中许多章节进行了牵强的解释，更何况在艺术家与画廊的关系这

个问题上，《统一商法典》和各州寄售法尚未涉及的重要领域也还有不少。因而以书面形式签订协议，就能取得明确当事人各方的需要和要求的效果，还可以避免许多可能产生的误解。

在艺术家与画廊的合同中，有几项内容必须作出明确规定。合同中应明确规定画廊的权限范围，例如涉及作品的类型、面廊权力的地域范围、合同的有效期限（包括延长合同期限的选择权或终止合同的程序），以及画廊是否拥有销售权，或者其他画廊是否也能销售该艺术家的作品等。合同中应订明付给画廊的佣金数额，并应具体规定将由哪一方负担各种开支，诸如储藏、保险、宣传、展览、编目、加框、运输及类似开支。如画廊要举办该艺术家的作品展，应在单独条款中说明由何方承担展览费用以及展览举行的时间。保险问题通常肯定要开列单独条款，说明由哪一方支付保险费以及保险的范围与内容。正如下文所要谈到的，一些州已就寄售作品的保险问题作出了法律上的规定。艺术家们应注意到的一点是，即使画廊投了保险，也很少按作品的全价投保。因而可能需要艺术家们自己加投保险，以取得全额保险。在艺术家与画廊的合同中，其他应具备的条款 *129* 为：（1）账目条款。该条款授予艺术家查阅销售和支出账目的权利，并要求画廊定期向艺术家提交有关售出作品、价格、收到货款、画廊佣金和应付艺术家款项的分类账目表；（2）死亡条款。该条款确定艺术家或画廊的关键人物诸如画廊主死亡时，艺术家作品的处置方法。

特别重要的是，艺术家与画廊应就画廊在宣传与推销方面的义务范围达成协议。如果准备安排展览，那么展览将是个人展还是多人展？画廊方面是否将发起宣传以使艺术家的作品打入博物馆或相应的巡回展？画廊方面是否将在本地区以外的其他画廊安排出售艺术家的作品，或参加评奖展览和艺术竞赛？画廊方面是否将开展出租活动以吸引老顾客以及从前对购买艺术品并不感兴趣的新顾客？许多画廊在推销与之签订了合同的艺术家的作品方面十分富有进取精神，因而艺术家应仔细挑选合适的画廊，并应在可能的条件下，与之商定一个最富有活力的推销和宣传计划。一些画廊被指控压低艺术家的画价，以低价全部买下后，很快就大幅加价转手卖出。例如，弗朗西斯·培根的遗产继承人就争辩说，马尔伯勒画廊就是这么干的。这起诉讼在2002年获得和解，但和解的细节没有公开。一位名

叫艾·赫希菲尔德的漫画家，曾对其作品的长期销售商马戈·费登提起诉讼，要求
130 对其绘画展销有更多控制权，并对销售进行更严格的会计审计。该诉讼在2002年
10月撤案时，双方达成了一份修订合同，让赫希菲尔德有更大权力控制其作品在
博物馆的展览。

　　许多画廊与需要艺术品的建筑师和室内装饰设计师、需要插图的图书出版商
以及限量美术印制品和复制品的出版商签约，积极为艺术家寻求额外的佣金。如
果艺术家通过画廊收取佣金，而画廊要收取手续费的话，那么在艺术家与画廊的
合同中就应写明画廊手续费的数额。不过，无论是否有画廊参与，艺术家都应明
白，佣金可能会为他们自身带来一些特别的问题。

　　由于艺术作品在实际完成之前仅存在于创作者的心目中，所以购买人很难事
先估计到他所订购的艺术品到底是什么样子。如果购买人对最后的成品不满意，
他可能就会设法拒绝接受。这正是沃尔夫诉史密斯一案（1940年）中的情况。在
该案中，艺术家答应为被告的父亲画一幅"包您绝对满意"的肖像。法院裁定，
这种语言，加上艺术家打算画一幅与其以前为被告所画的另一幅肖像一样"出色
而绝对相像"的肖像的明确许诺，构成了一个协议，根据这个协议，被告应被视
为判定是否接受这幅肖像的唯一裁决人。由于被告拒绝接受该肖像，因而艺术家
亦不能收取相应的酬金。

　　不过即使艺术家从未作过任何明确的表示，一些法院仍认为应保证使顾客
满意。在麦克格雷德诉罗伊一案中（1956年），艺术家坚持说，相像只是一种感
受，他为被告妻子所画肖像即他对其外貌的感受。法院不同意这种说法。在确立
131 了一个"合理相像"的标准后，法院指出，该肖像根本就没有准确画出被画人的
容貌、肤色和体态。显然，如果艺术家事先与其顾客探讨一下略有夸张的肖像、
绝对相像的肖像以及根据感受而创作的肖像之间的区别，那么可能就不至于发生
这类问题。

　　艺术家如果得不到被画人的合作而无法完成肖像，他或许能够获得违约赔
偿。在布罗克赫斯特诉瑞安一案中（1955年），作为原告的艺术家曾与被告签订
合同，为被告及其家庭中每一位成员各画一幅肖像，共5幅。但画完两幅并支付
相应酬金后，被告不再安排其他人静坐充当模特儿，其余的佣金也未再支付。艺

术家控告对方违约，并获准取得赔偿，赔偿额为全部合同价款1.1万美元减去已完成肖像的成本费24美元。

三、工作条件

艺术家们很少是按早9点至晚5点的标准工作日工作的，他们一般都是在自己的画室里或在条件各异的场所工作。在其创作生涯之初，艺术家很少能够拥有一间自己的画室，因而可能会把自己住所的一部分改建成一间工作室。虽然《国内税务法》中的现行规定，使许多艺术家能够从其所应交纳税款中扣除用以维持一个家庭画室所需的费用（参见第十一章第二节），但都市区域划分条例可能会禁止这类改建与安排。在许多艺术家可以租到廉价阁楼和画室的商业区内，地方法规可能不准他们在那里居住。在住宅区，艺术家可能不得不遵守有关法规，这些法规规定开设画室需取得许可和执照，对画室的大小和使用方式亦有所限制。

132

一些地方政府已注意到这些区域性法规给艺术家们造成的困难。在纽约市，已通过的一项都市居住法规定，艺术家及其家人不受在同一套公寓内不得既工作又居住的限制。加利福尼亚州也通过了授权法，授权地方市政当局可以通过相应的区域划分法令，允许艺术家居住在工业或商业区内。这些法律虽然解决了艺术家在同一地点居住与工作的紧迫问题，但又制造出了一些新的问题。在纽约市，苏合区变成了艺术家们既可以居住又可以工作的地区之后，那里便形成了一个巨大的磁场，各种画廊、时装店、餐馆纷纷开业，游客也纷至沓来。许多艺术家虽然留下来了，但其他许多人却被急剧上升的租金和物价挤走了。此时，将苏合区过去由小商业和纺织厂所占有的小阁楼改建为豪华公寓已成为当地的一种时尚。

在苏合区繁华起来之前，该地区已对新企业丧失了吸引力。因此，一些房产主很乐于让艺术家们承租其商业用房。但在苏合区发展起来之后，建筑物转手日益频繁。那些在其阁楼中投下大批资金的艺术家们发现，他们的商业用房租约并不能提供多少保护。不过，曼德尔诉皮克斯基一案（1979年），可能会为租用阁楼的房客们带来某种程度的宽慰。皮克斯基和雕塑家乌尔里克·尼迈耶承租了为期10年的商业用房。租约限定他们只能将所承租房屋作为艺术家的画室使用。不

过房东允许并鼓励他们将画室改建为住所。双方对于这种不合法的改建都很满
133 意，显然他们都很清楚，市政当局对于这些房产使用情况的检查并不是很认真
的。租约期满后，房东把房租提高了3倍。房东声称，因其房产是商业性而非居
住性用房，所以不受该市房租稳定法的制约。法院对此持不同见解：房东明确准
许承租人在此居住了10年，已将该画室变成了事实上的居住性多用途住房。

另一类对艺术家可能产生不利影响的法规是联邦政府有关禁止家庭手工业的
法律。近40年来，劳工部一直在积极执行一项1943年的法规，禁止个人在家庭中
为谋取利润而制作6种手工艺品：刺绣、妇女服饰、手套和露指手套、纽扣和扣
形饰物、珠宝与手帕。1982年，劳工部取消了对针织外套的禁令。8年后，对其
余5种手工艺品的禁令也取消了，只有在珠宝问题上，仅对不具危险性的珠宝取
消了禁令。这样就大大减少了过去家庭手工艺品制作人所面对的困难。但如果在
家庭工人中发现有"重大的工资方面或其他方面的违法问题"，劳工部已取消的
禁令就可能会重新实施。

当艺术家为他人在恶劣条件下工作时，如受到伤害，便可获得赔偿。在盖茨
诉大都市歌剧院协会一案中（1940年），作为原告的艺术家受雇在一座拱廊的外
壁上画壁画。尽管气温降至冰点以下，雇主仍不允许其暂停工作，艺术家的手指
因而被冻伤。由于艺术家继续工作是受到了雇主的驱使，因而法院准许其向雇主
134 索取伤害赔偿。

艺术家们还会因工作中所使用的材料而感染上疾病或受到伤害。稀释液的挥
发气体、以化学品为原料的颜料、喷灯和带菌的黏土都可能是十分有害的。《危
险艺术材料标示法》（LHAMA）（《美国法典》第15编第1227条）已于1988年
获得通过。该法要求制造商以其自选的标准为据，在其产品上加贴警示性标签。
该法还要求在可能导致慢性病问题的艺术材料上加贴标签。

遗憾的是，大多数艺术材料制造商并未按这些法令办事。美国公共利益研
究小组在1991年所作的一项研究中发现，在所研究的52种常用艺术和手工业材料
中，有23种未按规定提供有关危害健康的资料和安全使用的指导。除此之外，由
于只有作为艺术材料而销售的物资才需要根据危险艺术材料标示法加贴标签，因
此艺术材料制造商只需通过五金商店而非艺术材料商店出售其产品，便可避开这

些规定。为艺术家们经常使用的许多产品，诸如氨水，并未被列为艺术材料，因此亦不带有标明其在画室环境中使用具有危险性的标签。甚至在那些带有法律所规定之标签的供应品上，警示性说明可能也不完备。大多数有关危及健康的官方警示性说明都是对偶尔接触这种物质而言，最多是对8小时工作日而言，但许多艺术家常常是在同一地点工作与生活，因而可能是24小时都会暴露于危险品面前。

　　正如上述及其他一些问题所表明的那样，要改善艺术家们的工作条件，主要 *135* 在于寻求相应的立法和唤起公众的注意。在这个方面，不少现有的支援性组织可以发挥作用，其中包括"艺术家工会联合会"、"律师志愿为艺术服务协会"。这些组织积极推动立法工作，向公众宣传艺术家的权利，帮助艺术家和艺术团体解决法律方面的问题。不过除外援之外，从事创作的艺术家主要还是要依赖自身的努力。因此，全面了解在创作和推销作品时可能遇到的实际问题以及解决这些问题的各种方法，是艺术家取得成功的重要因素。

136

第十章　对艺术的资助

一、直接资助

（一）历史发展过程

从《美国宪法》第1条第8款来看，《美国宪法》的制定者们显然是承认"实用艺术"的重要性的，但直到20世纪30年代大萧条之前，美国政府并未在这方面采取过什么行动，也未对艺术事业进行过直接的资助。人们可能认为，新生的国家正在为自己的生存而奋斗，应当把有限的资金用于更为实际的建设方面。今天，虽然为艺术事业的专项拨款在不同的政治与经济气候下各不相同，但对于专业艺术家和非营利性艺术机构来说，政府资助已成为最重要的资金来源之一了。因而艺术家们和各个艺术团体应充分了解这些资金的来源，以及要获得资助所必须具备的条件。

联邦政府第一次试图参与艺术事业是在19世纪50年代，布坎南总统试图建立国家美术委员会。由于国会未能拨款，这个计划不到一年便流产了。1910年，由西奥多·罗斯福所倡议建立的美术委员会遭到了相同的命运。1909年，塔夫脱总统成功地制定了《1910年5月17日国家美术委员会条令》（参见国会法案及决议汇编第36卷第371页，第243章第1条，后编入《美国法典》第40编第104条）。该委员会将民间私人捐款汇集于政府手中，然后确定每笔捐款的适当用途。这些早期未能贯彻到底的努力表明，尽管美国政府不想为这些问题作出重大牺牲，显然还是希望能在艺术方面有所作为。几个地方市政当局曾采取过行动，试图填补因联邦政府无所作为而产生的空隙，其中最著名的是纽约市民用工程署（CWA）。民用工程署资助绘画、壁画和艺术教育，但其主要目的是创造就业机会。大多数受雇者是从受救济者中挑选的，受雇的唯一条件是申请人声明自己是艺术家。所以，由此而产生的艺术品一般为业余新手所作。

大萧条期间，在联邦艺术局——公共事业振兴署（WPA）的一个分支机构成立之前，曾开发了几个艺术项目，但均未能持久，亦未制作出多少艺术品。在公共事业振兴署设立期间，政府先后向联邦艺术局拨款3500万美元，使之制作出了大约1500件壁画、1.88万件雕塑、10.8万件绘画以及其他一些艺术作品。联邦艺术局沿袭了早期各市政当局的一些做法，并力求避免民用工程署工作中的一些弊端，强调所生产之作品的高技术竞争力，采用明确的雇佣标准，并鼓励创造和探索。虽然有许多著名艺术家，诸如贝尼亚米诺·布法诺、杰克逊·波洛克、马克·罗恩科和戴维·史密斯，他们都为公共事业振兴署工作过，但由于艺术局仍规定受雇人员必须是救济对象，因而许多更优秀的艺术家被剥夺了为艺术局工作的资格。联邦艺术局发放"生活保障工资"，其数额经核算介于一般工资和所在地区救济金数额之间，根据专业技术水平而划分等级。在后期，资金来源不稳 *138* 定，常因划分等级和工资数额问题而发生劳动争议。公共事业振兴署实际结束于第二次世界大战爆发之时，遗憾的是，许多档案材料甚至作品都遗失了。不过，联邦总务管理局现已重新编写出该艺术局的部分历史，有关资料业已编入已电脑化的国家美术作品库中的有关新政时期艺术问题的栏目内，该栏目存有参加不同项目的所有艺术家的资料以及其现存作品和存放地点的详细清单。

战争期间，战时后勤规划局的绘图科曾雇佣了一些艺术家，主要是全力设计伪装服、宣传画以及从事其他一些战争所必需的活动。不过从总体上看，美国政府对艺术的态度与大萧条前相比已有了180度的大转弯。拨款被削减；甚至连政府购买绘画也受到了严厉的指责，致使政府不得不卖掉所购入之绘画，仅收回了买价的10%。后来随着"冷战"的发展，联邦政府开始意识到文化交流有助于实现外交上的目的。到1956年为止，美国每年拨出200多万美元用以派遣艺术家到海外展示其文化。除此之外，截至1960年，已在80个国家设立了176个美国文化中心。但在这段时期内，一直没有对国内进行任何资助。

（二）国家艺术基金会

1965年，国会通过了自大萧条以来第一部支持艺术事业的法规，并由总统签署成为法律。根据1965年《国家艺术和人文事业基金法》（参见公法第89-209号，法规汇编第79卷第845页（1965年），修订后编入《美国法典》第20编第951

条至968条），设立了国家艺术和人文事业基金会。这项立法是极不寻常的。在

139 美国历史上，它首次使一个致力于艺术和人文事业的机构得以创立。该立法设立了国家艺术基金会（NEA）和国家人文基金会。除此之外，还创立了一个联邦艺术和人文事业委员会，由联邦政府中工作性质与文化发展有关或可能有关的各部门首脑组成，以防止在新领域中政府工作的重复。与公共事业振兴署不同的是，国家艺术基金会的宗旨不是为提供就业机会，而是旨在使艺术更广泛地为美国公众服务，旨在保护丰富的文化遗产，旨在鼓励国家最优秀的艺术人才发挥其创造才能。

国家艺术基金会所开展的活动大致可分为两类：集团赞助和具体项目赞助。集团赞助款拨给美国境内各州和联邦各地区艺术委员会使用。1965年国家艺术基金会成立时，仅有17个州有正式的艺术机构。而今天，在每一个州和联邦地区都有了艺术委员会或理事会。每个委员会的组建都必须遵循有关立法的严格规定，而且在分发所得到的联邦资金时应有自己的项目标准。对各州艺术委员会的拨款每年一次。资金拨出后，有希望获得赞助的申请人便可直接向各州有关机构提出申请。

集团赞助是国家艺术基金会唯一由联邦法律所规定的资金发放方式；国家艺术基金会其余经费主要是用于向各个艺术领域内个人和民间团体有关项目提供直接的资助。要申请赞助，该团体必须是非营利性组织，而且必须是根据1954年《国内税务法》第170条规定享有免税资格的组织。作为一般性原则，国家艺

140 术基金会赞助总额不超过项目所需经费的50％。申请人自备的相应资金可以是现款，在某些情况下，亦可为"实物捐赠"，即赞助人、其他公立或民间机构或个人所捐赠的财产或劳务，其价值按合理市场价计算。奖励资金（对个人的资助）是授予那些从事艺术或与艺术有关的工作且具有特殊才能的个人的，申请奖励资金者无需自备相应资金。

在上述这些类别中，具体赞助计划可能各不相同。欲申请赞助，艺术家或有关组织可与国家艺术基金会或相应之州艺术机构联系，以弄清在诸多计划类别中，哪一种适合自己的具体需要。申请人必须严格遵照联邦或州申请赞助的有关规定申请。各州艺术委员会的申请程序不同，依该州法律法规而定，申请前应向

专家咨询。向国家艺术基金会提交的申请，将先由国家艺术基金会的专职审议小组委员会和外聘顾问审议。然后所有申请将提交给国家艺术委员会审批。国家艺术委员会由总统任命的人员与国家艺术基金会主席组成。国家艺术基金会的审议委员都是来自民间的专家，对于审议委员所推荐的申请，在1981年弗兰克·赫德索尔被任命为基金会主席之前，国家艺术委员会几乎从不予以否决。

政府在艺术领域内所起作用的一个重要方面是政府对艺术发展方向的潜在控制。对国家艺术基金会持批评态度的人士指出，国家艺术基金会有一种只资助成名艺术家的倾向，这不利于鼓励艺术创新和探索。不过实际上，国家艺术基金会赞助过不少标新立异的项目，并在艺术表现的一系列新领域中持积极的态度。问题主要在于，评估审议项目时，该项目的价值和申请人的专业资历似乎常常被置 *141* 于最重要的地位。

国家艺术基金会曾资助过两位艺术家：罗伯特·梅波索普3万美元、安德列斯·塞拉诺1.5万美元，而两位艺术家的作品都被认为是"淫秽"的。该事件披露后，围绕国家艺术基金会资金发放问题产生了巨大争议，最后，国会以法律形式规定，国家艺术基金会不得再资助淫秽艺术，并要求所有申请资助之艺术家签署保证书，保证其作品不带淫秽色彩。不计其数的艺术家宁可放弃为数可观的资助，也不愿签字画押。其他人则提起诉讼，指控有关保证书的规定违宪。参见"贝拉·莱维茨基舞蹈基金会诉约翰·弗罗梅耶尔案"、"新港艺术博物馆诉国家艺术基金会案"（1991年）。

1991年，国会在有关法令中删除了"淫秽"一词，代之以一个淡化了的说法。该法令指示国家艺术基金会主席要确保"以艺术才华和艺术价值作为审议申请的标准，同时将一般道德准则以及对美国公众不同信仰的尊重考虑在内"。艺术家们无需再签署非淫秽保证书，但仍需遵守正派之准则，不过这些准则将由法院而不是由国家艺术基金会来裁定。

该"行为准则"条款在芬利诉国家艺术基金会一案中（加利福尼亚管区联邦地区法院，1992年），因语义含糊不清而被裁定无效。该案是由四位艺术家提起的，其资助申请遭到拒绝。法院裁定，由于行为准则条款涉及大量受保护的言论，而委托国家艺术基金会审查的仅仅是符合正派之准则，该准则过于宽泛和模糊难以适用。

142　　　　这一裁定在1998年被美国最高法院推翻。最高法院认为，政府有权不向它认为具有色情内容的申请提供经费。"如果国家艺术基金会把建立在主观标准基础上的资助政策带到远离大众的新艺术评审中，滥用其权力，那么我们将面对的是一个完全不同的案例"。参见国家艺术基金会诉芬利案（1998年）。

　　　　对国家艺术基金会资金发放的另一种批评意见是，随着政府拨款的增长，其他方面的赞助人可能会觉得艺术事业已得到了足够的资助，从而撤回他们对艺术的资助。在经济困难时期，这种说法常被用作削减政府拨款之议案的论据，如1981年，里根政府提议将国家艺术和人文事业基金会的预算削减50%。政府宣称，其对预算的削减将会鼓励个人和大公司填补空缺。许多人认为这种观点是不现实的。国会拒绝进行任何削减，国会确信国家艺术基金会所发放的资金不仅未曾取代民间和非联邦性的赞助，相反还导致了这些方面赞助额的大幅度增长。正如AT&T公司副总裁爱德华·埃姆·布洛克在众院国内事务拨款小组委员会作证时所说："有人认为艺术不过是一种无关紧要的消遣，经济景气时可以放手进行，经济不景气时就放弃。如果联邦政府认可这种观点，那么我很怀疑，民间是否愿意作出巨大努力以弥补缺额。"参见1981年3月26日《纽约时报》商业版第15页第1栏。

　　　　有关国家艺术基金会的立法明确承认民间对艺术事业支持的重要性。对艺术
143　机构和专业艺术家来说，大公司的赞助一直是一项重要的资金来源；许多实业界人士或把艺术作为一种投资载体，或把对艺术事业的捐赠资助作为享受慈善用途捐助减免税以冲抵经营成本的方法。还有一些人把对艺术的资助作为一种在社区内增进改善公司形象的手段。有些公司的捐赠则完全是出于利他主义的动机。例如，西部出版公司在赞助艺术事业方面一直处于领先地位。1975年他们在律师中发起了《艺术与法律》绘画竞赛活动，公司每年将其中15件作品购藏。这项活动一直持续到1979年。从1979年起，西部出版公司开始对参赛作品进行评选。参赛人已不再局限于律师，中选的作品将在全国展出。公司每年购买其中几幅作品。西部出版公司每年一度的《艺术与法律》绘画竞赛活动现已引起艺术界和法律界人士的重视。

（三）其他直接资助

政府对艺术事业的直接资助并非仅限于国家艺术基金会资金的发放。各州的艺术委员会都能从州政府得到拨款，该款项或用于委员会行政开支，或用于对艺术家的直接赞助。有少数几个较大的州还允许当地的分支机构建立自己的委员会，后者也发放资助。在联邦一级，住宅和都市发展部、运输部和内政部都曾赞助过许多艺术项目，而且总务管理局（GSA）还颁布条令，要求在所有新的公共 *144* 建筑的设计中，必须具有艺术内容。各种安置就业的计划，诸如最近撤销的《综合就业和职业训练条令》（参见公法第93-202号，国会法案及决议案汇编第87卷第839页（1981年废止））也曾规定在不同的项目中为艺术家们提供赞助。

所有这些计划都受到近几年来削减预算和减少拨款的影响。在纳税人的强烈要求下，加利福尼亚州通过了削减预算的第13号提案，其他州也通过了类似的提案，在削减预算的过程中，艺术一直是首当其冲的削减对象之一。一些州为解决艺术委员会经费问题而采用了一些富有创新精神的办法。例如，俄勒冈州已成为首批使用"代扣制"为其艺术委员会筹集资金的州。《俄勒冈州税法》第316.485条（1981年）（1995年废止）规定，领取州所得税退税的纳税人，可以在其税务报表的相应栏内注明，将其应得之退税的一部分捐赠给艺术委员会的基金会。虽然"代扣制"可以筹集到一些资金，但有人担心，采用这种方法最终可能不利于艺术事业。其中一种可能出现的情况是，立法机关也许会认为可以将包袱卸给通过"代扣制"而捐款的纳税人，而无需继续对艺术进行财政上的赞助。阿诺德·施瓦辛格当选加州州长后，许多人认为，作为一个演员，他将会有兴趣增加对艺术的资助，但事实上，尽管加利福尼亚州在美国人均消费艺术排名垫底，他还是取消了适度增加加州艺术委员会的预算案。

二、间接资助 *145*

间接资助也是政府赞助艺术事业的一种重要方式。这类立法并未直接为专业艺术家和艺术机构提供资金，但增加了公众对艺术的了解，为艺术家的作品开辟了新的销路。已采用的方法有几种。政府机构可以作出规定，要求在新的建筑项目中必须将一定比例的资金用于艺术，可以制定有关公开展览艺术品、保护具有历史意义的古建筑的法规，提供全额赞助，或予以税收方面的优惠。

（一）专款中用于艺术的比例

许多州和地方市政当局所采用的专款比例条令是政府对艺术事业间接资助的最有效的方式之一。这些条令规定，在新的政府建筑工程中，建筑费用的一定比例，通常是1％，必须用于艺术方面。这类立法的实施不仅提高了有关建筑物的格调，同时亦会使整个艺术界受益。不仅艺术事业的支持者们无需再为每一个具体项目而游说，申请资助，而且受聘于公共艺术项目的艺术家们亦可在当地教授并展示其作品。不过，如何使用按比例划拨的资金，有时也会引起争议。例如，俄勒冈州波特兰市都市艺术委员会批准购买一件19世纪西北部太平洋地区印第安人雕刻的雪松鹰，用来装饰一座正在建筑中的新大楼，人们对购买该艺术品的目的产生了争议。如果艺术专款的用途在于增进公众对艺术的了解，那么购买一件古色古香的雪松鹰似乎是合乎情理的。反之，正如当地艺术家们所指出的那样，如果这笔开支是为了在艺术界创造就业机会，那么购买一件订制的作品可能更合适。

许多州还规定，修理州政府所属建筑物，使用州政府资金修建任何建筑物，在公有土地上修建建筑物，其建筑设计和选址方案都需经州艺术委员会批准。这类法令并不涉及拨款问题，其目的在于改善地区风貌、扩展公众视野、增进其对艺术作品及其价值的了解。在瓦尔纳特和圣昆斯公司诉米尔斯一案中（1931年），这类法令被裁定是符合宪法的。在该案中，一个市政艺术评议委员会拒绝批准一位剧院所有人修建一座延伸到人行道上的大型帐篷作为剧院入口。剧院所有人声称，该法令使得评议委员会独断专行，剥夺了他按正常法律程序办理有关手续的权利。这位剧院所有人进一步宣称，立法机关不拥有管理审美问题的权力，因而亦不能将这份权力授予一个评议委员会。法院否定了这些说法，裁定该法规是管理公共财产法规的合法组成部分。

（二）古建筑保护

古建筑保护法也是间接资助的一种重要手段。虽然这类法规并不能使当代艺术家们直接受益，但保护具有历史意义的古建筑增进了公众美化环境的意识，同时亦保护了先辈的艺术作品。保护历史遗址不仅要靠禁止毁坏和改建具有历史意义之古建筑的法规，也要依靠保护基金，尽管这种基金的数额是十分有限的。《国内税务法》中也有一些规定对保护和修复古建筑实行优惠的政策。参见《美国法典》第26编第47条。 *147*

乍看上去，努力修复具有历史意义的建筑和建筑物，并在修复后使其保持完整似乎是值得赞扬且无可争议的。但是，对于那些拥有这类财产的个人和团体来说，这种保护常常被视为过分的限制和额外的负担，就等于无偿地征用了私人的财产。

引用古建筑保护法限制财产所有人对其财产所拥有的权利被裁定是符合宪法的。在宾州中央运输公司诉纽约市政府一案中（1978年），最高法院裁定，纽约市古建筑保护委员会拒绝批准在中央车站兴建高达50层的办公大楼计划并不违宪，因为中央车站曾被标明为古建筑。法院指出，对原告财产使用权的干涉尚未达到征用土地而需赔偿的地步，因为原告并未提出证据以证明它已被剥夺了对其财产的全部使用权。

第一，原告对现有建筑物本身的使用权并未受到损害。第二，没有任何证据表明，纽约市古建筑保护委员会在驳回原告申请的同时，亦禁止在中央车站进行其他建筑；原告完全可以修改其方案，修建一座小一些但与现有建筑格局更为协调的建筑物。第三，根据纽约市开发权转移规划，那些在相应的区域划分法许可 *148* 范围内尚未充分开发利用其不动产的业主，可将其开发权转移到同一街区的相邻地段或其他经批准的地段。在纽约中央车站建筑案中，开发权可以转换到附近至少8块地段中，其中1~2块地段正适于建筑新的办公大楼。法院说明，如征用了土地，上述这些权利可能并不足以作为补偿，但其确实减轻了法律所加诸被告方面的财务负担，因此在估计该法规所产生的影响的程度是否相当于土地征用时，应把这些权利考虑在内。

不过，1991年宾夕法尼亚州最高法院裁定，未经所有人同意便把一块不动产确定为有历史意义的古建筑，即构成对财产的征用，因而是违反州宪法的。参见联合艺术家巡回剧团诉费城市政府案（1991年）。该州最高法院已重审此案，法院裁定，未经同意便将私人拥有的一座建筑物确定为有历史意义的古建筑，不构成征用。

在卢卡斯诉南卡罗来纳州海岸委员会一案中（1992年），最高法院裁定，任何禁止使用土地给予经济补偿的法规，在制定新的立法时不能是无偿的，除非该法律只不过是重申可以由法院裁决即可达到的结果。

另一个有争议的宪法问题是宗教自由问题。在西雅图圣约教会诉华盛顿州西雅图市政府一案中（1990年），州最高法院裁定，将西雅图市古建筑保护条令用于教会违反了宪法第一条修正案中有关宗教自由的条款。西雅图市有关法规规定，事先未经古建筑局的批准，禁止改变已被确定为古建筑的外观。从法院的角度来讲，它已得到对与宗教活动直接有关的世俗事务进行控制的法律授权。其他州的古建筑保护法至少也已涉及宗教性建筑物的外观。

把教堂内部结构定为历史性古建筑，看来至少违反了一个州的宪法。在新英格兰耶稣教会诉波士顿古建筑委员会一案中 （1990年），法院裁定，把一所教堂内部部分结构定为古建筑违反了马萨诸塞州宪法中对宗教自由的保障条款。

对于职业艺术家来说，上述间接与直接的资助是十分重要的。间接的政府资助增强了公众对艺术的认识与了解，开辟了新的艺术市场。此外，直接资助使艺术家们可以利用销售收入与版税收入以外的资金来从事其所追求的事业。虽然这类资金——无论是来自政府还是民间——的增减受经济形势变化的影响极大，但毕竟为艺术家们提供了一个重要的资金来源，同时为美国的艺术事业作出了贡献。

第十一章　艺术家的纳税问题

一、正确划分收人

艺术家很少认为自己是在从事经营活动。许多人煞费苦心地避免使自己的行为商业化，但税法却把职业艺术家看作商人。因而艺术家与收藏家、艺术商一样也要受到前面第八章所谈到的许多同类税务法规的制约。但艺术家赚钱的方式千奇百怪，其收入的性质也常与其他从事经营活动的人士不同。职业艺术家大多没有固定的工资收入，在不同的税务年度内，实际收入可能有很大波动，而且许多旨在促进投资的税务法规对艺术家们并不适用。因此艺术家必须利用税法中一切可利用的条款来减轻自己的纳税义务。要实现这一目的，有两种基本方式：第一，如下面第二节中所要谈到的，艺术家可以享有一些税额扣减；第二，税法中有几项旨在减轻所得收入大大高于以往历年收入者税负的条款，艺术家可以运用这几项条款降低或分散应纳税之收入。

征收所得税有六种不同的税率，简而言之，在特定纳税年度内，收入越多，所得税税率就越高。虽然这种六级的所得税税率一般来说可以为穷人减轻纳税义 *151* 务，但对于艺术家来说，如在某一税务年度内收入比较集中，就会蒙受损失。有时会出现这种情况：例如，某位艺术家一直未售出过什么作品，突然间卖出了一件价值不菲的作品，结果其全部销售收入会按较高税率征税。

分散收入的方式之一是分期入账。如一位艺术家出售作品后所得到的是相当于现金的或有明确合理的市场价的流通票据或其他延期付款之承诺，那么按理说，艺术家可能就必须在收到票据时，而不是在将票据兑付现金时，申报全部销售收入。不过，《国内税务法》第453条允许出售了资产而收益是在今后若干纳税年度内陆续得到的艺术家，而不包括艺术商，分批申报其收入额。

根据这种方式，每次收到付款，仅有其中一部分为应纳税额。例如，艺术家制作一件雕塑，成本（税基）为1000美元，而其出售时售价为1万美元（收入额），那么一般对艺术家来说，由此而产生的直接应税所得为9000美元。如艺术家采用分期计算的方法，按4年每年收入2500美元加利息计算，艺术家的应税所得仅为每年收入的90%（9000美元的毛利除以1万美元的合同总价），或2250美元加每年利息的100%。不论按那种方式，总收入中的收益额都为9000美元。不过按分期计算方法，收益额被平均分摊在4年之内，因而可享有较低的边际税率，延期纳税。关于分期付款销售有特殊的规则，艺术家应与税务顾问进行讨论。需要注意的是，根据《1999年税收减免延长法》，纳税人如果已采用流水记账方法纳税，就不能再使用分期记账纳税方法了。

152

　　艺术家也可根据自己的意愿，将收入分散到自己的家庭成员名下以减少应纳税所得。一般来说，为避税而公开转让收入的方法是行不通的。更为巧妙的转让方式能否成功常取决于转让物被定性为"所得"，还是"财产"。如系转让财产，那么转让给家庭成员是可行的，只不过可能因转让而需交纳赠与税而已。另一种转让收入的方式是在家庭成员之间建立合伙关系。采用这种方式是国内税务局所允许的，但国内税务局将会进行细致的调查，以确保合伙关系的真实性。

　　某些家庭甚至已组建起家族公司或者家族拥有的有限责任公司。如国内税务局对这类公司的组建动机存有疑义，就将由法院来对家庭成员的意图加以审查。如组建公司的唯一目的是避税，那么这种办法就行不通了。如国内税务局对该公司坚持不予认可，国内税务局就可以将公司收入重新划归纳税人个人名下。例如，如公司未进行实质性经营活动，未遵守有关的公司条例，或艺术家并未使公司具有应有的独立地位，那么国内税务局便可采取上述行动。

　　不过，一个真实的或真正的家族公司或者家族拥有的有限责任公司可以为艺术家在税收方面带来某些好处。作为公司的雇员，艺术家可将其应纳税的所得控制在一定工资范围之内，公司销售收入的部分或全部可以暂时扣存。此外，某些小额福利，诸如看病和看牙的花费，也可计入税前开支。虽然无论何时进行销售，公司都必须申报收入，但公司可以扣减艺术家工资，以及其他营业性支出。

153

　　然而，如果仅从税务角度着眼，那么组建家族公司或者家族拥有的有限责任公司未必有什么好处。对于大多数纳税人来说，现在的个人税率基本上与公司税率一致或低于公司税率。除此之外，公司还必须支付一些无法节省的法律和会计方面的开支。如果一位艺术家生意很少，没有什么利润，他就需要考虑在税务方面可能节省下来的支出，是否足以抵消按法律规定公司必须支出的额外开支。公司所需支出的工资税、失业保险税、给工人的补偿、律师费用和会计费用的数额可能相当可观。不过使用公司这一形式已无须再投退休保险。修订后的个人退休账户（IRAs）条例和凯奥夫法案，允许个体经营者通过一项退休金合作计划，来尽量预留出投入退休金的款项。

　　在组建公司之前，还有几个可能会出现的公司税务问题，艺术家应予以认真考虑。使用组建公司这一形式便意味着以股息形式分给股东的任何利润都将会两次征税：一是作为公司所得征税；二是当利润分给股东后，股东还要交纳个人所得税（虽然数额小的股息可以免税）。因此，组建公司虽然可以将收入从艺术家 *154* 名下转给其他股东，诸如家庭其他成员，但这种转移的代价是双重付税。将收入转入一家公司所获好处是否能超过双重征税的损失，在判定这一问题时，显然，最重要的是应先向一位会计师或税务顾问进行咨询。

　　如果一位艺术家组建家族公司的目的是推迟相当一大部分收入的申报时间，那么国内税务局可能会征收累计收益税。但国内税务局亦规定，最高累计收益的限额为25万美元，在此限额内不征累计收益税。不过如果是"个人服务公司"（包括那些主要业务是从事表演艺术活动的公司），最高限额仅为15万美元。累计收益积累超过这些限额就必须有证据证明其为公司经营的合理需要，否则将在一般公司税之外，加征税率为15％的累计收益税。

　　如国内税务局发现公司为个人控股公司，那么对于大多数用收入所作的"被动投资"，即公司所保留而未分红的收入，也将征收附加税。该税税率目前为35％。如公司收入主要由版权使用费、版税、分红或个人服务费所组成，就可能会加征此税。但如果在公司未有任何收入之前，所有人出售其股份，该公司可能就会成为"将停业的公司"，所有人出售股份所获之收入将按一般所得税税率征税。

　　对于力图组建公司的艺术家们来说，另一种方法是组建一个S级的公司。公司被列为S级，所有人便可选择以一种十分近似于合伙纳税的方式纳税，这样就可以避免双重征税。家族拥有的有限责任公司可以选择按合伙纳税或者按公司纳税（如家族公司）。

二、税务扣减

在申报收入时，一位职业艺术家可以扣减其经营性支出，从而减低其应纳税之收入。画室的租用费或折旧费是典型的扣减项目。不过，正如收藏家与艺术商一样，艺术家也必须证明，其从事的是一种贸易或一种经营活动，而不仅仅是一种个人的爱好。一位业余爱好者并不能享受贸易或经营扣减。参见第八章讨论过的财政条令第1.183–2款。虽然一位艺术家在5年之中必须有3年获得了利润，才能被视为在从事营利性活动，但有时即使其不符合这项标准，艺术家仍可享有税务扣减。在丘池曼诉税务局长一案中（1977年），税务法院裁定，虽然作为纳税人，艺术家一直在亏损；虽然她并非以此为生，而且其艺术活动带有明显的消遣性，但该纳税人确实是在为营利而创作。丘池曼用其教学活动，用其在画廊的画展，以及用其详尽的商业性活动纪录证明了这一点，因而她的全部支出均可享受税务扣减。如果她的活动未被确定为具有营利性质，那么就只有从事艺术活动所获收入才能享有税务扣减的资格了。

即使一位艺术家享有贸易或营业扣减，有些扣减项目仍然可能会出现问题。例如，有时国内税务局不允许扣减设在艺术家住所内的画室的营业费用。这项政策在科尔菲诉税务局长一案（1980年）—— 一个非艺术性案例中受到挑战。在该案中，一位内科医生以出租房产为副业，其所出租的房产是设在其住所内的一

间专门用来出租的办公室。当医生扣减维持这间家庭办公室的费用时，国内税务局不准许扣减，但税务法院否决了这一决定，重新确认维持家庭办公室的费用可以扣减。屋内的陈设使法院确信，长期以来，医生完全是将其作为办公室而出租的。法院注意到屋内并无电视机、沙发或床铺。

这个判决现已被编入《国内税务法》第280条A款。作为一般性原则，使用一所在本税务年度内被纳税人用作住宅的房屋，是不允许做营业性扣减的。用作住宅的定义是，在相应税务年度内，为私人用途而使用该居住单位超过14天者。不过第280条A（c）（1）款（A）规定，在特定条件下，该一般性原则无效，

如住宅内的一部分"经常性地只用作……纳税人所从事之贸易或业务的主要场所"，纳税人就可以获准扣减。实质上这意味着，艺术家若要申报扣减，就必须将其用作画室的大阁楼分割成相互独立的生活区和工作区。扣减限额为，在同一税务年度内使用该画室所获收益超出使用该画室所享有的扣减部分。因此说，如果艺术家经营画室亏损，即使在其他方面完全遵守了法律的有关规定，亦不能享有扣减。

对画室专有使用的要求意味着，艺术家不得将个人使用和商业使用混在一起。从本质上讲，这意味着艺术家将不得不把大阁楼分割成单独的工作区和生活区，从而要求税务扣减。画室须经常使用这个要求意味着，对该房间的使用不能只是偶然或偶尔为之。

《1997年纳税人救济法》扩大了纳税人的主要营业场所的定义，那些行政和管理场所也包括在内，只要这些场所不是用来固定做行政和管理以外的其他事情。因此，一个艺术家的创作工作是在一间租来的当做家庭办公室来用的工作室里进行，就可以扣减税负，如果有关经营活动的行政方面，诸如跟画廊联系销售、订货，等等，是在这个家庭办公室进行的。 *157*

该扣减额仅限于在本纳税年度内，使用该工作室的总收入，减去在物业税和按揭利息方面支出的那部分。因此，如果艺术家使用的工作室亏损，即使他或她在其他方面符合法律的规定，将不允许扣减税负，虽然亏损可无限期结转，并可用于以后获得充分收入的年份。

不幸的是，艺术家在个人住宅被出售时的收益部分允许扣减，如果该住宅内的家庭办公室的税负已经扣减的话，则只能允许部分扣减。一般来说，纳税人可以从总收入中有限制地排除最多25万美元（对于共同申请人则是50万美元）收益税。然而，如果这间房屋用于营业，则这种延迟收益是不允许；也就是说，如果20%的开支被扣减了，那就要承认有20%的收益。如果艺术家要么（1）在最近5年里有2年时间拥有该房屋，要么（2）在最近5年里该房屋有2年时间专门为艺术家个人使用，艺术家只需要按照房屋折旧实际扣减的税额数量纳税即可。请注意，如果这个家庭办公室跟艺术家主要住所位于同一寓所内，该纳税人就被看做是将该整座房屋作为其主要居所，从而在房屋折旧扣减之外，只要不超过前面所说的25万美元（对于共同申请人则是50万美元）的限制，扣减该房屋销售收益税。

158   三、慈善用途扣减

与收藏家及艺术商因慈善用途捐赠而享有的扣减不同的是，有关慈善用途扣减的法律对艺术家并不十分有利。个人捐赠其所创作之物品只能扣减其创作时所使用的原材料的成本。这项规定给图书馆与博物馆带来的是灾难和不幸。自从1969年该法通过之后，来自作家和艺术家的慈善用途捐赠就大幅度减少了。例如，现代艺术博物馆1967~1969年从艺术家那里收到52件绘画和雕塑，但1972~1975年，仅收到1件捐赠品。

即使是画家自己，例如亚历克斯·卡茨，他在二级市场上购买了自己多年前卖掉的作品《美国大兵》雕塑，减税规则被认为只能按照他购买该作品的花费（本案即他在拍卖会上所支付的资金数额）进行税务扣减，而不是按照该雕塑的公平市场价扣减。

虽然已提出了几项有关该法的修正案，但国会一直拒绝就艺术家捐赠自己作品的税收待遇问题作任何变动。不过一些州则表现出了较大的灵活性。有几个州，例如俄勒冈州（俄勒冈修正法规第316.838条）、马里兰州（马里兰州法典，税法总则第10-208条（f）款）和阿肯色州（阿肯色法典注释第26-51-422条），现已准许艺术家将自己创作的、捐赠给某些慈善机构的作品按合理的市场价扣减。

在过去，捐赠知识财产的艺术家可以获得与该知识财产合理市场价等值的税
159 务扣减，只要该项捐赠已超过一年。然而，2004年，布什总统签署了《2004年美国就业机会创造法》，对享受税务扣减的公平市场价或纳税人享受减税的税基向下调低了。纳税人可以按照接受捐赠者直接从知识财产获利的一个具体的百分比享受税务扣减。

四、遗产安排

艺术家的遗产安排人会碰到一些特殊的问题。其中之一便是遗产税法的规定。遗产按艺术家去世之日，或根据《国内税务法》第2032条的规定，在其去世后6个月内，按其遗嘱执行人选定之日的合理市场价计征遗产税。由于艺术家的遗产中可能包括大量价值不菲的艺术品，因而联邦遗产税和州继承税的税额可能也相当可观。即使艺术家已在生前将大部分具有市场价值的作品售出，在其去世后，艺术家所拥有的原来不值钱的艺术作品也可能在一夜之间变得价值连城。为防止这类问题的出现，有些艺术家采用了一些极端的手段。据传闻，托马斯·哈特·班顿就因为担心妻子付不起遗产税而销毁了其价值100万美元的艺术品。已故的泰德·地·格拉西亚也曾决定以销毁其平生所创作作品的方式来解决遗产问题，1976年首批烧毁的100幅绘画，据其本人估计价值约150万美元。

值得庆幸的是，只要进行适当安排，还有其他一些不那么极端的方法可以用来处理艺术家的遗产。对于一位组建了公司的艺术家来说，充分利用《国内税务法》第6166条的规定，即可减轻其遗产税负担。只要死者遗产价值的35%为一家非公开招股公司的产权，即可适用该条款。该条款规定，部分遗产税的交付可延期5年，同时可将应付税款在5年后，分10年交纳。如果要出售艺术品来交付遗产税，经销费用和佣金均可扣减。不过从戴维·史密斯遗嘱执行人诉税务局长一案中看（1972年），根据《国内税务法》第2053条（a）款规定，可以减免的部分仅为那些为获取应付税款而作出的开支，并非出售全部遗产的费用。但最少在一个州以及海外一些国家中（例如法国和英国）可以直接用艺术品支付遗产税。参见《康涅狄格州一般法规注释》第12–376条d款；《缅因州修正法规注释》第27卷第91条至第93条；《新墨西哥州法规注释》第7–7–18条。 *160*

当然，在解决遗产税支付问题时，应付的税越低越好，无须付税更佳。减少遗产数量便可实现这一目标。要减少遗产税额最便当的方式之一就是生前将财产赠与他人。不过，对于艺术家来说，税法中的几项规定已使这种方式不那么具有魅力了。正如本章第三节中所谈到的，将艺术作品捐赠给慈善机构，艺术家并不能像收藏家那样获得税收方面的便宜。

正如第八章第四节中所谈到的，馈赠艺术品后，对该赠品评估而作出的估价将从馈赠人遗产中扣除，如该赠品价值未超出每位受赠人每年赠与税免税额1.2万美元的话（对于夫妻来说，则为每年2.4万美元），如前面第八章第四节所述，该馈赠就既没有交纳遗产税问题，亦没有交纳赠与税问题。但如果艺术家考虑到受赠人今后可能会遇到的税务问题，他也许会发现生前馈赠其艺术作品并非一种很吸引人的解决方式。这主要因为艺术家作品的基价低。如果财产是从一位去世者那里继承的，那么根据《国内税务法》第1014条的规定，受赠人所接受财产的基价应为其合理市场价。这一点十分有利，财产估价后出售，基价越高，受赠人应纳税的收益额就越少。反之，如果财产是作为礼物而接受的，受赠人在计算收益额时所使用的基价就等于财产在赠与人手中时的基价，对于一位艺术家的作品而言，基价仅为其创作时所使用原材料的成本价。艺术作品以后出售时，这种低基价将使受赠人应纳税的收益额增大。因此，从整体上看，馈赠所产生的效果并非降低了全部税额，而仅仅是将税负从艺术家的遗产中转移到了受赠人那里而已。所以，靠生前馈赠来减少艺术家遗产数额不一定如想象中的那样有利，这主要将取决于艺术家本人的具体情况，以及艺术家遗产和受赠人的纳税等级。除此之外，即使对于具体某一位艺术家来说，生前馈赠如确有减轻税负之益，但如馈赠是在艺术家去世前3年之内进行的，某些类型的馈赠仍可能使减轻税负的好处完全丧失。参见第八章第四节。

如艺术家生前组建公司，死后亦可能享有某些纳税方面的优惠。不过，为避免产生"死者的收入"问题，所有销售收入和个人劳务合同收入必须都是支付给公司的。否则，根据《国内税务法》第691条的规定，死者的相应收入必须并入遗产总收入中。如获取收入的权利不属遗产范围，那么拥有该项权利的受益人便可得到这笔收入。如不存在这类潜在的问题，艺术家的遗产将仅依据其在公司中所拥有的股份征税。艺术家所拥有的股份将以合理市场价为基价计入遗产及分配给其他受益人，这样如对股份按资本收益率征税时，也不会有多少销售收益。

只要其他股东未将公司清算，公司在艺术家死后将继续存在。只要公司的架构继续存在，就会有助于受益人继续利用艺术家的作品牟利，但亦会产生一些税务问题。来自版税和死后销售的连续性收入将作为公司所得征税，由于艺术家已不再领取工资，因而亦不能再进行相应扣减。分配给股东的收入或遗赠给股东的遗产也需要纳税。另一方面，如公司将收入留存，即使在艺术家生前曾成功地避开了累计收益税，其死后，也可能交纳。将公司清算可能是一种解决方式。如公司清算安排得适当，股东们将以合理市场价为基价分得公司资产（《国内税务法》第334条）。

　　但组建公司并在艺术家死后将公司清算，并非是每一位艺术家税务问题的解决办法。在选择了一种公司形式之后，艺术家就将受制于有关公司组建、经营和清算的各种州立法规的限制。大多数州规定，一个公司必须有董事会，而且根据各州法律，公司经营权一般都在董事会，因此艺术家必须去找一批可以信赖的董事。除此之外，如艺术家想通过将其受益人变为公司股东的方式来减少应纳税的遗产数额，那么他可能最少需保有公司51％的股份以维持控制权。由于每个人的具体情况不同，一位艺术家可能会发现，组建公司会产生这样或那样的问题，还不如不组建公司为佳。如果这样，艺术家就应全力寻求其他方式以分散其应纳税收入，申请扣减，妥善安排遗产从而减轻纳税义务。

164

第十二章　版　权

一、历史渊源：普通法，版权与优先适用问题

所有财产从概念上讲都是由一"权利束"组成的。对于艺术家或作家来说，在这一权利束中最重要的部分也许就是版权。任何有形或无形的财产的所有权赋予所有人以使用、占有、享用该财产的权利。但对于创造该财产的人来说，仅拥有这些权利可能是不够的。从经济角度来讲，为鼓励创作，法律赋予创作者额外权利，使其能够从投入的时间、技术、精力中获利。对于创作者来说，经济利益中最重要的部分也许就是从复制、改编、发行、表演和展览其作品中所获收入。保障这些权利的方式是授予合法的创作者在使用其创作作品方面的有限垄断权，目的是繁荣创作，最终使公众受益。

这些基本想法已写入《美国宪法》第1条第8款。该款规定国会有权"保证作者和发明者在一定期限内对其著作和发明拥有专有权，以促进科学与实用艺术的发展"。依据该项权力，第一届国会制定了1790年《版权法》。该法几经修改，*165* 1909年制定了《美国法典》第17编。此后该法再无重大修改，直到1976年国会通过了《修订版权法》（《美国法典》第17编第101条及以下各条）。该法自1978年1月1日起生效。

在联邦成文法版权保护不断完善的同时，各州法院亦承认被称为普通法版权的普通法权利的存在。这些权利赋予个人许多权利，包括首次出版作品的权利与防止他人未经许可而复制的权利。这些权利自作品创作完成后自动产生，即使作者毫不知情，它们亦照样存在，无需履行任何手续。

普通法版权保护传统上是在作品出版后生效，与此同时，根据1909年法，作品一般也享有了联邦成文法版权保护。1976年，在并行的州和联邦版权制度之间存在着矛盾与冲突这一事实被正式承认。因而1976年法第301条宣布，从1978年1月1日起，联邦版权法，在其所涉及的有关作品和权利的整个领域内应优先适

用。因此，可以这样认为，普通法版权，除少数予以保留外，均已被废止，只剩下一些保留部分。第301条（b）（1）款承认，州法可以（而并非一定要）去保护那些超出联邦法律范围之外的作品类别。如，并未被摄制或用符号记录下来，并未被"固定于一种有形的表现媒体上"的舞蹈，以及未做记录的即席谈话和讲演，均不在第102条所保护作品类别的范围之内。因此，对这类作品仍由州法保护，联邦法并不优先适用。同时第301条（b）（2）款还规定，优先适用联邦法，并不溯及既往。因此，凡是诉因发生在1978年1月1日以前的诉讼，仍维持原状。

166

最后，第301条（b）（3）款大概是保留下来的普通法权利的最大部分。该款规定，所有与1976年法第106条中列举的权利不"相等"的州法权利，都保留不变。因此，第十四章中所讨论的转售提成费（Resale royalties*）就不优先适用联邦法，因为从其定义来说，这种提成费仅涉及某些作品的转售而不是首次出售，而首次出售权正是第106条所授予的权利之一。

对于享有第102条（a）（8）款保护的建筑作品，第301条（b）（4）款保留了州一级在州与地方的地貌文物、历史古迹保护法、区域划分法及建筑法方面的各项权利。

第106条的作用是确认而非限制。可以说第106条确认了属于版权一般范围内的各种权利的一般性内容。版权保护产生于一部原始作品的创作，是由禁止对该作品复制、表演、发行或展览的权利所组成。如果复制、表演、发行或展览的行为本身侵犯了州法所赋予的权利，联邦法就优先适用于州法权利。但如果依据州法所提起的诉讼的诉由，除复制、表演、发行或展览外，还有其他因素，或完全是基于别的诉由，那么该权利就不存在于 "版权一般范围之内"，联邦法就不能优先适用了。

167

例如，在有关欺诈性贸易活动的一起诉讼案中，责任的关键点在于是否有错误陈述或欺骗的因素，如果没有，其诉讼原因就不属于侵犯版权的问题。同样，有时复制、发行、表演或展览行为会引起诽谤和侵犯隐私权的诉讼，但这些行为不是这类侵权案的实质问题。这时，联邦版权法就不能优先于各州有关诽谤和侵

---

* Royalties，另译作"版税"。在本书中，涉及出版物合同，译为"版税"；涉及艺术品买卖，译为"提成费"。——译者注

犯隐私权的法规而被适用。

同样，虽然禁止"盲目竞买"电影影片的州法规定，推销影片的先决条件是将该影片做一次商业性放映；虽然原告指控这种放映构成了版权法中所说的公开表演，州法侵犯了版权法所授予作者控制作品"出版"的权利，但法院裁定该州法并不受联邦版权法优先适用的制约。在联合艺术家影片公司诉罗兹一案中（1980年），巡回上诉法院法官明确赞同下级法院对优先适用问题的分析，并认可了下级法院有关俄亥俄州旨在防止竞买过程中出现欺诈与误导性贸易行为的法规不受制于版权法的判决，因为该法规并未剥夺原告决定其作品是否公演的权利，而且因为该案所涉及的权利显然不是相等的。

在斯特扎诉阿拉伯联合酋长国一案中（2002年），法院认为，原告诉称的侵权干扰、故意制造精神折磨以及串谋欺诈，比指控被告非法复制责任大得多，因此，没有优先适用版权法。同样，联邦巡回法院认为，在审查一件禁止对软件实行反向工程的拆封许可协议时，《版权法》没有优先适用。参见鲍尔斯诉贝丝塔特科技公司案（2003年）。然而，在罗德里格诉罗德里格一案中，路易斯安那州东区法院裁定，在涉及一起因婚姻存续期间丈夫创造的油画归属而发生的财产纠纷中，《版权法》优先适用于路易斯安那州社区财产法，尽管在上诉时，第五巡回上诉法院认为，由于画家配偶保留着对版权的专有控制权，从该有版权作品中所获得的经济利益属于社区财产。

二、保护范围

成文法中的版权并不包括一种绝对的垄断权。如果两部原创作品在所有方面都相似，但只要是各自独立创作的，则每部作品都可依据版权法受到保护。成文法中的版权本身并未直接规定经济方面的收益。它只是授予版权人一些明确规定的无形权利，使作者能够与可能购买或使用其作品的人就未来的经济收益问题诸如版税进行谈判和交易。

有关版权的成文法所保护的权利仅限于那些在法律条款中有明确规定者。1976年《版权法》第106条授予版权所有人5种专有权：（1）以任何方式复制有版权作品；（2）根据有版权作品制作演绎作品；（3）以出售或其他转让权利的方式，或以出租、出借等方式公开发行有版权作品的复制品或录音制品；（4）公开表演文学、音乐、戏剧和舞蹈作品，哑剧、电影和其他音像作品；（5）公¹⁶⁹开展览有版权的文学、音乐、戏剧和舞蹈作品，哑剧和绘画、图像或雕塑作品，包括电影或其他音像作品中的个别图像。

这些权利可由版权人或经其授权的代理人行使。它们具有可重复行使的性质，而且在某些情况下可以反复行使。一位版权所有人可以将第106条中规定的所谓"权利束"中的任何一种和多种，委托、转让、许可或转交给他人使用，自己保留其他权利。第201条明确授权受托人、受让人、获得专有许可之使用人或拥有这些权利中任何一种的人，均可采用法律手段保护自己所拥有的相应权利。此外，拥有任何一种这些权利的人均可根据第205条登记自己的权益。

在1976年《版权法》生效之前，对一部未出版作品的保护属普通法版权范畴。对于某种同类作品，如绘画或雕塑，各州法院的一致意见是，除非在一份书面协议中作者明确保留权利，否则购买人将自动获得作品的全部权利。参见普斯曼诉纽约书画协会公司一案（1942年）。1976年《版权法》对这类作品在出版前的保护问题作了全国统一的规定。与普斯曼案的判决正相反，该法规定，除非有具体列明了转让给购买人的权利的书面协议，否则作者将保留对所出售作品的全部版权。根据现行联邦法律，拥有以艺术形式固定下来的有形作品不同于并且有别于拥有作品中的无形权利。

按照一般原则，一件作品的作者拥有该作品的版权，但是"雇佣作品"理论却是一个具有重要意义的例外情况。1976年《版权法》第101条明确规定了两类¹⁷⁰"雇佣作品"。第一类的关键在于雇佣，它规定雇员在其受雇范围内所创作的作品属于"雇佣作品"，这些作品的版权属于雇主。第二类包括作者为独立缔约人而非雇员的几种情况。独立缔约人即为其所创作之作品的版权所有人，这是法律条文的基点。但对于第二类作品，第101条规定，当事人各方可用书面形式改变关系，指定接受作品者为版权所有人。因此，特别订制或委托制作的作品，用来作为一部集体作品的一部分，作为一部电影或其他音像作品的一部分，作为一份译文、一件补充作品、一件汇编作品、一本教科书、一份试题、一份试题解答材料或一部地图册等，都将被视为雇佣作品。必须有明确的书面协议，版权才归委托制作或订制者所有。

在非暴力创作团诉里德一案中（1989年），最高法院清楚地说明，在确定作者身份究竟是雇员还是独立缔约人时，必须依据《代理法重述》（第二版）所阐明的原则。最高法院还指出，由独立缔约人所创作的有版权作品如属第101条所列举的九种作品，而当事人各方又未按第101条规定就作品有关问题达成书面协议，那么独立缔约人将保有版权，除非当事人各方同意每个人的作品都是为一部整体作品而创作的。在这种情况下，当事人各方将被视为合作作者。

三、成文法的主要内容

1976年修订《版权法》时规定了版权存在的几个必要条件。这些条件列于第102条内。该条规定"……对固定于任何有形表现媒体中的原始创作作品予以版权保护"，而后又列举了有资格享有版权保护的七类创作作品。列举清单并非要限定保护范围，而是旨在为随着科技发展而出现的新的作品类型敞开保护大门。不过，无论作品属于何种类型，要取得版权保护，该作品必须是原始创作作品，而且必须是被固定于一种有形的表现媒体之中的。

（一）原始创作作品

从版权角度来讲，"原创性"与专利保护所要求的"新颖性"并不一样。原创性仅指作品必须是独立创作的，即不是从他人作品抄袭来的。原创性并不要求作品是独一无二的。一部作品即使与早先创作的作品基本相同，甚至完全一致，只要不是对早先创作作品的抄袭，便可享有版权保护。博学的汉德法官那段经常被引用的话很好地说明了这一概念："如果鬼使神差，一个从未读过济慈作品的人创作出一部新的《希腊古瓮颂》，那么他便是一位'作者'，而且，如果他申请了版权保护，其他人虽然可以随意复制济慈的作品，却不能复制那首诗。"所以，如果两位艺术家各自独立创作出了完全一样的两幅作品，每一位都会享有自己的版权，而不会侵犯另一位的版权。正因为如此，许多制图人员在其所制地图中，有意留下一些小的错误，如果后来制出的另一幅地图上出现了相同的错误，这处错误便是后一幅地图复制前一幅地图的铁证。

这里还有一项规定：作品至少应含有一定的创造性。在费斯特出版公司诉乡村电话服务公司一案中（1991年），最高法院裁定，单纯的机械劳动，诸如搜集并在一部电话号码簿中按字母顺序排列姓名与住址，并无资格享有版权。仅仅是"出大力流大汗"的简单劳动并不足以取得版权保护。一件普通的自然界的物体（例如一只动物），以及诸如圣诞老人这类普通主题，都不受版权保护，只有艺术家独特的原创性表现才受版权保护。具体判例可参见萨特维诉劳里一案（2003年）。在该案中，法院认为，艺术家的版权并不能禁止他人在一块干净的玻璃外层描绘水母图案。

（二）固定在有形的表现媒体中

要取得版权，作品还必须固定于一种有形的表现媒体中。这项规定反映了一个基本的原则，版权所保护的是思想的表现而非思想本身。例如，在马斯托诉迈耶一案中（1977年），原告声称《百分之七溶液》一书侵犯了在某医学杂志上发表的一篇文章的版权。该文章推测谢洛克·福尔摩斯有吸食可卡因的毒瘾。在故 *173* 事的细节中，两部作品有几处相似。但法院裁定相似仅限于构思，即华生设计骗福尔摩斯到欧洲旅行，由西格蒙德·弗洛伊德为其治疗吸食可卡因的毒瘾。对这一构思的模仿并不构成侵权。同样，在米勒诉哥伦比亚广播公司一案中（1980年），法院裁定，有关一位前服刑罪犯在狱中读书获得法学文凭的电视连续剧，并未侵犯一部具有同样情节的有版权的自传作品的版权。法院解释说，如果一位作者可以阻止他人借用构思与概念，那么版权将会妨碍而不是促进科学作品、诗歌与小说的繁荣。

1976年《版权法》第102条反映了这种基本理论。为获得版权，一部作品必须被"固定于一种目前已知的或以后开发的有形表现媒体中，通过这种媒体，作品可以被感知、复制或以其他方式传播，不论是直接的还是借助于机械装置"。第102条（b）款进一步明确禁止对思想的版权保护。"在任何情况下，……版权保护决不扩大到任何构思、过程、方式、体系、操作方法、概念、原理或发现，不论有关的思想在其中是以何种方式描述、说明、解释或体现出来的"。

"固定于有形媒体中"还意味着只有某些类型的作品有资格享有版权保护。1976年《版权法》第101条中的定义规定，一部作品被"固定"于有形媒体中时，该媒体应具有"足够的持久性与稳定性，使作品在被固定后一段时间内可以被感知、复制或以其他方式传播"。例如，一出剧的具体的现场演出并不能独立地享有版权，只有该剧的剧本或该剧演出的纪录片或录像带才享有版权。

174　　　（三）其他规定

在这些广义的界限之内，作品借何种媒体表现并不影响其享有版权的问题。第102条列出了一份可享有版权的客体的清单：（1）文学作品；（2）音乐作品，包括所有配词；（3）戏剧作品，包括所有配曲；（4）哑剧和舞蹈作品；（5）绘画、图像和雕塑作品；（6）电影和其他音像作品；（7）录音作品，以及（8）建筑作品。不过，这份清单并不是包罗万象的，法院有权将未明确包括在清单内的作品类型确定为保护对象。

上述八种类型作品大多没有明确的定义。但第101条中有几项定义对可能享有版权的客体类型作出了重要的限定。包括艺术作品在内的绘画、图像和雕塑作品被限定如下：

> ……艺术性工艺品是就其形式而非就其机械和实用方面而言的；按本条所下定义，"实用物品"的设计，只要有可以同该物品的实用方面区别开来单独存在的特征，并且只在这个范围内，该设计……应视为绘画、图像和雕塑作品。

有关既具有实用性又具有非实用性的物品，有关实用性物品总体设计方面，有许多令人困惑不解之处，亦引起过不少诉讼。在梅泽诉斯坦一案中（1954年），最高法院裁定，用作一盏台灯灯座的雕像，由于可与台灯分离而单独成为一种受版权保护的艺术品，因而该雕像可享有版权。1976年《版权法》以明确的措辞认可了梅泽一案的判决。

根据梅泽一案的判决，版权局制定了一项法规，该法规规定：

> 如物品的唯一真正功用是其实用性，那么其形状独特并富有魅力这一事实（从版权角度讲）并不能使其符合艺术作品的条件。但是，如果一件实用物品的形状中含有可以独立识别，并能独立作为一件艺术作品而存在的部分，那么该部分将有资格受到（版权）保护。

但该法规中"唯一真正功用"的措辞曾引起过一些问题。在埃斯魁尔公司诉林格一案中（1978年），初审法院原裁定，一个时髦的室外灯架的设计可以享有版权，正如原告所说，实用性并不是路灯的唯一功能；路灯既具有装饰性同时也具有照明功能。但巡回上诉法院推翻了这一判决。对初审法院的判决持不同意见的上诉法院赞同版权局的观点，认为一件实用性物品无论其外形或结构多么赏心悦目，任何人都不能宣称对其整体外形或结构合法地拥有所有权。在之后的一个案例——基塞尔斯坦-考德公司诉珍珠公司附属厂一案中（1980年），法院裁定，以雕塑图形为模本，用贵重金属浇铸出来的皮带扣享有版权。其理由是，如果从理论上而不是从实际上来讲，这些皮带扣与其实用性是可以分离的，正如事实所表明的那样，有些人将该扣作为佩带饰物。

176

为适应新法中的措辞，国会将"唯一真正功用"改为"真正功用"，以便在享有版权的实用艺术作品和不享有版权的工业品外观设计作品之间划一条尽可能清晰的界限。因此说，根据现行法律，一件工业品的外形尽管从美学角度来看无可挑剔，也不能享有版权，除非该产品的外形实际上或理论上能独立于该产品。如享有版权的部分能独立，版权保护亦只限于这些部分而非整个产品。

另一个使法院颇为头痛的问题是，作品中的人物是否享有版权保护。华纳兄弟电影公司诉哥伦比亚广播公司一案（1954年），涉及达席尔·哈米特笔下的大侦探萨姆·斯派德。该案常常被引用作为对类似案件予以否定性判决的依据。在该案中，哈米特曾许可华纳兄弟电影公司根据他的著名小说《马耳他之湾》制作一部电影。后来他又授权哥伦比亚广播公司在一部侦探广播连续剧中使用萨姆·斯派德这个人物。法院裁定，达席尔·哈米特与华纳兄弟公司的合同并未授予该公司禁止其他媒体使用萨姆·斯派德这个人物的专有权，法院进一步说明，一个抽象的文学形象一般来说并不受到版权保护。

法院认为，一个已经具体描写勾勒出来的形象可以受到版权保护，最明显的是诸如卡通片这类以图像形式表现的形象就完全符合具体描写勾勒这一标准。例如在若干案例中，超人与米老鼠都曾成功地防止了被抄袭与模仿。参见大侦探喜剧公司诉布伦斯出版公司案（1940年），多沃尔特·迪斯尼公司诉空中强盗公司案（1978年）。但被诸如小说与故事等非图像媒体所表述的人物形象则尚处于一种不知能否享有版权的模棱两可的境地。人物形象越具体，享有版权保护的可能性就越大。

四、版权登记

根据1976年《版权法》，如作品属于该法所规定的客体，未出版的作品亦享有联邦版权法的保护。而根据旧法，已出版的作品一般要按正式规定公告、登记或交存样本才能享有版权。但是，即使现在，如果要提起侵权诉讼，按法律规定办理有关手续则是必要的。提起诉讼时，根据1976年《版权法》，有关登记手续就可以作为某种证据，使当事人在诉讼程序上处于有利地位。这一点是至关重要的。因此，按规定办理有关手续总是明智之举。

根据1909年《版权法》，所有已出版的享有版权的作品均需附有正式的版权标记。除少数例外情况外，由版权所有人授权发行的复制品上如漏印、错印了版权标记，或版权标记不完备，均会使作品永久性地落入公有领域。由于出版标志着成文法版权保护的开始和普通法版权保护的终结，因此，作品是否已"出版"的问题就经常成为与版权标记有关的案件中的核心问题。

确定作品的出版时间并非易事。特别在那些涉及为展览目的而展出，并未考虑要出售的艺术品的案件中，问题格外棘手。例如，在黑边字印刷公司诉芝加哥公共建筑委员会一案中（1970年），帕布罗·毕加索签约为拟议中的芝加哥都市中心大厦前的广场设计一尊巨型雕塑。他首先制作了一个该雕塑初步设计（模型），并在艺术学院公开展出。芝加哥各报和一些全国性、国际性杂志上刊登了这个设计和一个尺寸更大的铝合金的施工用模型的照片，同时带有模型图片的明信片亦公开出售。这些图片与模型都未带有任何版权标记，但当雕塑最终竖立起来时，雕塑上却带有以芝加哥公共建筑委员会名义发布的版权标记。

5个月后，该委员会经申请而获得了版权登记证书。原告对该版权的有效性提出质疑。原告指出，在未带有版权标记的情况下，模型的公开展出、照片的广泛散发以及明信片的公开出售已使该作品落入公有领域，无可挽回地失去了享有版权保护的资格。作为被告的委员会坚持说，申请版权保护的仅为雕塑作品原件，而原件在展出时按规定带有版权标记，因而版权登记是有效的。法院与原告观点一致。法院裁定，未附有版权标记而将模型公布已使作品落入公有领域。法院指出，在制作模型时雕塑原件还只是一个不享有版权的构想，并未以一种有形的方式固定下来。法院认为，该模型落入公有领域已无可争议，雕塑原件只不过是将模型放大后的复制品，因而裁定该委员会对雕塑所主张的版权无效。 *179*

根据1976年《版权法》，作品出版与否已不再那么重要。但对于1976年1月1日以后、1989年3月1日以前发表的作品仍具有一定意义。作品是否在这段时间出版决定着作品是否必须附有版权标记。根据1976年《版权法》第101条的定义，"出版"为"以出售或其他转移所有权的方式，或以出租或出借的方式向公众发行作品的复制品或录音制品"。该定义进一步规定，一次"作品的公演或展览本身不构成出版"。

1976年《版权法》公布前，一些案例曾对广义的出版与有限的出版作出了明确划分，这一点亦为新法所接受。在这些案例中，法院裁定，如一部作品"仅为某一具体目的，在一有限的小范围内散发，不带有扩散、复制、发行或出售权"的话，这种出版不产生法律上的后果。参见怀特诉金麦尔一案（1952年）。因此，如一位艺术家将其作品的印刷品或复制品散发给身边的人以征求意见，而且彼此达成谅解，这些复制品不再进一步复制和散发，那么该作品就不能被视为已出版。同样，为征求评论和批评而将艺术家作品的复制品发给报刊杂志也不构成广义的出版。更确切地说，这类活动充其量也只是毫无法律意义的有限出版而已。

180 　　对于在1978年1月1日至1989年3月1日之间出版的作品，1976年版权法第401条规定，"在所有公开发行的，可以直接或借助于机器或设备在视觉上可感受到该作品的复制品上，应载有"一个完备的版权标记。这个标记的式样是符号"©"或者"版权"字样，或其缩写"Copr."，以及版权所有者的全名和首次出版的年份。只有在享有版权的艺术品被复制"在贺卡、明信片、文具、珠宝、玩偶、玩具或其他任何实用物品上"时，才可以使用省去首次发表年份的简化了的版权标记。如版权所有者的姓名缩写或替代标志众所周知，则可使用缩写的姓名或使用替代标志。

　　标记本身无需置于复制品正面，但它必须置于"能适当表示版权所有"的地方。《版权局条例》〖联邦法规汇编第37章第201.20条（1982年）〗声明，如一部作品被复制为二维制品，版权标记必须被固定于该制品的正面或背面，或固定于支架、底座、衬垫、框架或其他任何该制品赖以附着的物质材料上，并能经得起正常使用的磨损。如作品被复制为三维制品，版权标记应被固定于该作品的任何显眼的部位，如基座、支架、框架或其他任何该制品永久性附着的物质材料上。如由于作品的尺寸或原材料的关系，不可能或无法将版权标记固定在它的上面，亦可将其置于作品所附带的标牌上。

181 　　版权所有人要想取得国际保护，就必须使其版权标记符合国际标准。根据《世界版权公约》，只有使用完整的带有国际版权符号©的版权标记才能受到保护，仅使用无出版日期的缩写版权标记是不行的。在西半球国家，根据《布宜诺斯艾利斯公约》，如版权标记中使用了著名的"版权所有"的字样，如版权所有人同时亦遵守了本国版权法的有关规定，即可在西半球范围内受到版权保护。

　　如果没有正确地载明版权标记，作品就会落入公有领域。不过1976年《版权法》第405条（a）款规定，在特定条件下，不带有版权标记而出版的作品亦不应使法律所规定的版权失效。例如，"仅在数量相当少的公开发行的复制品或录音制品上"遗漏了版权标记，就不会丧失版权。同样，如作品在出版时未带有版权标记，但在出版后5年内已进行作品登记，并在发现遗漏后作了相当的努力，对在美国公开发行的所有复制品或录音制品上补载标记，也不会丧失版权。还有，如标记的遗漏属于"违反一项明确的书面要求",即违反合同所规定的在复制品或录音制品上载明符合规定的版权标记的要求,版权也不会丧失。

虽然从法律角度讲,在1989年3月1日以前,遗漏版权标记会使一部作品落入公有领域,但未按法律规定交存样本或未按规定登记者不在此列。不过第405条(a)(2)款规定,如在作品出版后5年内已进行作品登记,遗漏版权标记者亦可不丧失版权。要引用这项法规,版权所有人就必须进行登记。

182

1989年3月1日,美国成为《伯尔尼版权公约》成员国。参见《伯尔尼公约》实施法。由于美国参加了这个公约,因而美国的版权所有人将会在接近160个国家内受到版权保护。

不过,为了加入《伯尔尼公约》,美国必须放宽有关各种繁琐手续的一些规定。从1989年3月1日起,出版作品无需再靠版权标记来获取版权。放松有关版权标记的规定确实也带来了一些麻烦。一部作品出版,是否带有版权标记对其版权保护问题不再产生影响。正因如此,国会宣布,如有人出于善意而使用了遗漏版权标记的作品,则属于"无恶意侵权",这类无恶意侵权行为人无需对所造成的损失负责,甚至可能被准许继续复制。在这种情况下,要防止他人利用"无恶意侵权"为遁词,版权所有人就应继续使用版权标记。

如作品在首次出版后3个月内作了登记,那么原告就有权取得1976年《版权法》所规定的一切赔偿。但如果原告是在作品出版3个月后才登记,那么根据第412条的规定,对于发生在登记前的侵权行为,原告只能取得禁制令救济和实际损失赔偿,而无权取得法定损失赔偿和律师费。不过即使原告错过了3个月的期限,尽快登记仍是有益的。根据第410条(c)款的规定,如在作品出版后5年内登记,登记证书即成为"版权有效性和登记证书中所述事实的初步证据"。如一部作品是在其出版5年后才登记,那么登记证书作为呈堂证据的有效性就完全要由法院来裁定了。

183

根据1976年《版权法》,要申请版权登记,版权所有人必须按第408条的规定填写一份申请表,交纳30美元的登记费,同时向位于华盛顿哥伦比亚特区20559号的国会图书馆版权局交存复制品。按第408条规定,如作品未出版,需交存一件完整的复制品;如作品已出版,需交存作品最佳版本中的两套完整的复制品。根据下面将谈到的第407条，向国会图书馆交存的复制品，如附有规定的申请书和登记费，即可充抵第408条所要求交存的复制品。在有关对作品进行分类管理、集体作品的统一交存以及交存的替代方式等方面，第408条（c）（1）款授予版权局局长相当大的灵活性。

　　1909年《版权法》规定，版权登记既要填写登记表，同时也要交存复制品。1976年《版权法》将登记与交存复制品的要求分开，允许个人在将作品登记前便交存复制品。该法第407条规定，版权所有人必须在作品首次出版后3个月内向版权局交存作品"最佳版本中的两套完整的复制品"。第407条（c）款授权版权局局长发布条例，更改复制品交存规定，或完全免除某类作品交存复制品的责任。

184　如作品出版3个月后仍未交存复制品，版权局局长可要求按规定交存。被要求者在接到要求以后3个月内仍未交存，根据第407条（d）款，可按应交存之作品数量处以罚款。此外，他或她可能还需向国会图书馆交纳一笔相当于应交存的作品零售价总和的款项，如零售价尚未确定，则需交纳一笔同国会图书馆自己购进该复制品所需合理费用相等的款项。最后，如他或她故意或屡次拒绝按要求办，可能需额外交纳一笔数量可观的罚款。虽然根据第407条的规定交存样品不是享有版权保护的先决条件，但鉴于有处罚的规定，如不照章办事就显得有点愚蠢了。

五、保护期

　　版权的保护期取决于作品是何时以及如何创作的。一般来说，如果作者是个人，在1978年1月1日版权法生效日或之后创作的作品，自作品创作完成之时起享有版权，保护期为作者终生加作者死亡后70年。对于共同创作的作品，保护期为最后一位活着的作者终生加70年。对于雇佣作品和匿名或假名作品，保护期为自作品首次发表起95年，或自作品创作完成之年起120年，以在先截止者为准。

　　与1909年版权法不同的是，1976年版权法没有规定版权续展。而在1978年1月1日之前首次出版的作品的版权保护期，需要在首次出版后第28年续展（此规定已编入《美国法典》第17卷第104条A）。

关于此类作品保护期自动续展的法律于1992年6月颁布。参见《公法》第102-307条。

关于关税和贸易总协定的一项法规，在1996年生效，某些处于公有领域的外 *185* 国作品自动恢复保护。国会制定这项法规，使美国更加符合《伯尔尼公约》要求。根据这项法规，要恢复其版权，该作品：

（1）必须有一个"起源国"，即不是来自美国，而是来自一个《伯尔尼公约》、世界贸易组织成员或者是一个总统已经发布互惠公告的国家；

（2）如果该作品已经出版，其首次出版地不是在美国，而是在《伯尔尼公约》或世界贸易组织成员，或者是在一个总统已经发布互惠公告的国家，以及其首次出版后30天内没有在美国出版；

（3）在其起源国仍然受版权保护；以及

（4）必须是基于以下三个具体原因之一在美国已处于公有领域：

①由于版权所有人未能遵守美国版权法规定进行版权登记，包括没有续展版权保护期，没有负载适当的版权标记，或者不符合美国国内出版发行行业所应具备的条件；

②由于该作品是1972年2月15日之前的录音；或者

③由于该作品的首次出版是在一个美国还没有加入版权条约的国家，或者是在一个总统还没有发布互惠公告的国家。

作品的起源国是指作者或权利人的国籍或有惯常住所的国家，权利人是指首 *186* 先将获得授权的录音固定下来，或者从这样一个人手中取得该录音权利的人。根据这项规定，获得恢复的版权的保护期，跟那些在美国尚未进入公有领域的保护期是相同的。也就是说，获得恢复的版权的保护期取决于该有争议作品是否首次出版，或者在1978年之前进行版权登记。

将那些早先曾进入公有领域的作品（"素材"）加以复制或创造出现在受保护的派生作品的人，被授予某些可持续这类复制或创造的权利。这类权利保护期的长短取决于是否及何时由版权所有者在版权局填表备案，或在素材方面负载了某些标记。

版权拥有人在转让或者许可对某一作品加以利用的权利的时候，可能对该作品的真正价值毫无所知。为解决在合理报酬方面潜在的问题，国会给予那些创造了作品的个人一个机会，对早先的协议重新协商，但是雇佣作品作者除外。根据第203条，版权的转让或许可在35年内是不可撤销的，但在此之后，权利人，或者他或她的继承人，在5年之内，可终止该权利转让或许可。这项终止不是自动的，第203条（a）（4）规定，终止权利的通知应当在终止日之前不少于2年和不超过10年的期限内发出通知。终止协议所剥夺的是版权转让或许可的对那件有版权作品的利用权，而对版权转让和许可的终止，不影响根据其他联邦、州或外国法律所产生的权利。

187

在埃尔德雷德诉阿什克罗夫特一案中（2003年），美国最高法院宣布《1998年桑尼·波诺版权保护期期延长法案》符合宪法，使版权保护期限又另外延长了20年。

六、侵权

（一）构成侵权的要件

1976年版权法第501条规定："侵犯版权所有人的任何一项专有权利的人……为版权侵权人"。简而言之，在每一起侵权诉讼中，原告只需证明两点事实：原告他或她是作品版权所有人，被告对作品的使用侵犯了原告的某项专有权。正如上面所指出的，如作品在提起诉讼前5年内已进行版权登记，那么登记证书便构成在法庭上所述所有情况的初步证据。

在版权侵权案中，被告进行抄袭的直接证据常常不易获得。通常是以被告有接触原告作品的机会为据，同时证明原告作品与被告作品之间有着实质上的相似来间接确定抄袭行为的存在。一旦原告证实了"接触机会"和"实质相似"的存在，宣称作品系独立创作的被告对自己的说法就负有举证之责了。

　　一些法院把实际看到或知道原告作品的存在定为有接触机会，但由于获得被告有接触机会的直接证据与获得被告有抄袭行为的直接证据同样困难，大多数法院以被告是否有充分机会抄袭原告作品，例如以原告作品在被告作品出版以前便已广泛发行为据，来分析是否有接触机会的问题。

188

　　如果被告作品与原告作品有明显的实质性的相似，即使没有掌握被告有接触机会的证据，也可推定为抄袭。推定分两步进行。第一步是比较作品外在的相似之处：主题、背景、所使用的素材，等等。在这些问题上专家证词可作为证据。第二步是更具主观性的作品内在相似的判定。判定的标准为，一个普通的非专业人员是否能认出被告作品是从原告作品抄袭来的。一般在作出这一判定时是不考虑专家证词的。

　　（二）救济措施

　　有时在开始正式审理前，版权所有人就能获得某些法律救济。例如，法院有权下令扣押所有现存的被指控为侵权作品的复制品和制作复制品的机器设备。如采取了这类措施，法院一般将会要求原告提交一份保证书同时交纳一笔保证金。

　　如被告作品被裁定为侵权，法院可以根据第502条下达禁制令，禁止一切进一步的侵权行为，同时可根据第503条（b）款，下令销毁所有侵权复制品和用于制作侵权复制品的工具。还可根据第504条裁定由侵权人承担经济赔偿责任，赔偿额为版权所有人的实际损失外加侵权人所获额外利润，或按法定赔偿额赔偿。

189

在这两种赔偿方式之间，选择权在版权所有人。根据第504条（b）款，版权所有人有权要求"由于受到侵害……所蒙受的实际损失的赔偿，以及侵权人由于侵权所获得的没有计算在实际损害中的利润"。在举证说明利润问题时，版权所有人仅需证明侵权人所获总收入即可。侵权人则须提出证据证明各项应扣减的开支以及利润中并非因侵权所获得的部分。

　　在法院作出最后裁决之前，有关作品如在侵权发生前便已进行登记，或在首次出版后3个月内已进行登记，版权所有人可放弃实际损失赔偿的要求，并可根据第504条（c）款要求法定赔偿。法定赔偿数额由法院根据一定的指导原则自行确定。法院可裁定赔偿每部被侵权作品的数额为，最少不低于750美元，最多不超过3万美元。如版权所有人证明侵权是"故意的"，最高赔偿数额可增至15万美元。但另一方面，如被告能够证明他或她不知道，也没有理由知道其行为已构成侵权，赔偿数额最低可降至200美元。此外，如侵权人认为或有充分理由认为，其对有版权作品的使用是第107条所规定的合理使用，同时侵权人为第504条（c）（2）款中所列举的机构的雇员，法院将不会适用法定赔偿。

190　　除下达禁制令采取保护措施以及实际损失赔偿和法定赔偿之外，第505条规定，只要作品在侵权行为发生之前已进行版权登记，或在出版后3个月内已进行版权登记，法院就有权裁定由败诉一方负担全部诉讼费。合理的律师费亦可并入诉讼费中。

　　根据第506条的规定，美国司法部有权对版权侵权人提起刑事诉讼。起诉书必须能明确无误地证实侵权是故意的并带有牟取商业利润的意图。如罪名成立，侵权人可能被处以罚款并被判处不超过一年的监禁，对于电影和录音的盗版者的惩罚则更为严厉。对于在作品上载有欺骗性版权标记者，对于采用欺骗性手段取消或更改版权标记者，对于在版权登记申请时，故意对重要事实作虚假说明者，亦可处以罚款。

　　（三）合理使用

　　对有版权作品的复制行为并非都会构成侵权。虽然1976年版权法第107条至118条所规定的绝大多数例外情况与除外条款并不在本书所讨论范围之内，但有一条与艺术家有特别重要的关系。这就是"合理使用原则"。最初这是一个在司法过程中创立的原则，现已被列入第107条成为法律。该条款规定：

191　　　　虽然有第106条和第106条A的规定，但为了批评、评论、新闻报导、教学（包括供课堂用的多份复制品）、学习或研究而合理使用有版权作品……不属于侵犯版权。要确定对一部作品的使用是否属于合理使用……要考虑的因素包括：

　　　　（1）使用的目的和性质，包括这种使用是否具有商业性质，是否是为了非营利的教育目的；

（2）有版权作品的性质；

（3）所使用的部分的数量在整部作品中所占比例和内容的实质性；以及

（4）这类使用对有版权作品的潜在市场或价值的影响。

在判定合理使用问题方面，版权法并未将这四项标准列于优先地位，亦未排除其他因素。最高法院曾经裁定经济因素是最重要的。参见斯图尔特诉阿本德案（1990年），美洲索尼公司诉环球城影城公司案（1984）。然而，在坎贝尔诉阿卡夫–玫瑰音乐公司一案中（1994年），最高法院软化了强调复制获利的态度，如果被告以合理使用为辩词。苏特法官在法院裁决的判词中写到，"仅仅有教育性及非营利性使用的事实，不能摆脱对侵权行为的认定，而对较多的带有商业性的使用，将不会认定为合理使用。"

利用有形物，如图书散页、明信片，等等，作为其艺术组成部分的艺术家争辩说，根据首次出售原则（即一个特定复制品所有者有权转售作品）并结合合理使用原则，他们有权这么做。有两个涉及所谓的"挪用艺术"的判例已经对这个问题作出裁决，但其结果却是相互冲突的。在幻影版本公司诉阿尔布开克 *192* A.R.T.公司一案中（1988年），第九巡回上诉法院裁定，A.R.T.公司从它早先购买的帕特里克·纳格尔的书中有选择地撕掉了几页，把它们贴到瓷砖上，侵犯了版权人的权利。但是，在李诉A.R.T.公司一案中（1997年），第七巡回上诉法院裁定，将安妮·李的记事卡片和版画贴到瓷砖上不侵权，这种行为跟装饰一件艺术品的过程类似。

（四）滑稽模仿

滑稽模仿是对有版权的素材未经授权的使用，可以列入合理使用的范畴。为确定一部具体的滑稽模仿是否属于合理使用，法院就须运用1976年版权法中所列举的四项标准。在费希尔诉迪斯一案中（1986年），50年代著名歌曲《欢乐中的忧郁》的作曲家马文·费希尔和杰克·西格尔拒绝了滑稽小品作家里克·迪斯及其音像公司在小品演出中使用该乐曲的请求，但模仿该歌曲的滑稽调仍被录制下来，并作为一盘唱片的组成部分公开发行。该滑稽调长29秒，歌名为《宝宝不要口香糖》。作曲家提起了侵犯版权之诉和名誉损害之诉。

对于侵犯版权的指控，迪斯辩称，使用该歌曲制做滑稽调属于合理使用。第九巡回上诉法院对此表示赞同，并支持了初级法院所作出的被告胜诉的裁决。法院判决书就四项判决依据进行了分析解释：

193

（1）该滑稽调的主体是歌曲本身和歌唱家约翰尼·马西斯出色的表演，法院裁定认为，如果歌曲仅仅是被用作一种表达喜剧效果的工具，而这种喜剧效果与歌曲本身无关，那么就完全谈不到对歌曲合理使用的保护问题，因为歌曲的使用在滑稽喜剧表演中并不是必不可少的因素。

（2）根据法院的看法，迪斯的行为并不具有恶意。滑稽调作者即使付版税或使用费也很难从作曲家那里获得使用许可。而这正是滑稽调作者为自己辩护的部分理由。由于迪斯出示了某些证据，因而不应受到惩罚。

（3）法院认为，这种使用具有商业性质，一般来说不属于合理使用。但被告可以反驳这种推断，举证说明滑稽调并未降低原作的商业价值，这一点正是第四个所要考虑的因素。

（4）法院认为，经济因素，也就是说，对作品潜在市场价值的影响是最重要的因素。在这个案例中，滑稽调并非要取代原作。欣赏富有浪漫情调的民歌的消费者不会转而去购买那首滑稽调。因此说，那个滑稽调对原作在经济方面并没有什么影响。

由于上述原因，再加上迪斯在滑稽调中所使用的仅为原作很小的一部分这一事实，所以这种使用被裁定为合理使用，侵犯版权的诉讼请求被驳回。

不过在阿巴拉契亚山区土著艺术品公司诉托普斯口香糖公司一案中（1986年），法院认为，使用"垃圾桶娃娃"这个名称并不是对原告受保护的"碎布娃娃"的合理模仿。法院指出，与有关音乐的案件不同的是，在图形这一富有想象力的艺术领域中不允许近似的模仿。法院注意到，"垃圾桶娃娃"产品所涉及的

"并不是一种对社会现象进行批评的努力,而是……一种想赚钱的尝试"。同样,在罗杰斯诉孔斯一案中(1992年),法院裁定,模仿一张一男一女与8个木偶在一起的照片而制作的雕塑是用来牟利的,而不是一件滑稽作品。雕塑家坚持说,他创作的是讽刺现代社会的滑稽作品。但法院裁定,该仿制品至少应在某一部分有夸张滑稽之处,否则合理使用就没有一个可以把握的界限了。

在一个既含有滑稽模仿又含有合理使用问题的案例中,美国第九巡回上诉法院作出过一份存在意见分歧的判决。该判决裁定,尽管杰里·福尔韦尔在募集资金的活动中,照原样搬用了《好色客》杂志中有关他的漫画,但这仍属于合理使用。法院多数派指出:"如一件有版权作品带有贬低人格的信息,受伤害的当事人为批驳该作品,可以对有关部分进行复制;这种复制以能说明问题为度"。参见《好色客》杂志公司诉《有道德的大多数》公司(1986年)。

在与此相关的福尔韦尔先生诉《好色客》杂志一案中,美国最高法院裁定,知名人士与政府官员对于以发表滑稽作品为手段有意施加的精神上的压力无权要求赔偿;除非能举出其他证据,证明所发表的作品含有怀着恶意所作出的对事实的虚假陈述。参见《好色客》杂志诉福尔韦尔案(1988年)。

第十三章 商 标

一、引言

除了上一章所谈到的版权保护之外，对艺术圈来说，还有一种重要的知识财产问题，那就是《商标法》。在联邦一级，1946年的《兰哈姆法》和1988年的《修正商标法》（TLRA）是管理商标与服务标志的大法，是向美国专利商标局办理商标及服务标志注册的依据。

很多博物馆和历史学会都在制造、推销各种产品，希望借此提高自身的知名度，这一点可以通过商标的使用来实现。除此之外，服务标志也是博物馆用以保护自身名称的常用手段。例如自1962年以来，"现代艺术博物馆"的字样已被注册登记为一种服务标志。艺术家与艺术商们也可能期望使自己的商标得到保护。

二、背景

联邦《商标法》是由国会根据《美国宪法》商业条款所赋予的权力而制定的。参见商标判例集（1879年）。《商标法》的主旨是保护消费者（参见马泰尔

公司诉步行山制作公司案，2003年），使其能够识别某一具体产品或某一项具体服务的来源，但消费者并无履行法律有关规定的义务（参见艾斯兰德·因斯提尔系统公司诉沃特斯案，2002年）。履行法律有关规定是商标所有人应尽的义务（参见苏格兰威士忌联合公司诉宏大蒸馏酒业公司案，1992年）。

三、联邦普通法商标

商标是"文字、名称、符号、图形或其组合……用以识别与区分……商品，

包括独一无二的产品，使其有别于他人生产或销售的商品，同时标示商品的来源，即使来源不明也不例外。"服务标志的作用是将某人所提供的服务与其他人所提供的服务相区别（参见《美国法典》第15编第1127条）。商标与服务标志一般都被称为"标志"。

"标志"这一概念的关键在于它必须与众不同、便于识别（参见《美国法典》第15编第1052条）。最具特色的标志是那些奇异的标志，也就是除了标明具体产品或服务的出处之外，没有其他任何特定意义或含义的标志。例如，标明可佩戴的艺术品的标志COLORATURA就很独特。特色不那么明显的标志是那些还具有其他含义的随意而定的标志。如，用Uroboros（一条正在吞下自己尾巴的蛇的形象）作为一种工艺美术玻璃的标志，由于其他含义与该标志所标示的产品或服务毫无关系，因此这类标志享有法律保护。其他仅提示了特征而没有直接阐明其所标示产品或服务的标志被称为提示性标志，也享有相应的保护。例如Kroma就是装饰性双色玻璃制品的提示性标志，因其发音近似于Chroma，希腊语"色彩"的意思。*197*

普通标志和说明性标志一般被认为是不具特色的。一个普通标志仅仅标明了产品是什么，并不享有商标保护。但说明了产品特征或质量的说明性商标，在某些特定情况下，也享有保护。如商标所有人能证明，它的说明性标志具有后天获得的第二含义，便可享有保护。第二含义是指在公众心目中产品与其来源之间的联系。这类含义可以通过向消费者直接取证、消费者调查、广告与销售情况、使用的期限与方式、使用的专有权以及是否有人有意复制该标志等方式来证明（参见埃可旅行公司诉联合旅行公司案，1989年）。

商标可以用来保护与众不同的文字、字母、数字、缩略语、绰号、短语、符号和图形，以及在某些特定场合下的色彩、产品及容器的形状、建筑物的外观、服装、声音与气味〖参见冈德诉福图诺夫公司案（玩具熊），1986年；卡尔文·克莱因化妆品公司诉帕法姆·迪·库欧公司案（迷人科隆香水），1987年；英·瑞·欧文斯–科宁玻璃纤维公司案（粉红色绝缘材料），1985年；可口可乐公司诉美国埃尔玛–利奥公司案（可乐瓶），1989年〗。独特的艺术风格也有受保护的可能。

未经注册的标志固然可以享有保护，但在联邦或州有关机构注册则可获得更高程度的保护。普通法的保护可使商标所有人在遭受侵权时获得现金赔偿和制止进一步侵权的禁制令。

198　　仅仅采用具有特色的标志是不能确保获得商标保护的，该标志还必须是一个已在商业活动中实际使用的标志。在联邦或州有关机构注册，使用是注册的必要条件，同时也是享有普通法保护的必要条件。无论以何种方式将商标置于产品上，或置于其容器上，或置于与产品有关的陈列物上，或置于附着于产品的标签或标牌上，均被视为使用。因此说，商标常常并不一定必须被实际固定于产品上。但在销售时，商标必须与产品相关联，这样就可以很容易地识别产品具体是由哪一个厂家生产的，或它来自哪一个地方。从这一点来看，为确保能获得商标保护，商标所有人最好还是将商标实际固定于产品上，这样的话，在出售产品时就肯定会带有商标。

普通法保护商标所有人的权益，禁止其他人再行使用与之类似而容易引起混淆的商标。一般来说，所谓容易引起混淆是指商标在发音或外观上相似，特别是当商标置于类似产品上，或当产品通过相似的商业渠道推销时，发音或外观相似的商标更易引起混淆。例如，高乐乳酪与高乐酒之间的相似就被裁定为是容易引起混淆的相似，因为乳酪与酒通常都是餐桌上必备之物（参见E.&J.高乐酿酒厂诉高乐奶牛公司一案， 1989年）。从另一方面讲，如两种产品毫不相干，或在不同地区销售，即使相似，也不存在侵权问题。例如"金环"百货公司与"金环"保险公司名称上的相似，在联合百货公司诉金环保险公司一案中（1985年），就被裁定为并非容易引起混淆的相似。

199　　对于已进入商业流通领域内的产品与服务，《兰哈姆法》第43条（a）款禁止使用"有关产品来源的虚假说明"，或任何与商品、服务"有关的虚假说明与陈述"（参见《美国法典》第15编第1125条（a）款）。该条款亦禁止某人已授权或批准使用某产品的虚假的明示或默示的陈述。依据第43条（a）款提起诉讼的原告无需证明被告有进行欺骗的意图，只需证明在商品来源问题上，消费者有混淆的可能性即可。

个人姓名本身并非天生就具有特色，因此根据《兰哈姆法》第43条（a）

款，以姓名为商标而未进行注册者不享有保护。任何人使用自己的姓名去标示一件产品或服务的权利都不是绝对的。姓名与其他标志一样受优先权法规的制约。但是如果艺术家的姓名在消费者心目中与其作品已有了一种固定的联系，那么就可以说艺术家的姓名已具备了第二含义。

例如在视觉艺术与画廊协会诉约翰·杜依斯多种经营公司一案中（1980年），根据《兰哈姆法》第43条（a）款，"毕加索"这一姓氏被裁定为是一种商标并应享有保护。毕加索及其继承人将该商标使用许可授予了许多商品，诸如地毯、眼镜或护目镜、钟表、艺术复制品、招贴画和披巾，这些商品的销售遍及美国各地。除了广泛使用标志之外，标志所有人必须对使用其标志的商品或服务的质量负责。在毕加索一案中，使用许可证应定期复查，任何商品在出售前都应先获得批准。法院承认"毕加索"这一姓名及其著名的签名已具有了第二含义，其继承人有权使用毕加索的姓名和签名做广告和营利。法院还对未经许可便在T恤衫上摹写毕加索签名的作法下达了禁制令。不过，对于一位相对不知名的艺术家来说，有关第二含义的种种要求，如果不是办不到的话，至少也是相当困难的。 *200*

用某些不当方式使用商标会导致商标权的丧失。一批相当驰名的商标，诸如阿斯匹林、暖瓶、电梯，由于使用不当已丧失了作为商标的资格。一般来说，只要标志不是用作修饰名词的形容词而是作为其他词来使用，就会失去商标保护。当一个商标被当做一个名词或动词使用时，也不再具有标示产品来源的功能，而变为了产品或服务的名称。这时，标志就变为普通标志，不再享有保护。

四、联邦注册

联邦有关商标的法律是众所周知的《兰哈姆法》。虽然商标权是由普通法所保障的，但《兰哈姆法》通过注册制度为所有现存商标提供了一个集中管理机构。1989年生效的《修正商标法》增加了必要的细节，使《商标法》成为一个更为完善的法律。

注册商标的有效期为10年，期满后可再延续10年，不过延期申请必须在
201 现有期限届满6个月之前提出。在联邦注册的商标所有人使用商标时可加置符
号"®"，而未将其标志注册的所有人，或仅在州一级机关注册的标志所有人
不得在其标志中加置"®"，只能在商标中使用"TM"，在服务性标志中使用
"SM"。虽然这些符号没有正式地位，但它们却能提醒其他人，其使用者享有标
志的产权。

需要注意的是，商标的正式注册有两种：主簿注册与辅簿注册。

（一）主簿注册

商标和服务性标志均可在主簿注册。在主簿注册的条件是：标志具有标示和
区别商品的功能；标志在商品出售时附着在商品上或与商品一起展示；标志已在
商业流通中使用。在主簿注册可享有多种益处。首先从法律角度看，主簿注册是
注册人拥有商标所有权和专有使用权的基本证据。第二，主簿注册是拥有标志所
有权的推定通告，可以杜绝后来者以善意使用为由盗用。第三，已连续使用5年
的注册标志，在以适当形式注册和交纳注册费方面具有无可争议的地位。这样注
册标志的所有人，对原先使用过该标志，但未曾注册者就享有了无可争议的优先
权。但要作到这一点的先决条件是，在注册后5年内，最早使用该标志者未对注
册者使用该标志提出异议。

202 根据《修正商标法》，就注册而言，标志的实际使用仍为必要条件。但如有
在将来使用该标志的真实意愿，那么该标志在限定期间内以此为据可享受有限的
保护。

一旦证明某标志已在商业流通中实际使用过，该标志便可注册。注册时，所
有标志须根据所标示的商品和服务进行分类。目前，国际上的商品共分34类；服
务项目11类；证明标志，即用于证明产品，诸如优质家用器械认可章，共2类；
团体标志，用来标示各种组织——诸如联谊会和妇女社团——成员资格的，1
类。商标所有人可一次申请将标志在所有适用类别内注册。专利商标局分类的唯
一目的是为了便于行政管理，而不是为解决可能导致混淆的问题。如专利商标局
的审核员接受了主簿注册申请，会将该标志在"官方公报"上公布以征求意见。

任何人如认为注册证的颁发会对其构成伤害，均可在30天内提出反对意见。如无人反对或反对无效，就将颁发注册证；如仅为使用申请程序而申请，则将颁发准许注册通知。

（二）辅簿注册

在其标志并不符合主簿注册有关规定的情况下，辅簿注册可为个人提供保护，使其标志与其他人的标志相区别。除普通法所授予的商标权外，辅部注册并未增加更多的商标权。辅簿注册并不能作为专有权的基本证据，也不能作为拥有所有权的推定通告，同样亦不可能获得无可争议的地位。与主簿注册一样，申请辅簿注册也不能以准备使用为据，申请人的标志必须是已在商业流通中合法使用过的标志，也就是在一般贸易活动中真正使用过的标志。在辅簿注册的商标并不为征求意见而发表，亦不受反对意见的影响，而是仅作为已注册的商标在"官方公报"中公布。如某人认为另一人在辅簿注册的商标将使其受到伤害，他随时可提出取消该项注册的要求。

五、侵权

商标侵权的基本检测方法是，是否有可能在持一般谨慎心态购物的买家中间造成混淆。参见布伦南公司诉布伦南餐饮有限责任公司案（2004年）。当消费者误认为初级用户的商品或服务来自同一来源地或与高级用户的商品或服务有关联，混淆就发生了。当消费者购买高级用户的商品或服务时，在错误印象误导下，他们认为所得到的是初级用户的商品或服务，便可能发生反相混淆。

商标所有人对侵权者可提出控告，要求赔偿金钱损失，或要求下达禁止侵权使用的禁制令，或同时要求赔偿和下达禁制令。赔偿金额可以被告获利、原告实际商业损失，或者原告获利损失为度。法院有权根据不同情况作出裁定，将损害赔偿额增加三倍，如果数额过高，也可降低损害赔偿额而判决按利润损失赔偿。在特殊情况下，如果被告的行为是故意和恶劣的，原告还可以获得惩罚性赔偿和律师费。

其他事实与证据也能确认侵权行为的故意动机。在夏威夷国际图像有限公司诉汉·阿普斯艺术企业有限公司一案中（1991年），法院永久性禁止汉·阿普斯公司使用原告艺术馆的标志"图像"和"国际图像"，并将被告在艺术销售活动中使用侵权标志所获利润判给原告。法院同时判决由被告支付利息和律师费。在这一案例中，原告曾通知被告，要求其停止侵权，被告已表示同意。后来，被告违约，又使用原告标志进行了几次艺术展览。法院认为，后几次侵权行为说明被告的行为完全是故意的。

具有故意动机的商标侵权即使在宣告破产时亦不能免责。在英·瑞·克雷明克公司（1984年）一案中，法院裁定，在联邦机构下达禁制令后，债务人仍继续侵犯原告的商标权，其行为即构成"具有故意和恶意动机的伤害行为"，因而对于侵犯商标权的指控便不能免责。

在商标侵权诉讼中，即使原告的商标已无可争辩，被告仍可以提出以下几种抗辩理由，包括放弃商标权，在注册时有欺诈行为或商标存在争议，错误陈述商品或服务来源，对个人姓名的合理使用，非商标意义上使用描述性词语或地理词语，在不知道原告在先使用的情况下对完成注册前的商标在当地使用，违反反托拉斯法，以及根据衡平原则抗辩，诸如原告懈怠和不洁之手。

由于《商标法》所规定的各种救济措施是针对侵犯在商业活动中实际使用商标的行为，因而针对准备使用其商标的申请人就无法提出侵权诉讼。根据《修正商标法》，适用于商标侵权案的所有救济措施同样适用于反不正当竞争。

《反虚拟侵占消费者保护法》规定，对于那些注册、贩卖或使用与他人持有的独特或著名商标相似的域名的行为，如果该行为人具有恶意企图利用他人商标获利，则此行为为非法。

当一个画家所描绘的蒙太奇图像涉及名人高尔夫邀请赛，包括泰格·伍兹的形象时，伍兹提起了包括商标侵权在内的诉讼。第六巡回上诉法院裁定，作为一般规则，一个人的形象或肖像不能作为商标。法院指出，被告并没有把伍兹单一形象用于具体的商品之上。参见ETW公司诉吉内出版公司（2003年）。

六、淡化

1995年《联邦反淡化法》为保护"著名"商标创设了反淡化保护制度，对《商标法》第43条（《美国法典》第15编第1125条）进行了修订，增加了一项规定，赋予著名商标所有人权利，禁止他人对其已成为著名商标的标志在商业活动中使用，造成该著名商标的显著特征淡化。对于那些故意利用商标所有人商誉，或造成该商标淡化的行为，商标所有人同样有权获得法律所规定的商标侵权 206 救济，包括获得损害赔偿、诉讼费和律师费。

《美国法典》第15编第1127条给淡化的定义是，"降低了著名商标识别和区分商品或服务的能力，无论存在或不存在（1）著名商标所有人和其他方之间存在竞争，或者（2）发生混淆、错认或欺骗。"

虽然"著名"不是由法律所规定的，但是，在确定一个商标是否属于第43条所说的著名，有若干因素需要考虑。这些因素包括：

（1）该商标内在的或已经获得的的显著性程度；

（2）该商标在有关商品或服务上使用的时间长短和程度；

（3）该商标所做广告宣传的时间长短和程度；

（4）使用该商标进行商业贸易所涉及的地理范围；

（5）使用该商标的商品和服务的贸易渠道；

（6）商标所有人与禁制令所针对的被请求人在贸易区域和贸易渠道中，公众对该商标认可的程度；

（7）第三方对相同或相似商标使用的性质和程度；

（8）该商标是否已经根据1881年3月3日法或1905年2月20日法注 207 册，或已经在主簿注册。

根据1881年3月3日法或根据1905年2月20日法，或在主簿注册拥有合法注册商标的所有权后，任何人不得依据州或普通法对该商标所有人提起反淡化之诉。此外，第43条还规定了下面几种商标使用不得提起反淡化之诉：在商业广告或宣传中，为区分著名商标所有人的竞争性商品或服务，他人对著名商标的合理使用；对商标的非商业性使用；以及新闻报道和新闻评论的所有形式。

美国最高法院在莫斯利诉秘密名录公司一案中（2003年）裁定，著名商标识别和区分商品或服务能力的降低，必须要有"实际"的（而不是"可能的"）证据证明，无论是间接证据，还是对消费者的调查数据。

七、各州商标法

商标可以根据州法注册，也可以根据联邦法注册。一般来说，各州商标法所赋予的权利与《兰哈姆法》所赋予的权利相似，只是这些权利的保护范围限于本州境内。商标要获得州法保护，商标所有人就必须向州有关官员提出一份商标登记申请，并附上与《兰哈姆法》所规定的内容相似的文件。

正如联邦保护一样，对于一个并未实际使用过的商标，州注册机构亦不会予以任何权利。各州商标法和注册机构不能推翻联邦法规定的在联邦注册后所享有的权利。因此在州注册并不会妨碍今后在联邦注册。

在联邦淡化法通过之前，许多州通过了反淡化法，如被告对他人商标的使用损害、贬低或淡化了商标的特色，即使没有引起混淆的可能，该法依然会对那些著名的、为公众所熟知的商标提供保护。这些法律对商标所有者可能给予了更多的保护；不幸的是，对一些商标所有者来说，联邦法律规定，如果是联邦注册商标受到淡化，州的淡化救济优先适用。

如被告采用有损完整性或具有贬低性的方式使用原告商标，原告引用反淡化理论一般都能胜诉。在几个涉及反淡化法的案例中，被告在X级影片和动画片中，以及在下流音乐和无上装酒吧里使用原告的商标，被裁定为损害了原告商标（参见达拉斯牛仔啦啦队有限公司诉猫咪电影公司案，1979年；皮尔斯伯里公司诉银河电影公司案，1981年；通用食品公司诉梅利公司案，1979年；联邦社区储蓄贷款协会诉奥伦多夫案，1982年）。其他一些案例表明，所谓贬低、损害也包括在使用中未能保持原告商标高度清晰的形象（参见斯坦韦父子公司诉德马斯伙伴公司案，1981年；通用电力公司诉阿兰帕煤炭公司案，1979年）。

八、国际商标保护

2002年11月，布什总统签署了实施2002年马德里议定书的法案，允许美国注册商标所有人通过美国专利和商标局在所有缔约国注册。超过70个国家是马德里议定书的缔约国。该《实施法》立法于2003年11月2日生效实施。

为了向国际注册局提出注册申请，美国的商标所有人必须首先在美国提出商标申请或注册商标。世界知识产权组织（WIPO）国际局负责监督议定书的执行，审查商标注册申请，以确保它符合议定书规则，然后将该申请转发申请书中所指定的每一个国家。每一个这样的国家商标局对该商标进行审查，采用跟它在该国国内申请同样的标准。

九、商业外包装

对商业外包装的保护也可用于对艺术家创作风格的保护。商业外包装是某件产品或服务的综合外貌或"外表"。商业外包装在联邦法中不作为商标登记，但在主簿注册或辅簿注册方面，只要它能够满足商标注册的条件，就能作为商标进行注册。

根据《兰哈姆法》第43条（a）款提起的侵犯商业外包装的诉讼，胜诉的关键是，必须证明该商业外包装不具有实用功能，竞争对手的商业外包装与原告的商业外包装相似，消费者很可能分不清该商品或服务的来源。对于这个关键因素，不同的法院要求亦不相同。一部分法院要求商业外包装应具有第二含义（例如，参见第一品牌公司诉弗雷德·迈耶公司案，1987年），而另一些法院则要求商业外包装既要有第二含义又要有内在的特色。例如，参见谢夫伦化学公司诉自愿购买集团公司案，1981年。在两个比索公司诉塔克·卡巴纳公司一案中（1992

年），最高法院认为，具有内在显著性的商业外包装不必表明它已经取得第二含义即可获得保护。但是最近，最高法院认为，产品造型商业外包装只有当它已经获得了第二含义方可受到保护（参见沃尔玛百货公司诉萨马拉兄弟公司，2000年）。

在罗马艺术创作公司诉西姆查国际有限公司一案中（1992年），一位艺术家的创作风格被裁定为可受保护的商业外包装。罗马艺术公司是以色列艺术家伊查克·塔基所创作的招贴画和限量生产的作品的全球专有发行人。罗马公司指控西姆查公司——帕特里霞·哥维真斯基所制作的招贴画和限量生产的艺术品的发行人，侵犯了其商业外包装。法院经调查裁定，原告商业外包装除赏心悦目外，不具有任何实用功能，其招贴画外观除标示来源外，不起其他作用。塔基的招贴画和限量生产的艺术品具有内在特色。由于"帕特里霞"系列招贴画和限量生产的艺术品与"塔基"系列极为相似，因而存在着引起混淆的可能性。

不过，其他法院认为，商业外包装不保护艺术家的风格。利诉华纳兄弟一案（1998年），法院在用作品来识别艺术家和用作品来识别作为商品或服务来源的艺术家之间做了区分。法院认为，对仅仅用来识别艺术家的艺术家风格给予商业外包装保护，将会动摇版权法的根基，因为这种保护赋予构思和主题某种垄断权。例如，在休斯诉观看设计公司一案中（1988年），法院认为，没有一件系争安迪·沃霍尔的油画被用来识别任何特定的商品或服务的来源，在盖利列·弗斯滕伯格诉科法罗一案中（1988年），法院认为，萨尔瓦多·达利的风格不是一个商标，原告的诉讼请求只可能依据版权法提起。

十、结论

在艺术事务律师的武库中，商标法是一件重要的武器。在为艺术家、画廊、收藏家和博物馆工作时，必须掌握有关这种知识财产的知识。

第十四章　精神权利和经济权利

一、精神权利

艺术品是一种需要从独特角度来审视的财产。由于创作人与所创作作品之间有一种内在的联系，艺术家就需要拥有一些非金钱型的权利，这是一个在其他类型的有形财产中所不存在的问题。作者有权决定作品是否公开发表，有权要求作品保持所创作出的原样，有权要求保障对作品的署名权。虽然这些权利对作者的经济利益没有直接的影响，但它们对艺术家的名声有着极为重大的意义。因此，这些权利一般被称为精神权利。

艺术家的精神权利已得到包括美国在内的世界上80多个国家的承认，并已被载入1928年《伯尔尼公约》，这一点已在第十二章阐述过。除了其他许多方面的精神权利问题外，该公约还规定了国际版权保护问题。

在美国，精神权利被看作是与财产权利不相容的，然而1988年美国成为《伯尔尼公约》签约国之后，对某些最基本的精神权利加以保护就成为强制性的了。在此之前，美国已经是《世界版权公约》签约国。

1990年，国会通过了《视觉艺术家权利法》（VARA）。该法修订了《版权 *213* 法》，赋予某些独本或有限版本的艺术品"作者"以作品归属权和保持作品完整权。这些权利可以通过任何一种该法所规定的救济方法加以保护，而不是根据《版权法》按侵权行为以刑事处罚方法来保护。这些权利只能由艺术家享有，不可转让。

《视觉艺术家权利法》只适用于那些"现存的独本、200本以下有限版本或少量有签名或编号的绘画、素描、印刷品或雕塑"作品。参见《版权法》第602条（1）款。此法适用的范围也包括有签名、编号在200份以内仅供展览而制作的摄影图像。参见《版权法》第602条（2）款。

然而，《视觉艺术家权利法》本身并不能满足《伯尔尼公约》所要求的最低限度的保护。《视觉艺术家权利法》明文规定的精神权利保护范围不但未能包括所有创造性活动，而且对有些问题诸如对匿名和笔名作品的权利未作出具体规定，这与当今世界上人们越来越要求与《伯尔尼公约》取得一致的现象是背道而驰的。

精神权利首先产生于法国，并在那里进一步得到了演化和发展。精神权利被订入1957年3月11日第57-296号法律当中，其中包括多种权利。由于该法律实施多年，由它而产生的判例比其他任何精神权利法律都多。因此，在比较各种不同的权利时，该法就构成了一个十分有用的基点。

（一）创作权

精神权利中的一项就是创作权或者不创作权。对创作权的保护是指，艺术家有权独立决定其作品是否有价值，是否可以公之于众。这项权利似乎是不言而喻的，但由此也会产生各种冲突。例如，一位艺术家签署了创作一部具体作品的合同而未能交出合同所规定的作品，法院能要求他必须完成这一作品吗？

214 长期以来，法国的法院一直认为，不能以司法手段强制完成一部作品。参见伊登诉惠斯勒一案，1898年，塞纳民事法庭；1900年，巴黎上诉法院；1900年，最高法院民庭。签合同搞创作常常得冒缺乏灵感的风险，这是当事各方都可以估计到的。基于此，不履行合同也无须赔偿损失。法国的法律还规定，不能在合同中硬性规定一位艺术家的绘画必须要达到某个具体的质量标准。反过来说，订购作品的人亦无权禁止艺术家创作某一件艺术作品。不过，如一件作品的订购人要负责作品的最后润色时，艺术家尽可以将作品交由他来完成。哪怕合同中有合同流产后赔偿问题的条款也无关紧要。

在美国，法院认为个人之间的劳务合同难以具体强制实施，而艺术家的创作权正是通过这个已得到确认的原则受到保护。这个原则之所以存在，有几条理由。首先，有关裁定难以履行，所提供的服务的质量难以衡量。艺术家在外来压力下难以充分发挥聪明才智，法院对判决艺术活动是否做到了尽心尽力也不感兴趣。其次，在已经发生了争执，相互信任和以诚相待已不复存在的情况下，要求合同双方继续保持密切合作关系效果多不理想。最根本的一点是，强制履行一项

个人之间的劳务合同与宪法中关于禁止非自愿性劳役的精神也不相符。美国法律 *215*
为了坚持自由的原则，甚至不惜让人食言。

然而，即使是艺术家也需要履行合同的最低要求。个人劳务合同的违约方仍
有可能需要赔偿损失。不仅如此，有些法院为了达到强制具体实施一项个人劳务
合同的目的，还会强加于艺术家一些不利条款，以阻止其在履行合同期间在同一
领域又为其他人提供服务。例如，在卓越图片公司诉戴维斯一案中（1964年），
法院要求贝特·戴维斯在完成影片《嘘！嘘！宝贝夏洛特》的摄制之前，不得履
行后签订的一项合同。

与创作权相关的一个问题是，艺术家根据其已不享有版权的早期作品进行
创作，是否构成侵权。在富兰克林·明特公司诉《全国野生动物艺术标本交流》
杂志社一案中（1978年），法院裁定，第二幅画与第一幅画在色彩和构图上均不
相似，这使第二幅画具有了"一种新的表现形式,而决非只是（第一幅画的）翻
版"。但是在格罗斯诉塞利格曼一案中（1914年），法院却认为，尽管有些细微
的差别，摄影家仍然是抄袭了他过去的照片，因而是侵权行为。

（二）发表权

与创作权相关的权利是发表权。这项权利允许艺术家阻止他人出版其弃之不
用的作品。在卡尔克诉卡莫因一案中（1931年，巴黎上诉法院），艺术家卡莫因
将几幅油画剪碎后扔掉了。卡尔克找到了这些作品的碎片，将其重新拼起来，而 *216*
后把它拍卖掉了。巴黎上诉法院认为，这位艺术家有权反对将其油画予以复原，
而且如有必要，还可要求将其销毁。对此判决与遗弃财产发现者的权利相冲突这
一事实，法院不予考虑。

在美国，发表权是通过宪法规定的隐私权而得到保护的。法官路易斯·布
兰代斯和他的法律伙伴塞缪尔·沃伦在他们所写的一篇极富创见性的论文《隐私
权》中〖哈佛法律评论第4卷第193期第198-200页（1890年）〗认为。发表权
包括"决定对于在何种程度上将（个人的）思想、情感、情绪传达给别人的权
利……。而（表达的方式）究竟是采取文字还是符号，是绘画、雕刻还是音乐，
则无关紧要。只有当作者……出版了他的作品，发表权才告丧失"。

　　根据1976年《修订版权法》（《美国法典》第17编第101–810条），发表权在作品出版前后都能得到保护。版权所有者所享有的专有权包括：第106条（1）款规定的复制有版权作品的权利；第106条（3）款规定的通过出售或所有权转移的其他方式，或通过出租或出借等方式发行作品的复制品（包括第101条中所规定的作品的原件）的权利；以及第106条（5）款规定的公开展览有版权作品的权利。根据1976年版权法规定，成文法版权保护自作品固定于某种有形媒体时开始。因此，多数涉及由于个人未经授权而复制、销售或展览某一作品的侵权案件，都可以通过保护这些权利的法规得到解决。

　　（三）收回作品权

　　在美国，艺术家有权阻止其作品的发表，但作品一经发表，收回作品的权利却未得到承认。即使在法国，这项权利的适用范围也十分有限。因为这项权利的成文法规定只适用于出版合同，并要求作者为他要收回的所有已售出的复制品付款，有时还须赔偿出版商所蒙受的损失。美国法学理论界认为，演员所拍摄的电影即使由于质量低劣而有损其名誉也无权要求收回这部电影。参见奥特里诉共和电影制片公司一案（1955年）。其次，根据1976年版权法第109条的规定，合法制成的特定复制品的所有人有权公开展览该复制品，或者出售或以其他方式处置该复制品，这些权利不应受到任何限制。只有当这一复制品在某种程度上改变了原貌，艺术家才有理由对其作品的完整性受到了侵犯而提起诉讼。这个问题将在后面第（五）项讨论。

　　（四）署名权

　　当一位艺术家作出决定将其作品公之于众之后，该艺术家便有权看到该作品上有一个适当的署名。在自己的作品上表明作者身份这项权利与其说是为了保护作者的名誉，倒不如说是为了保护创作活动本身。在法国，创作权包括声明自己为创作者的权利。任何一个合同如果否认这项权利都可能被判为无效。因此，在吉勒诉柯尔蒙特一案中（1967年，巴黎上诉法院），法院裁定一份合同无效。因为该合同中规定，艺术家将只在他所创作的某些作品上签笔名，而在另一些作品中不签名。在另一方面，法国艺术家也有权制止在他认为不是他自己的作品上附上他的名字。

在美国，《视觉艺术家权利法》规定艺术家对他或她创作的某件作品有申明作者身份的权利。作者还有权　"在视觉艺术作品受到歪曲、割裂或其他改变而有损于他或她的荣誉和名声时，拒绝使用他或她的名字作为该作品的作者"。参见《美国法典》第17编第106条（a）（2）。虽然马萨诸塞州和新墨西哥州在其保护精神权利的法规中还有署笔名的权利，《视觉艺术家权利法》中却没有规定此项权利。《视觉艺术家权利法》所保护的权利也可放弃，但作者必须在一份书面文件上签字，就某些具体作品明确表示同意放弃这些权利。

如果出现了署名错误而不是名字漏署，艺术家得不到《视觉艺术家权利法》保护时，还可以引用其他法律保护艺术家的精神权利。宪法上规定的隐私权不允许他人将一部艺术家不承认出自本人之手的作品硬裁到这位艺术家头上，但漏署了名字却不能算作侵犯隐私权。同样，根据普通法中反不正当竞争法的原则，任何人都不得将艺术家的名字误署在与该艺术家自己的作品相竞争的作品之上。普通法中有关诽谤的原则也适用于在某件质量低劣并有损作者名誉的作品上误署作者名字的情况。如果艺术家能够证明有弄虚作假、故意破坏和损害的事实，他就有权制止作品的错误归属。

219

错误归属问题也会违反《兰哈姆法》第43条（a）款即《美国法典》第15编第1126条（a）款的有关规定，这些规定禁止错误标示作品出处以及注解。有关欺骗性贸易行为的州法也可适用于这一问题。参见前面第十三章。在桑切斯诉斯坦一案中（1980年），原告是一位上了年纪的芝加哥艺术家，他宣称斯坦夫人曾委托他创作过几件作品，而当时斯坦夫人却把那些作品当成自己的作品卖掉了。在公开指责了好长一段时间之后，原告以诽谤和从事欺骗性贸易活动为由提起诉讼。此案于1982年12月审结，法院确认原告为那些作品的作者。

相比之下，在没有任何合同条款来说明一位艺术家不是某一部作品作者的情况下，艺术家一般不能对在说明他创作了某一作品，或者某一作品是根据其作品或派生于其作品而产生的正确申明中使用其名字提出反对意见。同样，一般也不能对作品中漏掉了艺术家的名字这种行为起诉，当然，因漏掉了艺术家的名字而违反已达成合同的情况，或者那些有悖于《视觉艺术家权利法》或州法的情况除外。加利福尼亚州规定，凡创作了具有原创性的绘画、雕刻或素描的艺术家，即使在他作品出售以后也仍保留"申明作者身份的权利"（《加利福尼亚州民法典》第987条）。同样，纽约州法律规定："艺术家在任何时候都保留申明作者身份的权利，同时，若理由正当，亦可对他或她的美术作品有不申明作者身份权"。参见《纽约州艺术与文化事务法》第14.03条。

220   遗漏艺术家的名字也会违反《兰哈姆法》第43条（a）款的规定。在史密斯诉蒙托罗一案中（1981年），被告从一部电影的演员表中以及相关的广告材料中取消了一位演员的名字而代之以另一位演员的名字。此举被认为是违反了《兰哈姆法》第43条（a）款的规定。除此以外，法院还在判决书中指出，仅就遗漏演员名字而言就可以起诉。法院把这种情况与"反向假冒"作了比较。"反向假冒"是指未经授权擅自在将使用另一商标的货物再次出售以前就取消或抹掉其原始商标。法院指出，这种情况属于第43条（a）款所涉及的范围。

当然，如果作品的买主或已取得作品使用许可的人已取得对该名称的权利，略去艺术家的名字显然不应受到指控。例如，在瓦尔加斯诉绅士出版公司一案中（1947年），原告曾为被告的杂志提供素描，并正式签订合同同意授予被告使用、出租、出售或者以其他方式处理"瓦尔加"、"淑女瓦尔加"、"绅士瓦尔加"等名称以及所有与之有联系的名称、图案或材料的权利。据认为，这项授权包括了在艺术家的素描上不使用艺术家名字的权利。这样一个合同就构成放弃《视觉艺术家权利法》中的权利。在今天，其结论也是如此。

（五）保护作品完整权

艺术家也有权禁止对他们的作品加以篡改、歪曲或破坏的行为。在法国，这项保护作品完整权是无可非议的。一部作品一旦公之于众并被公认为某一位艺术家所创作，该艺术家就有权使该作品的完整性得到保护。如一位艺术家在一个

221   电冰箱的外壳上作画，并把所作的画与电冰箱看作是"一件不可分割的艺术作品"。那么，以后即使该冰箱被拆散。艺术家也有权阻止出售被切割出来的冰箱外壳板。参见巴菲特诉费尔西格案，1962年，巴黎上诉法院，维持原判，1965

年。例如，法国把电影"着色"看作是对电影的篡改，因此一位对某电影拥有版权的艺术家便可阻止对其着色，否则他就将无法享有该电影的版权。在巴塞罗那一家民事法庭认定，萨尔瓦多·达利的前任秘书对达利的一幅绘画加以剪切和重新组装，并把它作为一件原作展出，侵犯了艺术家的精神权利。

在美国，《视觉艺术家权利法》赋予艺术家以"禁止任何对其作品故意歪曲、割裂或其他有损其荣誉和名声的篡改……"的权利。《美国法典》第17编第106条A（a）（3）（A）。任何故意对作品的歪曲、割裂或篡改的行为都是对这一权利的侵犯。与《视觉艺术家权利法》不同，法国的法律不分故意修改和过失修改。《视觉艺术家权利法》非常谨慎地将"由于时间关系或材料内在质量发生了变化而引起的变化"排除在法律所禁止的行为之外〖第106条A（c）（1）〗，并规定"任何由于保存、公开展出、光照以及作品所存放的位置不同等原因引起的变化，不算作毁坏、歪曲或其他篡改行为，由于重大过失所造成的后果除外"〖第106条A（c）（2）〗。与《视觉艺术家权利法》不同的是，法国的法律没有规定必须证实对荣誉和名声造成损害的问题。当然这一要求往往是无足轻重的。

《视觉艺术家权利法》还赋予艺术家"禁止对已得到承认的作品的破坏行为"的权利。参见第106条A（a）（3）（B）。"一部已得到承认的作品"有哪些标准，这个问题要由学者、图书馆、博物馆管理人员还有收藏家等有关行业的专家加以鉴定和证实。法国的法律则不考虑作品是否已得到承认问题。 *222*

对于"那些已构成某一建筑物之组成部分，从建筑物上拆除就会像前文所述破坏、歪曲、割裂、篡改其完整性的视觉艺术作品……，如作者已同意在（1991年6月1日）以前安装其作品，或在一份将于（1991年6月1日）以后执行的，由建筑物所有人和作者共同签署的书面文件中已具体说明，由于施工的原因作品可能会受到歪曲、割裂或其他篡改"的话，对完整性的保护就有一定限度。但如果施工不会给作品造成破坏，这种保护则不受限制。参见第106条A（d）（2）（A）-（B）。对作品完整性保护的这种限制，不适用可移动但不会造成损害的作品。

有几个州制定了保护作品完整性的精神权利的法律。1979年加利福尼亚州率先制定了保护精神权利的法律（参见《加利福尼亚州民法典》第987条）。1983

年纽约州在《艺术家作者权利法》中也作了大体一致的规定（参见《纽约州艺术与文化事务法》第14.03条）。迈阿密州、路易斯安那州、内华达州、康涅狄格州、罗得岛、犹他州、马萨诸塞州、宾夕法尼亚州和新墨西哥州的立法部门也都通过了类似的法规。

加利福尼亚州法规定，除了艺术家本人对其创作的作品可以随意处置以外，其他任何人不得故意磨损、割裂、篡改或毁坏一件纯艺术作品。该法还规定，任何人在装框、保存或复原一件艺术作品时，都不得因疏忽大意而造成对该作品的歪曲、割裂、篡改或毁坏，否则应承担相应的法律责任。

纽约州法规定，任何人不经授权即公开展览、出版或复制在艺术家原作基础上加以改造的纯艺术作品和有理由断定为由某艺术家所创作的作品，并且有可能导致对该艺术家名誉的损害，这类展览、出版或复制行为均属违法。而且，艺术家还可以"正当理由"起诉，禁止在该纯艺术作品上出现他的名字，或把他的名字与该作品联系起来。该法规定以"正当理由"起诉的范围包括：纯艺术作品已被他人篡改、磨损、歪曲，而且这些行为的后果很可能损害或者已经损害了艺术家的名誉。

与加利福尼亚州法一样，纽约州立法规定，除了保管者在处置艺术品时，由于疏忽大意造成的损害应予追究以外，对在善意地保管艺术品过程中出现的问题不承担法律责任。此外，纽约州立法部门还规定，除了纯属疏忽大意而产生的后果外，由于时间原因，或由于材料本身发生变化而使艺术品也发生变化的现象，不包括在该法规所涉及的范围之内。仅仅是由于复制方法问题而使作品发生了变化，也不能算作违反了该法规。除非有约在先，根据合同用于广告或商业的作品有所改动也不违犯该法规。

为了贯彻执行加利福尼亚州法，一部作品的作者，或者如果该作者不愿意出面而其作品又具有重大的社会影响，公众代表可以出面提起诉讼以取得禁制令，或取得损害赔偿和罚款。一旦取得了罚款，法院将选择一家纯艺术慈善机构或教育机构来接收这笔款项（加利福尼亚州艺术保护法，加利福尼亚州民法典第989条）。

在无法援引州立法和《视觉艺术家权利保护法》时，可诉诸普通法和联邦法。但普通法和联邦法远不及纽约和加州法那样全面。然而，最近的一些案例显示，尽管州法同样规定了保护作品完整权和署名权，但对于保护艺术作品完整性的诉讼，《视觉艺术家权利保护法》优先适用于州。例如，参见苏荷国际艺术共管董事会诉纽约市政府案（2003年）；格拉尔诉多伊持案（2002年）；以及卢布纳诉洛杉矶市政府案（1996年）。已故迪安·威廉·波罗瑟提出，应建立一套旨在反对侵犯隐私权的法律程序以保护作品免受歪曲和割裂。参见波罗瑟：《隐私权》，加利福尼亚州法律评论第48卷第383页（1960年）。作品一旦被篡改，不但作品本身受到影响，而且艺术家的形象在公众中也会因 "错误曝光"而受到损害。在波鲁第诉全国广播公司一案中（1939年），有人根据反不正当竞争理论也提出了一套诉讼程序。在这一案例中，作者的名誉所受到的伤害是由于被告的广播节目质量低下，而被告广播节目中的人物是以原告作者所创作的为公众所熟知的人物为原型的。

　　《兰哈姆法》第43条（a）款也成功地适用于吉兰姆诉美国广播公司一案（1976年）。在该案中法院裁定，播放被删节了的作品并同时播出作者的名字违反了第43条（a）款。在该案中，被并称为"蒙特·派森"的五位英籍作家兼演员和一位美国动画片作者，请求法院禁止美国广播公司播放几部由他们制作的经剪辑的英国广播公司电视节目。地区法院否决了他们的请求，但同时要求美国广播公司在节目的开头作如下声明："蒙特·派森成员希望与这一由美国广播公司未经他们同意而剪辑的由他们主演的节目断绝联系。"

　　被告对地区法院要求其作出声明的裁决不服，上诉至第二巡回上诉法院。该巡回上诉法院裁定，被告不必在节目中加入那段声明。这样节目未加入那段声明而继续播出。然而，在节目播出后，法院又受理了原告要求赔偿损失的上诉。法院认为，即使那段声明加在节目之前，也不能证明不违反第43条（a）款。"我们难以相信，短短几句话就能够一笔勾销由电视节目所留下的难以磨灭的印象……。而且如果观众在节目播出几分钟后才打开电视机，那段声明将不可能引起观众的注意"。

　　第二巡回上诉法院在吉兰姆一案中裁定，在有关对创作作品进行删节的案件中适用版权法，这一点尤为重要。1976年《修订版权法》并未明确说明保护作

品完整权的问题，但这一权利包含在第106条（b）款当中。该条赋予版权所有者
"根据有版权作品制作演绎作品"的专有权。这就是说，除了版权所有者通过签
订协议同意放弃这项权利外，只有他独享改编或修改该有版权作品的权利。在吉
兰姆一案中，法院推断，既然蒙特·派森诸位作者在他们所签订的协议中明确表
示保留一切未转让的权利，那么在没有赋予他人修改原作权利的情况下，这一权
利仍应由作者保留。

（六）过分批评

最后一项精神权是不受过分批评的权利。虽然言论自由权允许批评家自由发
表他们的意见，但是批评一旦变成了对艺术家或其作品的粗暴无理的攻击，就侵
犯了艺术家基本的人身权。法国解决这一问题的办法是，允许艺术家在这种情况
下公开发表自己的看法予以反驳。同一报刊必须在收到艺术家对自己无理攻击的
反驳后，在下一期予以发表。

不幸的是，在美国，对过分批评确实没有适当的救济办法。当对艺术家的攻
击构成了对其个人名誉的攻击时，艺术家可以受到诽谤为由提起诉讼，但这种情
况极少出现。另外，由于诽谤与宪法第一修正案之间存在着固有的矛盾，对艺
术批评的起诉极少获得成功。例如，在伯克利诉维达尔一案中（1971年），原告
高尔·维达尔针对威廉·F·伯克利声称他的《迈拉·伯莱肯莉治》一书为"色情文
学"提起诉讼。法院认为，这一说法就其前后内容而言，并没有暗示高尔·维达
尔就是"色情文学家"。因此，由于没有攻击维达尔的人格，所以不能裁定是对
他的诽谤。

二、经济权利

除了精神权利之外，许多国家还承认追续权（Droit de Suite），或经济权
利。事实上，欧洲议会发布了一项指令，要求欧盟国家保护转售权（即我们所知
的《2001年欧盟关于追续权的指令》）。这些法律赋予艺术家从作品的转卖中分

享利益的权利。虽然版权法授予作品创作者控制复制的权利，但艺术家不像文学家那样直接受益于这项版权保护。文学家从文学作品中所获得的基本经济收入取决于其作品出售的数量。而艺术家却不同，他们的经济收入主要来源于他们原作的销售。让艺术家有权参与对其作品的利用，承认艺术品价值的增加是基于艺术家的原始劳动，在转卖艺术作品时向艺术家支付提成费（Royalties），只有这样才能使艺术家与文学作品作者处于平等的地位。

由法国首先构想的追续权允许艺术家在每次通过公开拍卖或中间商（包括艺术商和代理人）出售他或她的作品时，按售价的3％收取提成费，这样艺术家就获得了相当于文学家从版权法中所获得的一项经济权利。法国的法律要求艺术家首先将其作品登记，然后方可主张这一权利。法国一家集体管理机构——艺术财产协会负责收取并向艺术家发放这笔收入。其他许多国家也通过了某种形式的追续权立法。在美国，这样一种权利虽然可以通过合同形式加以保护，但并没有这方面的联邦立法。《视觉艺术家权利法》的前几稿中曾包含有转卖提成费的条款，根据这一条款，卖主将按转卖作品售价与其前一次售价差价的7％向艺术家支付提成费。但国会却在与全国艺术基金会会长协商后，责成版权局长对所提出的方案或类似措施进行"可行性研究"。*228*

各州当中，只有加利福尼亚州通过了一个转卖提成费法，该法于1976年开始实施。参见加利福尼亚州民法典第986条。

加利福尼亚州的这项法律规定：

> 纯艺术作品一经售出，若出售者住在加州或该项销售活动在加州进行，出售者或出售者的代理人须向纯艺术作品作者或其代理人按作品售价的5％支付提成费。

该法给纯艺术作品下的定义是"油画、雕刻、素描的原作，以及玻璃艺术品的原作"。但该法并不适用于法定所有权仍归艺术家所有的作品第一次出售的情况，也不适用于转卖总价（或财产的合理市场价，包括进行交易的艺术品的合理市场价）低于1000美元的纯艺术作品，以及转卖总价低于转卖者最初购买价的作品。该法也不适用于艺术家死亡20年以后艺术品才出售的情况。如果艺术家第一次将其作品出售给一艺术商,艺术商之间经过几次交易后又将这一作品在10年之内转卖给买主,这种情况也不适用于该法。该法也不包括附着于不动产并被作为不动产的组成部分而被出售的着色玻璃艺术品。该法所保护的艺术家是指那些从事艺术品创作的人,在作品转卖时是美国公民或者在加利福尼亚州至少居住了两年的人。

229

一般说来,向艺术家支付提成费的责任由作品的卖主承担。但如果一件纯艺术作品是经拍卖行或由画廊、艺术商、经纪人、博物馆或者作为卖主代理人的其他人出售,该代理人必须从总售价中扣除5%,找到艺术家并将这笔提成费交给他。如果在90天之内找不到该艺术家,这笔提成费必须转交给加州艺术委员会,然后由该艺术委员会再设法找到这位艺术家。如果仍然找不到,而且该艺术家在7年之内未通过书面声明认领这笔钱,这笔钱就成为艺术委员会的财产,将用来为其公共场所艺术品工程购买纯艺术作品。

据认为,《加利福尼亚州转卖提成费法》并不能优先适用于1909年的《版权法》。在莫斯堡诉巴尔杨一案中(1980年),法院宣称,1909年的《版权法》并未对转卖提成费问题作任何规定,对提成费既不禁止也不限制。联邦版权保护法规只授予艺术家在原作或原作的复制品首次出售时的权利。相比之下,加利福尼亚州转卖提成费法则适用于首次出售后作品再次出售的情况。因此该法院宣布,加利福尼亚州法只涉及联邦版权法管辖的范围之外的权利问题。

由于有关莫斯堡一案的法院判决完全是基于1909年的《版权法》作出的,因而1976年版权法的优先适用问题就提了出来,但这个问题至今仍悬而未决。然而法院确实在判决书中宣称,即使依据1976年新法,判决也不会有什么改变。因此,依据1976年版权法第301条,从以后的转卖收入中提成的权利被看作是"合法的或衡平法上的权利,(该权利)不同于(联邦)版权法范围内任何一项专有权利"。

230

对莫斯堡一案的裁决所遗留下来的另一个悬而未决的问题是,如果其他州也通过了类似的立法。是否需要继续维持《加利福尼亚州转卖提成费法》。加利福尼亚州法适用于卖主住在加利福尼亚州或买卖行为发生在加利福尼亚州的情况。

例如，如果另外一个州也颁布了有关在该州进行的艺术品买卖的立法，身为加利福尼亚州居民而在颁布有关立法的另一个州出售作品的卖主将面临两个毫无联系，很可能相互矛盾的法规。正如审理莫斯堡一案的法院顺便提到的那样，一个以上的州对一次买卖同时"征税"，其结果必然使纯艺术作品交易实际上成为不可能的事。该法院暗示，这种情况会改变他们在两个法律中优先适用哪个法律问题上的判决结果。但在这样做之前，由于缺乏具体案例，该法院拒绝发表进一步的看法。

这些潜在的管辖方面的问题显示出在艺术家精神权利和经济权利领域内制定一套联邦政策的必要性。虽然每一个州无疑有能力对这个问题作出自己的分析，找到解决办法，但美国艺术市场是全国性的。加利福尼亚州转卖提成费法的批评者攻击说，这项立法对加利福尼亚州艺术市场造成了严重的损害，使在加利福尼亚州出售艺术品的艺术家和艺术商难以与其他州的艺术市场竞争。然而，加利福尼亚州律师志愿为艺术服务协会的一项研究报告表明，其结果恰恰相反。在缺乏 ²³¹ 联邦政策的条件下，艺术家的经济权利和精神权利问题仍然充满了争议。

第十五章　表现自由

一、艺术审查制度

艺术家创作的理想环境是能够自由发挥而不受任何外来约束。但是与其他传播媒体一样，艺术也会表现一些在政治上和社会上有争议的思想。这样，政府一方面要在法律上对有政治颠覆思想和淫秽内容的作品予以限制，另一方面又要保障言论自由，二者之间就出现了根本性的矛盾。

当权者总想剥夺艺术家的表现自由，这种情况历史上早已有之。中世纪和文艺复兴运动早期，罗马天主教会对欧洲社会影响最大。自然，当时的讽刺艺术总是从各个方面攻击教会组织，特别是针对某些教士。像希罗尼莫斯•布希以及汉斯•荷尔拜因这样的艺术家对人性的邪恶以及传教士甚至教皇制度的虚伪都给予了猛烈的抨击。教会当然不会忍受这样的批评，因而企图通过他们自己的法律消弥这种反教会情绪。为教会而创作的艺术受到神学家的监控，艺术家必须严格按其精神上的说教者的旨意行事。

16世纪至17世纪民族主义的出现置国家政权与教会权力于同等重要的地位。
然而具有批判精神的艺术家不久就发现，国家对待在他们的作品中所反映出来的批判精神比教会更缺乏宽容。在法国、西班牙和德国，艺术家由于通过其作品"公开批判"贫穷、压迫和不公正现象而受到骚扰或监禁。只有英国对艺术作品表现出一定程度的宽容，因为在这个国家里受到批评的是一些职业人员，医生、牧师尤其是律师成了社会讽刺家们辛辣的讽刺对象。

随着欧洲不同民族国家的出现，各国的利益冲突也随之发生，艺术家批评的焦点转向了民族主义产生的必然结果——战争。许多国家的政府都认识到，艺术家甚至能够向文盲传播思想，因而他们才是最危险的敌人，于是便对那些具有反抗意识的艺术家施行镇压。然而也有一些国家的政府利用艺术家为其自身服务。例如，德国政府在认识到艺术家具有强大和有效的传播能力这一事实后，便在两次世界大战中，巧妙利用艺术家的才能，成功地为其宣传机器服务。

二、第一修正案的架构

在大西洋彼岸的美国也未能幸免于艺术对它的公开的社会讽刺。开国先辈们所追求的自由的目标似乎就是要将这个国家建成适于表现自由的沃土。然而并非所有政治批评都可以容忍，历史上就曾发生过多起针对具有反抗意识的作品的镇压活动。

《民众》出版公司诉帕腾一案（1917年）就是其中一例。此案牵涉到一个名为《民众》的月刊杂志。该杂志曾刊载具有政治革命性质的漫画和文章。1917年[234]7月，邮政总局局长宣称该杂志违反了1917年的《反间谍活动法》，因而指示纽约邮政局局长拒绝通过邮局邮递该杂志。初级法院禁止政府采取这种措施，认为《反间谍活动法》是针对直接煽动抗拒征兵活动而颁布的，而该杂志并没有直接从事煽动活动。地区法官伦纳德·汉德声明，"在我看来……如果我们不肆意对其含意加以歪曲的话，在这份刊物上根本没有一句话，也没有一张漫画可以被认为是用来直接鼓动抗命或叛乱的。"虽然那些漫画可以说是会引发人们对征兵活动的敌意的，但并没有丝毫迹象说明它是在表明这样一种思想，即人们有责任抗拒征兵活动。

这一判决被上诉法院否决了。上诉法院认为，邮政局局长完全有能力根据这一法规对什么该邮递、什么不该邮递做出决定。该法院称这样做并不违反第一修正案所规定的权利。因为虽然不允许《民众》出版公司通过邮局发行其杂志，它仍可以通过其他途径来发行。因此该法院声明，有关出版活动并未受到压制。

另一个例子是申克诉联邦政府一案（1919年）。在此案中，最高法院第一次做出极大的努力，发展了第一修正案的原则，用以保护那些不易为人所接受的表现形式。法官霍姆斯声明，只有当一个人有充分证据证明"其言论的性质及使用场合将会带来显而易见的、现实的危险和实实在在的邪恶，以致于国会有权予以[235]制止"的情况时，此人才会因其言论问题而受到起诉。后来，这一"显而易见的、现实的危险"标准和法官汉德在《民众》出版公司一案中所提出的"直接鼓动说"结合起来了。在布兰登堡诉俄亥俄州政府一案中（1949年），法院声明：

（1）"鼓动"必须是"以激发和产生迅即发生的非法行为为目的"，以及

（2）"鼓动"必须"具有激发和产生这种行为的可能性"。

这样，布兰登堡一案的标准就为当前分析言论自由问题定下了基调。法院必须既要注意到被告人言论的性质，又要注意到发表言论的场合。如果被告人鼓动性言论不会激起迅即发生的非法行为，或者没有激起非法行为的可能性，被告人就不应受到起诉。

三、象征性的言论

许多艺术家都注意到，除了通过口头和书面形式交流思想之外，还有许多其他表现形式。"纯言论"、"象征性言论"和"附加言论"是相互区别的。"象征性言论"包括非语言的但有交流作用的行为，而"附加言论"却是指在没有交流作用的行为环境中的语言表达形式。

遗憾的是，法院没有必要对非语言交流也像对所渭的"纯言论"那样重视。据说，象征性交流行为不会受到和纯言论所享有的相同的保护。为了在法律上维护国家利益，国家可以控制非语言交流的某种具体形式的使用。维护社会安定与秩序常常成为反对无条件接受视觉艺术家申诉的理由。但这并不是说宪法第一修正案对象征性交流行为不予以保护。交流行为可以被看作是受保护的言论，但法院尚未制定出用以确定交流行为何时应受到保护的基本原则。

早在1931年，最高法院就承认非语言行为可以成为受保护的言论形式。因此，在斯特龙伯格诉加利福尼亚州政府一案中（1931年），最高法院宣布加利福尼亚州的一项法规无效。因为该法规禁止悬挂"象征反政府组织"的红旗。首席

236

法官休斯代表大多数人的意见声明，"如此模棱两可"的法律，居然要对"公正地利用""自由政治讨论的机会""这样的行为予以惩罚"，"违背了"第十四修正案"有关保障自由的宗旨"。

然而，在斯特龙伯格一案中，最高法院并未就究竟什么样的行为、什么样的环境属于第一修正案所保护的范围而设立任何标准。最高法院只是在一起征兵卡焚烧案中〖联邦政府诉奥布赖恩案（1968年）〗，才开始设立了一些受保护的范围。奥布赖恩在南波士顿法院的台阶上当众焚烧了他自己的选征兵役登记卡；他被判决违反了1948年制定1965年修订的《军事普训和兵役法》第462条（b）款。在上诉中，奥布赖恩辩解说，该修订法违反了宪法，因为该法限制了他的言论自由。最高法院驳回了这一论点，指出："我们不能接受这样一种观点，即认为只要一个人想表达他的思想，任何不着边际的行为就都可以称作'言论'"。最高法院同时驳回了另一种观点，即认为非交流性质的行为一点儿也不受第一修正案的保护。

²³⁷

虽然奥布赖恩的行为具备了必要的交流因素。但绝非就此认为这就是受保护的言论。"当言论与非言论因素融合于同一行为过程中的时候，一旦对非言论因素加以限制符合政府的重要利益（此案中的非言论因素就是焚烧征兵卡），对宪法第一修正案中的自由予以限制就成为合情合理的了"。在此，国家的重要利益就是选征兵役制的顺利进行。

为了确定在什么情况下政府可以对表现行为予以限制，最高法院提出了四项标准：

（1）必须在宪法赋予政府的权限之内；

（2）有利于进一步维护政府的重要或重大利益；

（3）政府利益与压制言论自由无关；以及

（4）在具体情况下对所谓第一修正案赋予的自由予以限制，其重要程度没有超过维护政府利益的必要程度。

最高法院认为1965年修订的《军事普训和兵役法》完全符合这四条标准，故裁定奥布赖恩有罪。

一年之后，在廷克诉德斯默因斯独立校区社团一案中（1969年），在象征性言论问题上，最高法院又做出了相反的结论。最高法院认为，在学校里佩戴黑色臂章表达反战的愿望"与纯言论非常接近"，并指出，没有任何证据可以说明，这一行为引起了混淆、干扰了学校的工作或是妨碍了他人地权利。然而，即使在廷克一案中，法院也未提出任何用以区分纯言论与象征性言论的根据。法官哈伦在谈及考吉尔诉加利福尼亚州政府一案（1970年）时曾指出："法院尚未制定出一套标准用以确定在何种情况下行为与言论就混淆在一起，以致于有必要在禁止某些行为为国家所带来的利益和依照宪法保护表现自由所带来的利益之间作比较，以判别孰重孰轻。"在沙茨诉联邦政府一案中（1970年），人们清楚地看到，在确定何种情况下象征性言论应得到保护这个问题上仍然没有找到一种可靠的方法。

沙茨曾因出演一场反战的讽刺剧而被判有罪。因为联邦法律禁止人们未经许可即穿戴美军服装。虽然扮演军人的演员可免于起诉，但条件是"扮演军人不能有损军队的形象"。最高法院推翻了这一判决。最高法院声明，对"公开发表言论"反对政府就予以惩罚显然是"一种违宪行为，剥夺了人们的言论自由"。然而最高法院却未谈及穿军装的象征性问题。

关于对象征性言论予以保护的范围，在以后涉及亵渎国旗的案件中又提出过一些解决办法。在下面第四节将要讨论的斯彭斯诉华盛顿州政府一案中（1974年），最高法院在审查了行为的实质、行为的内容以及行为发生的环境之后，推翻了一项根据国旗法而做出的有罪判决。像在廷克一案的处理中所表现出来的一样，斯彭斯一案也说明了最高法院乐意将在某些情况下发生的行为看成是"与纯言论非常接近的"。但与在廷克一案中表现不同的是。最高法院试图制定一套实用的定义，以便确定被告的表现形式是否应受到保护。这样就为对具有交流作用但非言论的表现形式这一最重要的艺术表现形式根据第一修正案予以分析提供了根据。

最高法院继续在巴恩斯诉格伦剧院一案中（1991年）运用奥布赖恩一案的标准。最高法院裁定，印第安纳州适用禁止在公共场所裸体的法令，在此案中禁止裸体舞，并不违反第一修正案。最高法院认为，禁止公共场所中的下流行为是宪法赋予该州的权力，而且也有利于政府维护社会秩序和社会公德。这与压制表现自由毫无关系。因为印第安纳州要禁止的行为不是色情舞，而是在公共场所裸体。只要表演者穿上少量的衣服，色情舞还是允许的。由于该法令规定了禁止在公共场所裸体，使第一修正案规定的自由受到了一些限制，但从根本上说却是进一步维护了政府利益，而维护政府利益更为重要。这种类型的法规再次支持了埃利城诉帕普的奖章公司一案（2000年），虽然在2002年，宾夕法尼亚州最高法院否决了因违反州宪法所颁布的的城市法令。

1992年，最高法院将有限的第一修正案的范围扩展到了过去不受保护的言论，诸如挑战言词、诽谤和淫秽语言。在R. A. V. 诉圣保罗市政府一案中（1992 [240]年），最高法院否决了圣保罗市的一项法令。这项法令将诸如焚烧十字架这一类"带有偏见的行为"定为轻罪。最高法院裁定，即使那些所谓"不受保护"的言论也不能受到由于内容或观点不同而设下的限制。根据宪法，一个州可以禁止所有的挑战言词，但不能只是禁止"基于种族、肤色、信仰、宗教、性别"而产生的带有污辱性质或可引起暴乱的挑战言词。

在弗吉尼亚州政府诉布莱克一案中（2003年），最高法院裁定，虽然一个州可以禁止焚烧十字架，但弗吉尼亚州把任何焚烧十字架的行为当做故意恐吓初步证据的相关法规是违宪的。

四、亵渎旗帜以示抗议的行为

有关视觉表现自由问题争论最为激烈的是利用美国国旗来表达一种思想或情感的问题。联邦政府和多数州政府都制定了有关禁止亵渎国旗的法规。但是，虽然对于多数人来说星条旗是这个国家力量和荣誉的象征，但对于有些人来说，它却是政府的一切错误的集中代表。这样许多艺术家和其他行业的人就把美国国旗当做了他们公开表达意见和抗议的工具。

依据第一修正案对亵渎国旗予以分析，其核心问题并不在于亵渎国旗是属于

纯言论还是象征性言论。利用国旗来表达一定的思想显然是非言论性质的，但在
许多情况下，交流因素非常接近于纯语言，这一点也是显而易见的。可是，正像
在前面第二节所指出的那样，最高法院并未制定一套用来区分受保护的非言论表
现形式和不受保护的非言论表现形式的基本原则。

241

在1974年以前，一些初级法院裁定，根据宪法第一修正案，在一件视觉艺术
作品中亵渎国旗，无须承担法律责任。因此，在《民众》杂志诉冯·罗森一案中
（1958年），法院推翻了对几个人的有罪判决。这几个人出版了一幅画。画上面
是一位裸体青年女子，戴着一顶大帽子和一付太阳镜，还有一块极像美国国旗的
布盖在其阴部。虽然禁止亵渎国旗的法规被裁定是有效的，但该法规的目的在于
防止因使用国家标志不当而引起的骚乱。目前尚无证据表明《民众》杂志使这一
目的受到了损害。如不能提供这类证据，那么，以这种受到非议的方式使用国旗
也是一种应受保护的表现形式。

在科恩诉埃尔金斯一案中（1970年），也作出了同样的判决。在此案中，印
第安纳大学校方禁止一份学生主办的杂志出版，理由是该杂志的封面上画有一幅
燃焦的国旗。校方审查时所依据的理由是，国旗法中禁止亵渎国旗的规定符合宪
法，学生们对此提出质疑。法院支持学生们的观点。法院指出，这里根本不涉及
行为与表现是否交织在一起的问题。此案所涉及的仅仅是表达方式问题。以艺术
形式表达，如同以语言表达一样，只要不涉及重大的政府利益。就应当受到保
护。

242

直到斯彭斯诉华盛顿州政府一案发生，最高法院才提出了决定何时一艺术表
现形式接近语言表达的条件。此案涉及一个学生。该学生在他住的公寓窗户外倒
挂出一面美国国旗. 上面还贴着一个和平标志，意在抗议州立肯特大学惨案和美
国侵略柬埔寨。在考虑了斯彭斯这一行为的性质和这一行为发生时的实际情况和
环境这两个因素的基础上，最高法院认为该行为属于受保护的 "言论"。斯彭
斯一案所提出的标准是，要有 "传达某一信息的意图"，以及 "该信息为观察该
信息的人们所理解的可能性"。这一成功地传达信息的意图和可能性可以从其周
围环境中找到。虽然州政府辩解说，只要在下面三个问题上能够证明州政府是在
履行职责，就可以认为州政府对亵渎国旗行为所采取的措施是合理的：（1）制

止对安定局面的破坏，（2）保护过往人们的感情，（3）将国旗看作是国家不可损害的象征加以保护。但最高法院裁定，上述三种情况均未得到证明。

在《民众》杂志诉拉迪克一案中（1970年），纽约的一位画廊老板拉迪克先生由于展出了一幅艺术作品而被判为有罪。因为该艺术作品以美国国旗代表一男性生殖器竖立在一个十字架上面。纽约上诉法院裁定维持原判，拒绝将这一被认为是有意亵渎国旗行为看作是受保护的艺术表现形式。最高法院中支持与反对该判决的意见势均力敌，说明下级法院的判决是站得住脚的。但拉迪克并未就此罢休。一纸人身保护令使他的案件得以重审，而这一次他却胜诉了。联邦地区法院 243 在人身保护听证会上援引斯彭斯一案的判决裁定，考虑到作品展览时的条件，这次展览应受到第一修正案的保护。除此之外，该州并未出示任何证据证明此次展览引起了直接的非法行为或公众不安现象。因此以破坏安定为由作出的裁决不能成立。还有，由于该展览是在一家私人画廊的二楼进行的，不易被下面过往的人们看到，该州以保护公众感情为由对这一活动加以限制是不能令人信服的。最后，由于在传达艺术家的思想过程中，国旗并未破损，该州要将国旗做为不可损害的象征加以保护的理由也是不能成立的。

值得注意的是，在此案中艺术家马克·莫雷尔并未因创作了那件立体作品而受到起诉。难道这是因为政府只想检验一下法院对控制艺术品展览的态度而不愿检验一下法院对控制艺术创作的态度吗？更饶有趣味的是，在越南战争相持阶段，对拉迪克的有罪判决以及法院的保守观点一直没有改变。而后来美国从越南撤军了，联邦地方法院的态度似乎也开明了。

最高法院在斯彭斯一案和拉迪克一案中都采用了两段分析法。即首先要确定一行为是否受到第一修正案的保护。其次，根据受理案件的纪录，确定该案件所牵涉的本州利益是否大到了有充分理由可以牺牲宪法所赋予的权利。这一两段分 244 析法与过去处理象征性言论问题的方法不同。在过去处理的案件中，并不需要首先确定一个人的行为是否与第一修正案所保护的权利有关；后来最高法院也只是推定二者有关。重要的是，在斯彭斯和拉迪克两案中，法院并未首先做出这样的推定，而是首先考虑行为是否算作受保护的言论。两段分析法的长处是，通过分清利害冲突双方的关系，更有可能平衡二者的关系。一旦法院确认一行为应受到第一修正案的保护，就可以进而确定采取何种程度的保护措施最为恰当。

1989年，在处理得克萨斯州政府诉约翰逊一案中（1989年），最高法院确认亵渎美国国旗是政治性的表现自由。此案牵涉到的被告在共和党全国代表大会召开期间，为了表示抗议，竟焚烧了美国国旗。最高法院裁定，一个州不应通过禁止与国旗相关的表现行为来支持它自己对国旗所持的观点。事实上，得克萨斯州有关反对亵渎国旗的法规禁止的是这种表现形式，而不是行为本身，因为该州为了表示对国旗的尊敬，允许举行仪式焚烧有污迹的国旗。这就等于说，得克萨斯州允许人们在不危及国旗代表国家和国家团结这一意义的条件下焚烧国旗以表明自己的态度。然而最高法院断言，政府不能保证某一象征物只能用来表达人们对这一象征物所代表的事物的一种态度。

约翰逊一案的判决做出后，布什总统敦促通过一项旨在禁止亵渎美国国旗的宪法修正案。而联邦政府却制定了1989年的《国旗保护法》〖《美国法典》第18编第700条（1990年）〗。在联邦政府诉埃科曼一案中（1990年），最高法院裁定，《国旗保护法》不符合宪法，因为"对亵渎国旗的行为予以惩罚本身削弱了导致这一象征物受到如此尊敬且值得尊敬的因素——自由"。

245

五、淫秽作品

（一）从罗思案到米勒案

直到20世纪中叶，淫秽作品都被实际推定为不受第一修正案的保护。在几起案例中，最高法院对淫秽作品的范围以判决形式提示过，但在罗思诉联邦政府一案（1957年）审理之前，最高法院从未试图认真地给淫秽一词下过定义。此后，最高法院曾多次试图要给淫秽下一个定义，但均未成功。结果，这方面的法律问题一直是产生混乱和法律纠纷的根源。

罗思一案是一起与淫秽作品有关的案例，该案涉及的是一位纽约书画杂志出版发行商。初审法院裁定罗思有罪，因为它从事了邮寄被指称为淫秽的报刊以及为一本被指称为淫秽的图书做广告，这些行为违反了联邦有关淫秽物品的法规。

被告不服，提出上诉，宣称自己的行为应受第一修正案的保护，但最高法院驳回了他的上诉。

最高法院在陈述自己的观点时，试图提出一套认定淫秽的原则。最高法院抛弃了英国实行的一套标准。该标准是节取一部分材料让某些易受诱惑的人参加测试，根据测试结果，对材料的性质做出判断。而最高法院认为，判断的标准应当是"把该作品作为一个整体，按照社区标准来分析，其主题内容是否会引起普通人的色欲"。最高法院认为，色欲材料指的是"具有诱发人们淫欲之念倾向的材料"，而所适用的社区标准则指的是全国标准。但这一定义应用起来相当困难。 *246*

16年之后的1973年，最高法院在一起有关被告邮寄淫秽材料的案件中，公布了一项新的认定淫秽的标准。在米勒诉加利福尼亚州政府一案中（1973年），最高法院慎重地指出："在涉及言论出版自由的问题上，法院对于关系到真正的文学、艺术、政治和科学表现方面的侵权问题必须持十分谨慎的态度。"最高法院还重申了罗思一案的判决，并强调说："性与淫秽不是同义语，负责复审的法院必须且有必要既要审查作品的内容，又要审查作品产生的条件。"根据这种观点，最高法院声明："旨在限制淫秽材料的各州立法必须慎重，接受必要的限制。对描写性行为的作品的管制范围也要受到限制。"最高法院然后公布了新的认定标准：

> （1）普通人根据目前的社区标准是否认为该作品就整体而言可诱发性欲……；（2）该作品是否公开无礼地描写州立法具体限制的性行为；以及（3）该作品就整体而言是否缺乏真正的文学、艺术、政治或科学价值。

在米勒一案中，最高法院大胆地规定，依据宪法，对于"确有价值"的材料，不能作为淫秽作品加以禁止，并允许那些追求艺术真实的人根据米勒一案所确定的标准约束自己的行为。更为重要的是，最高法院还裁定，在审理淫秽作品案件中，如何确定一部具体作品的性质，第一和第十四修正案并未要求陪审团考虑一项单一的全国统一标准。然而，尽管米勒一案所提出的标准强调依靠陪审团 *247*

来确定是否有诱发"性欲"、是否有"公开无礼"等基本事实问题的必要性，但如果就此认为陪审团在作出这些判断时有至高无上的权利，那也是不正确的。负责受理上诉的法院如有必要完全可以独立地复查这些对事实的判断。虽然在受理米勒一案中，最高法院没有真正面临在联邦起诉过程中适用地方标准的问题，但随后在哈姆林诉联邦政府一案中（1974年），这一问题得以解决。在此案中，地方社区标准被认为同样可以适用于联邦诉讼过程。

在审理波普诉伊利诺伊州政府一案中（1987年），法院认为，在确定"一部作品在整体上是否缺乏真正的文学的、艺术的、政治的或科学的价值"时，陪审团不能适用社区标准。应当这样提出问题，即一位有理智的人是否会发现这些材料具有这样的价值。

没有包含米勒一案标准的有关认定淫秽作品的法规都被否决了。在美国图书销售商协会诉赫德纳特一案中（1985年），第七巡回上诉法院否决了一项反色情法规。该法规将色情定义为："通过绘画或文字，对妇女加以污辱性的露骨的性描写。"此项法规没有提到诱发性欲、公开无礼、社区标准以及作品的艺术、文学、政治或科学价值等问题。

248 当然，米勒一案的标准并未解决所有对法规的解释问题。在以后的审判中，就出现了在使用社区标准时社区以多大为宜，在淫秽材料的进口或跨州输入情况下，应使用哪一社区的标准等问题。

在海关方面，问题的解决办法似乎是这样的，对淫秽材料的认定，应以材料被没收地区的社区标准为依据，而不以材料最终运达地区的社区标准为依据。参见联邦政府诉淫秽物品进口商案，预审表第1303号，1977年。这样就又出现了一个非常棘手的问题。因为海关检查站一般都设在大城市，大城市认定淫秽的标准要比材料运达的小社区的社区标准宽松得多。例如，在《克朗豪森色情画集》中收入的一幅日本春宫画，就不被认定为淫秽物品，从而允许其进入美国。

然而，如果通过美国邮政系统邮寄淫秽材料，就要适用不同的法规了。《美国法典》第18编第1461条规定，这种邮寄淫秽材料的行为违反联邦法，构成犯罪。起初，该法规将这种犯罪划定为在邮政系统中邮寄淫秽材料罪。因此，检察官的起诉就只能在材料寄发地进行。后来，国会又将这种犯罪划定为"连续犯罪"，这样就将其置于《美国法典》第18编第3237条的调整范围之内。根据该法规，有关诉讼活动可以在材料的寄发、接收以及中间通过的任何地区进行。这项对有关法规的修订在审理里德公司诉克拉克一案中（1967年）被裁定符合宪法。虽然这一法规允许诉讼活动在与淫秽材料有联系——哪怕只是很少的联系——的地方进行，但实践中，该法规的真正益处就是它允许起诉活动在淫秽材料的接收 *249* 地进行。同时，虽然并未要求起诉者在判定淫秽问题时依据法院所在地区的社区标准，但一般情况下他们就是这样做的。尽管出现了一些由于标准宽严不一使罪犯得以开脱罪责的极端例子，利用法院所在地区的社区标准进行判决似乎还是很理想的办法。许多有关淫秽材料立法的主要目的是保护"特定目标"社区不受淫秽材料的侵蚀。

如果淫秽材料的州际传递不是通过邮政系统进行的，而是通过普通运输机构或快递公司进行的，其判决结果也是同样的。依据《美国法典》第18编第1462条和《美国法典》第18编第3237条规定，这种传递活动属于"连续犯罪"，对这种犯罪的起诉在材料的发出、经过或到达的地区都可以进行。

（二）儿童色情作品

在20世纪70年代后期，儿童色情作品不断增加。对此，各州立法机关都制定了严格的法规，禁止贩卖淫秽材料，其中包括描绘青年人性行为的材料，以及根据米勒一案的标准不能算作淫秽但涉及儿童的材料。最高法院裁定，同挑战言词和诽谤言论一样，对儿童性行为的描写是不受宪法保护的。

在纽约州政府诉费伯一案中（1982年），最高法院第一次有机会审查了一件旨在限制描写儿童性行为的立法。最高法院支持纽约州的这一法规。它裁定，儿童色情材料的标准不同于米勒一案的标准。根据这项新标准：

250

（1）审查员无需发现材料可诱发普通人的性欲；（2）性行为的描写不需要达到"公开无礼"的程度；（3）所涉及的材料不需要做为整体来看待。

　　这样，尽管最高法院在费伯一案的判决中没有制定新的标准，但它对米勒一案的标准却作了修改，使各州在处理儿童色情材料问题时拥有了更大的灵活性。

　　为什么要赋予各州更大的管制权力，最高法院提出了五个理由。第一，将儿童作为性行为表现的对象有害于儿童的身心健康，这一结论符合第一修正案的要求。这一结论也是出于各州保护其儿童的强烈要求。第二，在惩办那些鼓动玩弄儿童、与儿童发生性行为的罪犯方面，米勒一案的标准反映不出各州具体的和更强烈的要求。米勒一案的标准中有关一部作品在整体上是否能够诱发一般人的性欲，是否有"公开无礼"的性描写，以及作品在整体上是否确有真正的文学、艺术、政治或科学价值等问题，与解决在作品的制作过程中儿童身心是否受到损害问题没有联系。第三，允许现场表演儿童的猥亵行为或性行为，或允许复制有关照片本身毫无价值。最后，明确将儿童色情材料划入不受第一修正案保护的材料范围，这与早先的判决并不矛盾。早先的判决根据内容进行分类，如"挑战言词"就不受法律追究，因为诽谤罪名的成立是受到严格限制的。只有在这种言论超出了必要的限度才可能受到追究。然而最高法院谨慎地指出，像对待所有这一较为敏感方面的立法一样，对所要禁止的行为一定要由州立法以颁布法规或授权有关部门作出解释的形式予以恰当限定。

251

　　最高法院还指出，儿童色情物品的广告和销售应当和儿童色情物品的生产一起受到禁止，因为广告和销售在经济上可以刺激对它的非法生产。然而，最高法院也表示，发行非淫秽的描写两性行为的材料，只要是不包含现场表演材料或其他有关现场表演的照片以及其他视觉材料，仍受第一修正案的保护。另外，在儿童色情物品方面真正具有艺术、科学或教育价值的作品受第一修正案保护的可能性，最高法院也没有彻底堵死。法官布伦南曾公开声明，这样的材料应受到保护。他的观点也得到法官马歇尔的赞同。

　　在奥斯本诉俄亥俄州政府一案中（1990年），最高法院裁定，根据宪法，各州有权禁止私藏儿童色情作品的行为。被告曾依据在斯坦利诉佐治亚州政府一案中（1969年）最高法院的判决结果为自己进行辩护。在此案中，佐治亚州将私藏淫秽材料定为非法行为，这项规定曾遭到最高法院的否决。对奥斯本一案最高法院的结论是，斯坦利一案的判决已不再适用，因为禁止儿童色情作品的意义比验证斯坦利一案中法律运用正确与否的意义要大得多。

随着互联网使用的增加，网络色情已经成为一个有争议的话题。在里诺诉 252 美国公民自由联盟一案中（1997年），最高法院认为，对于将可能被认为不雅或淫秽的材料，用一种让未成年人可获得的方式，上载到互联网上，1996年的《通信规范法》（CDA）使得任何这样的人成为罪犯，该法违宪地"封上了一些人的嘴，他们上载互联网的材料可能是享受宪法保护的信息。"最高法院指出，"就宪政传统而言，由于缺少相反证据，我们假设政府对言论内容的管制，更有可能不是鼓励而是干扰了思想的自由交流。在一个民主社会鼓励言论自由的利益，远远超过任何来自理论推理但未经证实的内容审查。"

政府对里诺一案的回应是，在1998年通过了《儿童在线保护法》（COPA）（《美国法典》第47编第223条），其中将某些互联网言论入罪。这项法律因阿什克罗夫特诉美国公民自由联盟一案（2004年）而被废除。1996年《儿童色情防治法》（CPPA）（《美国法典》第18编第2251条及以下各条）有关儿童色情的重要部分（即并非使用任何真实儿童制作的描写性的清晰的图像），由于阿什克罗夫特诉言论自由联盟一案（2002年）也被废除了。

国会在2000年12月颁布了《儿童互联网保护法》。该法规定，公共图书馆可能无法获得联邦在提供互联网访问方面的援助，除非它安装软件来屏蔽属于淫秽或儿童色情图像，阻止未成年人接触到对他们有害的资料。最高法院在联邦政府 253 诉美国图书馆协会一案中（2003年）裁定，《儿童互联网保护法》违宪。

（三）其他控制方法

近几年，各州已开始通过民事而不是刑事制裁来控制色情材料的扩散。比较典型的办法就是，首先由社区作出鉴定，确认那些令人厌恶的材料为淫秽色情物品，公开宣布那些色情材料及其行销机构是危害公共利益的东西。法院然后就可以禁止行销这种材料。如果这类行销继续进行，有关推销人员就会立刻接受简易诉讼程序的裁判。在这样的法律程序中，社区一方往往占上风，被告极少能够逃脱法律的制裁。进一步说，社区只要证据充分，而不只是一种怀疑，就能够证实色情材料的存在。各法院都同意这种控制方案，理由是在维护安定、秩序以及社区的声誉方面州的利益要比个人的所谓权利更重要。

政府往往试图通过削减经费来规范艺术行为。例如，圣·安东尼奥市政府停止向一个非营利艺术机构提供资助，因为该机构支持拍摄同性恋电影。法院认为，该市政府基于其观点，停止向那个机构提供资助，违反了宪法第一修正案。参见埃斯佩兰萨和平与正义中心诉安东尼奥市政府案（2001年）。

254 另一个例子是，《感觉：来自萨奇收藏的年轻的英国画家》展览中有一件由克里斯·奥菲利创作的《圣母玛利亚》，它使用大象的粪便来描绘圣母玛利亚的两只乳房。预定开幕前夕，该市政府通知布鲁克林艺术博物馆，如果不取消该展览，它将会终止所有对博物馆的资助。该博物馆向法院起诉申请临时禁令，以防止市政府对它的惩罚或报复，并要求损害赔偿，而市政府则起诉要求该博物馆从原址搬走。法院接受博物馆申请，下达临时禁令。参见布鲁克林艺术与科学院诉纽约市政府（1999年）。在法院下达临时禁令之后，市长鲁道夫·朱利亚尼和博物馆协商解决了他们之间的分歧，展览如期进行。

1996年华盛顿市政厅打算移除两幅帕斯科市定制的艺术作品，理由是它们被指称表现了性的内容，这引起了一起法律诉讼。该诉讼以法院判决了结。第九巡回上诉法院裁定，移除两幅艺术作品的行为，违反了第一修正案赋予艺术家的权利。帕斯科市拒绝展出沙伦·鲁普的雕塑，其中一件是，一名妇女向她的观众露出屁股，还有就是詹妮特·霍珀描绘亚当和夏娃的版画，以及一些裸体画。

各州反色情的另一个办法是借助于《反诈骗法》（RICO）。在福特·韦恩图书公司诉印第安纳州政府一案中（1989年），公诉人把发行淫秽物品的六点事实用做提出违反《反诈骗法》两点事实的根据。法院裁定，由于在《反诈骗法》当中包含了反色情法的有关内容，而且反色情法当中有争议的问题在宪法中没有明确规定，所以并非不可以依据《反诈骗法》对发行淫秽物品的行为作出判决。该书店店主辩解说，由于对违反《反诈骗法》行为所给予的处罚比对淫秽问题的处罚要严厉得多，这样就会严重威胁第一修正案所保护的自由。最高法院否决了这种辩解，它声明，各州制定反淫秽物品法的目的就是为了制止淫秽材料的销售。但最高法院并未指出，在审判之前先行没收有关图书和材料的行为是违反宪法的。

其他审查措施并非来自州所采取的行动。艺术家经常受到非正规的审查，成为这种审查的牺牲品。而这种审查往往由于某些原因很少在法院受到质疑。在这种场合所涉及的材料中有相当一部分不是或不会被法院裁定为淫秽材料。这样，艺术创作很有可能在社会压力、民间团体胁迫或有影响的大学、博物馆或社区领袖们的幕后操纵下而窒息。因此，这种非正规的审查比诉诸法院对艺术家产生的影响更大。

例如，西雅图艺术博物馆取消了一个名为《为您快乐付费》的巡回展览，该艺术作品的内容是，有一个人在每一个展览社区都要杀人。同样，埃里克·菲舍旨在纪念那些从世界贸易中心大楼跳下而死去的人的《蹦床女子》雕塑，由于接到数起公众投诉，许多市民对此类纪念仍然敏感，该雕塑从洛克菲勒中心被搬走了。

在自我任命的公共道德卫道士的幌子下，这些检查在限制艺术家展示其作品的机会方面特别有效。这恰恰击中了第一修正案中所固有的价值观的核心部分，艺术家不必默许，而事实上往往不会默许这些艺术审查的企图。毫无疑问，这将继续困扰着艺术家，还有许多仗要打，因为对思想自由表达的束缚，是对美国正义体制的亵渎。

第十六章 博物馆

一、引言

在艺术圈内博物馆占有一个独特的地位。像其他机构一样，博物馆也需要应付投资经营、人事管理和日常工作等问题，但由于博物馆具有相当的规模和名气，因而必须在捐赠人、当地社区和艺术圈内人士的监督下从事各项活动。此外作为最大的艺术收藏集团和最引人注目的市场活动参与者，博物馆对其他收藏者的购买意愿和购买活动亦有相当的影响力。作为艺术与文物的宝库，博物馆为公众提供了重要的消闲场所。这些特征使得博物馆受制于其他许多收藏家所不会遇到的法律的、伦理的和政策性因素的影响。

二、博物馆的组建

博物馆既可以作为一个公益性的或慈善性的信托机构、一个非营利的公司来组建，也可以作为一个市政公司来组建。组建一个公益性的或慈善性的信托机构必须遵循州普通法和信托法。一般来说，这就要求财产所有人（捐赠人）把法定所有权转让给受托人，后者为了公众的利益而管理该项财产。建立这种信托关系
257 的文件一般须载明受托人的姓名或选择受托人的标准，对信托财产的说明（指这项信托的"客体"）、信托宗旨以及捐赠人所提出的限制或条件。

一个非营利性的公司完全是依据其所在的州的法律而组建的。它要向州政府提交成立公司的章程。该章程包括公司的名称、宗旨、经营期限、公司董事会成员的姓名和住址以及公司组建人的姓名和住址。州的法规通常还要求在非营利公司的组建章程中包括这样一个条款，具体规定在公司解散和清算之后，公司遗留资金将转交给哪一个类似机构。在组建大会或首次大会上，一般应通过细则。细

则包括管理内部运转的具体规章。在组建大会上照惯例还要考虑的其他问题包括人事任命、授权建立银行账户以及制定其他基本的管理程序。

组建市政公司必须遵守州法中有关建立这类组织的各项规定。

上述公司和信托机构都可享有免税资格。除了节省博物馆的开支以外，取得免税资格对于许多资金捐赠人来说还是一个重要的捐赠标准。许多私人基金会和政府机构规定，申请人必须具有免税资格才能申请赠与和资助。此外，如果一家博物馆取得了免税资格，那么向该机构捐赠财物的个人就可以获准按捐赠给博物馆的数额在其所应纳税金中作慈善用途扣减，对许多按较高税率纳税的纳税者来说，可把应纳税额降低到一个更易接受的水平。慈善用途捐赠确实是非常有益 *258* 的。因此说，免税资格是刺激人们资助博物馆的重要因素。

博物馆要取得免税资格，必须按国内税务局所规定的各种手续办事。首先应填写国内税务局第1023号表格。如果博物馆在成立后15个月内完成免税资格的申请，有关裁定一旦公布即具有追溯力。否则，免税只适用于在裁定公布后所收到的捐赠。在取得联邦免税资格以后，许多州和市政当局会自动授予该实体以免除州和地方税的资格。然而，作为一个慈善机构，博物馆可能会被要求在公开征集捐赠前向州司法部长提交财务报告。对于有关法律各个州均有所不同，所以应在开展募集慈善基金活动之前进行咨询。

在取得免税资格之后，并非博物馆的所有活动都必然可享有免税资格。虽然来自捐赠、出售馆藏品、门票和会员会费的收入很少会有纳税的问题，但来自某些商业活动的收入则可能作为与博物馆无关的交易或经营性收入而被征税。博物馆通常会在礼品店销售艺术作品的复制品、许可复制并出售其馆藏品，开办饮食服务和从事其他营利性活动，以便从中获取额外收入。来自这些活动的收入可能会成为国内税务局审查的对象。

《国内税务法》第511条（已编入《美国法典》第28编第511条）规定，在其 *259* 他方面享有免税的公司和信托机构的所有"无关经营所获应纳税收入"，均应按一般所得纳税。第513条将"无关交易或经营"定义为：

与因其慈善性、教育性或其他宗旨与职能而获得免税资格的有关机

构所进行的活动与工作没有实质性联系（这类机构对收入或资金的要
求，以及利用其获取利润的目的除外）的任何交易与经营。

为了确定某个机构的活动与其免税宗旨是否有"实质联系"，《财政条令》
第1.1513-1（d）（2）款说明了具体标准，这个标准就是看产生总收入的商品的
生产和分配是否对实现该机构免税宗旨"有重大贡献"。国内税务局的若干裁定
已采用了这个标准。在《税务裁定》第73-104号中（国内税务局附加公报，1973
年第1期第263页），法院裁定，在博物馆销售印有艺术作品复制品的贺卡无需作
为无关的交易或经营收入而纳税。国内税务局认为，尽管这些活动无可置疑地具
有商业性，但其可以"激发和增进公众对艺术的了解、兴趣和鉴赏力"，对实现
博物馆的教育宗旨有重大贡献。国内税务局还指出，看到该贺卡后，更多的公众
就会被吸引到博物馆来参观，接受其教育，参与其活动。

目前的法律使许多博物馆能够通过从事某些营利活动以弥补其日常开支，尽
260 管该博物馆必须能说明这类活动对于实现其最终将有益于整个社区的免税宗旨有
重大贡献。在《税务裁定》第74-399号中（国内税务局附加公报，1974年第2期
第172页），国内税务局认为，营利性的、为博物馆工作人员和参观者服务的咖
啡厅或饭店，并非一种无关的交易或经营。然而，虽然销售复制品被认为是促进
博物馆的免税宗旨的，但当一家民俗艺术博物馆将科学图书及当地纪念品与根据
其藏品而制作的复制品一道出售时，国内税务局就将这类情况区别对待。根据
《税务裁定》第73-105号（国内税务局附加公报，1973年第1期第264页），虽然
在该店铺里销售的其他物品与该馆的免税职能有关，但这种销售属于一种"无关
的交易或经营活动"。由于科学图书和纪念品与该馆的艺术追求毫无关系，所以
这种销售没有"为该机构的免税宗旨作出主要贡献"。人们从而确立了这样一条
规则，即某个特定货物系列的销售活动，可能会被分别加以考虑以确定其与该机
构免税宗旨是否有关。

税务法院曾裁定，通过银行类似信用卡支付方式向一个慈善机构付款，属于
特种税，而不是"无关的业务收入税"（UBIT）。参见密西西比州立大学校友
会诉Comms'r案（1997年）。同样，国税局发出的一封私人信件裁决认为，将免

税组织网站链接到向其会员提供服务的商业网站，并不能产生"无关的业务收入税"，这种链接不会影响到特种税或或符合资助支付的免税地位。

三、受托人和董事的责任

261

实际上，受托人的活动与公司董事的活动之间没有什么差别。受托人和董事都负责监督博物馆的政策和财产，尽管通常他们都要任命一个拿薪水的雇员去管理博物馆的工作人员并处理馆内的日常事务。而受托人和公司董事的法定职责却可能差别很大。没有什么比受托人或董事违反信托义务的责任更难以把握和更混乱的了。一般认为，适用于受托人的标准要严于公司董事。而在具体的博物馆内，所适用的标准却不一定是根据个人的头衔来决定的。确实，博物馆一般都把那些在董事会供职的人当成受托人，即使该机构是以非营利公司的形式建立起来的。然而，目前有一种越来越清楚的趋势：在博物馆的人事方面，从受托人到馆长，在法律上都应对其行为负责。

在博物馆圈子里，滥用信托责任的情况十分普遍，超出了人们的想象。这是非常不幸的，因为博物馆是一个非常显眼的机构。博物馆的主要任务应当是教育和为公众服务，它同时还是一个经营性商业机构。它要收购、出售艺术品，向雇员发薪水，并且还担负许多与营利活动相对应的同样的工作。遗憾的是，博物馆从来没有以一个商业实体的方式进行管理，那些管理人员也把自己在博物馆的工作仅当成是一种个人爱好而不是一种职业责任。例如，一些精美的罗丹雕塑作 262 品正在遭受严重的风化破坏，以及许多印第安艺术品从马里休博物馆失踪，使得华盛顿州司法部长不得不出面干预（参见州司法部长戈顿诉莱帕罗托案，1977年）。在1978年4月12日，对该董事会的诉讼案结案。这个本应使自己长期存在下去的董事会实际上已被更换，变成了一个由选举产生的董事会。此外，这家曾被人称作"贸易站"的博物馆彻底进行了改组。另一个例子发生在芝加哥市哈定博物馆，该馆董事会被指称从事了非法活动。据透露，该馆曾发生过一起滥用博物馆资产的事件，后来又卖掉了博物馆的一些藏品，用来抵偿因滥用资产而造成的亏空。在出现严重财政赤字的情况下，仍然为奢侈的受托人报销开支（参见《民众》杂志检举人斯科特诉乔治·F·哈定博物馆案，1978年）。

（一）错误管理

仅仅是为了节省更多资金或挑选符合其品味的收藏品而任命一个挂名的受托人或董事——要弄"要么妥协，要么接受，要么走人"的把戏——这种旧的思想已不再能够被人所接受了。受托人和董事负有信托责任，有义务对机构的经营和财产进行妥善管理。对一个受托人来说，他的职责就是为了公众和慈善目的而使用信托财产；出现了错误管理，即应承担由于违反其职责而应承担的责任。这是一个很高的标准，要求做到绝对公正和忠诚。受托人对于疏忽大意、无所事事以及对于欺骗和欺诈都可能承担个人责任。受托人必须在整个任职期内保持忠诚，克尽职守，保管好信托财产，并避免可能会发生争议的交易。受托人应当熟悉信托的性质和目的，以及博物馆所有文件的内容，包括财政说明。他们应出席和参加各种聚会活动，接触各界人士，以了解官方和民间资助的情况。

受托人要仔细审查创建机构文件中的宗旨条款，这一点特别重要。现任受托人可能会发现，如果博物馆的工作重心和工作方向与创办者原来的意图有所不同，他与捐献人的后代或继承人之间就会出现重大裂痕。范围有限的宗旨条款可能会束缚未来的受托人的手脚，将使博物馆变得死气沉沉，失去活力，难以应付目前需要。尽管制定宗旨条款是要保护原始收藏品或某块地产的完整，但实际上却可能给管理和资金积累带来极大困难。在一个不断变化的社会，宗旨条款所规定的内容越宽泛，受托人在机构经营方面就越灵活，尽管新的业务可能与捐献人的最初意图不大一致。因此，在创建一家公共信托机构时，重要的是要确定是否给予受托人完全的自主权，或者是否应在有关创建文件中规定某些限制性条款对受托人的活动予以限制。

在管理方面，受托人一直被认为负有较重的管理责任，即使是管理上的小疏忽也可能受到处罚。而另一方面，公司董事则被认为负有较轻的管理责任，必须是重大疏漏或违法，而不仅仅是判断上失误，才可能受到处罚。因此大多数司法机关都认为，对董事的要求，可参照纽约州的法规。该法规规定了"一般认真工作的人在同样职位及相似条件下所应做到的勤奋、认真和熟练的要求"（参见麦金尼出版公司1997年出版的《纽约州非营利公司法》第717条）。有时对于这种"可以说得过去的董事"的标准人们的解释是，公司董事通常须担负许多方面的 *264* 责任，而受托人按惯例只负责信托资金的管理，并因此可能被看作需要为这个任务付出更多时间和专门知识。参见斯特恩诉露西·韦布·海斯女执士和教士培训学校一案（1974年）。

（二）疏于管理

　　除了管理不善的责任以外，董事和受托人还可能被认为应对完全疏于管理承担责任。疏于管理的情况是指受托人或董事不适当地把责任委托给他人。受托人可以将某些行政性事务委托给他人，但属于他本职范围内的行为则不能委托给他人。受托人既不履行职责，也不使用作为受托人所应具备的专业技能，此即违反其信托责任。受托人有明确的责任去最大限度地通过慎重的投资来增加信托收入，这项责任不可委托于他人，即使委托给其他受托人委员会也不行。在确定违反信托责任的时候，不一定要看受托人的疏忽是否造成了实际金钱损失。虽然人们认为，受托人在不十分重要，且能完全而坦诚地公之于众的情况下，如受托人对受任人的行动保持充分的控制，是可以将某些行政性事务和投资任务委托于他人的，但是允许委托的范围并不清楚。因此，一个谨慎的受托人还是避免将财务 *265* 上的任务委托于他人为好。

　　相反，董事则显然可以将某些投资责任委托于他人，但必须保持某些监督控制权。在海特诉比克斯比一案中（1967年），那些董事们把公司的管理权全部委托给他人，靠他人的力量进行管理。法院认为，他们疏于管理，违反了对公司所承担的义务。因此，像受托人一样，董事不可能只是起挂名的作用。即使董事从其管理工作中得不到任何补偿，他们也可能因放弃管理博物馆的义务而受到处罚。

（三）利益冲突

　　另一种违反受托人或公司董事的信托义务的行为是从事自己交易。受托人或董事绝不能利用博物馆的开销中饱私囊。董事或受托人从机构购买或向机构出售物品，这种交易就叫作自己交易；除非事先做出说明，否则这种行为将违反信托义务。即使受托人或董事并未直接与机构进行交易，而是通过配偶或代理人进行的，也将违反信托义务。

在许多公共博物馆，利益冲突的情况是由联邦法规来调整的。例如，史密森娜博物馆的雇员就受联邦法规的约束，这些法规要求其不得从事第二职业或有可能干扰其在史密森娜博物馆正常履行职务的活动。参见《联邦法规汇编第36编第 *266* 504条（1999年）。这些法规中还对从与博物馆做生意的那些人手中接受礼物，使用博物馆的财产和信息，以及博物馆雇员与博物馆的经济利益问题等事项作出规定。在州一级，许多职业道德规范已通过立法加以实施。这些规范在各州之间存在着差异。

由于涉及面广，以及存在着由如此众多、性质各异的团体所提出的管理上的问题，州的职业道德法律是否应适用于县或市政官员，在这点上一直有不同意见。有一些州通过立法来处理所有政府官员和雇员的利益冲突，加利福尼亚州就是其中之一。《加利福尼亚州政府法规》第1090条对有关的州和市的官员和雇员的订约行为作出限制，禁止他们从其机构买进或向其机构卖出东西。该法规还禁止从事任何与雇员供职单位的工作相冲突的第二职业或活动。

私人的非政府资助的博物馆一般不受州或联邦利益冲突立法的制约，而这些机构正是由于其董事或雇员违反信托义务而极易受到损害。在一些州的非营利公司法规中找不到规范性的惩罚措施，但加利福尼亚州是一个例外。例如，参见《加利福尼亚州非营利公司法》（《加利福尼亚州公司法》第9243条）。加利福尼亚州的法律允许法院下令，要求有利害关系的董事说明从自己交易中所获得的任何收益，并将其赔偿给所属公司；折价赔偿由于这种交易而挪用的公司财产； *267* 返还或弥补由于这种交易而给公司造成的财产损失。自己交易被限定为任何未经公司正常批准程序而进行的交易，在这种交易中，一个或多个董事有着重要的经济利益。

董事和受托人在其公私利益冲突时所承担的普通法责任，是以其对博物馆及其受益人、馆员和普通公众的忠贞不渝的义务为基础的。然而，董事和受托人的自己交易行为所造成的后果各不相同。调整信托的规范较为严格，从法律上说，任何自己交易行为都违反信托义务。这种行为不一定给机构造成了实际损失；只要有自己交易行为存在，便可推定违反了信托义务。

受托人可以预先作出说明以避免承担责任。通常须取得信托所在地州总检察长或法院的同意，方可进行交易。在总检察长诉奥尔森一案中（1963年），一位受托人曾提出，将其房屋卖给信托机构。为避免发生任何违法行为，受托人请人将住房单独作价。由于他是按8000美元的估价卖给信托机构的，所以在成交前征得了法院的同意。

只要预先作了说明，公司董事还可以与公司进行自己交易而不必担心会受到起诉。有关董事必须公开所有与该交易有关的主要事实。该交易对机构必须公平合理，既要得到与此无关的董事会大多数成员的批准，也要得到博物馆馆员——如果有的话——大多数的批准。

在自己交易行为当中有一种略有变化的形式，表现为董事会成员截取博物馆即将得到的商业机会。许多董事也是私人收藏家，这种身份可能使他面临困难的选择。公司董事不应从博物馆经营范围内近水楼台捞取好处，而且即使仅仅由于博物馆因财政原因而无法购买某件物品时，他也应首先替博物馆着想，不能打小算盘而放弃他所承担的责任。然而，某位董事会成员想得到的某件物品可能又是博物馆希望得到的，这时，他可以向该机构董事会公布有关该物品的全部重要事实。可以由公正的董事或馆员中的大多数人来决定博物馆是否应取得该物品。如果董事会善意地拒绝了出价，则该董事随之取得该物品的行为就不应被视为违反信托义务。

当董事是某家画廊老板时，个人与博物馆的利益冲突还可能给博物馆造成损害。如果这位董事经营的是一项竞争性商业活动，那么在整个经营期间都必须做到诚实，而且不得滥用在董事会供职所得到的秘密信息。尽管有时人们建议，艺术商不应受雇于博物馆董事会，但这种人所拥有的专门知识和鉴赏力给博物馆带来的益处可能会超过他们造成伤害的危险。具有艺术商身份的董事可以约束自己，永远不参与有利益冲突的董事会决定，在审议和公布交易中的任何利益信息时退场。

如果完全的信息公开和不参与决定不能避免公私利益冲突问题，那么董事会应采取什么措施以防止由于违反信托义务而开始与之对抗的行为呢?在某些情况下，董事会一个或多个成员签字可以补救这种情况。可以考虑提起法律诉讼。而只要涉及金钱赔偿，就需要董事会采取更具体的步骤。董事会可以设立一个特别委员会来调查所指称的违法行为。或者董事会可以将其分为两个小组，双方对所争议的行为提出质疑和辩护。而后一种措施可能会引起董事会成员之间的不和，削弱其处理其他不断出现的有关博物馆问题的作用。如果出现了法律问题，博物馆董事会还是应向独立的律师寻求专家的法律意见。

另一种类型的利益冲突发生在博物馆将展品售出收取佣金的时候。人们担心，策展人会受到诱惑，他们策展的目的可能是为了销售艺术品，而不是它的艺术价值。由于收取佣金的做法相当普遍，因此直到最近，在一些引起轰动的展览（参见第十五章第四节）发生争议之后，许多博物馆已经删除了合同中关于佣金的条款。

公司赞助也引发类似问题。例如，圣路易斯艺术博物馆董事会曾拒绝赫曼·米勒家具公司旨在帮助该博物馆举办题为《查尔斯和雷·埃姆斯作品》展而提供的5万美元的礼物。资助该展览的赫曼·米勒家具公司生产和销售埃姆斯家具，由于存在利益冲突，董事会拒绝了这批礼物。

由于史密森娜博物馆没有接受她关于举办一个纪念美国成就展览的全部要求，博物馆必须对展览的内容、设计和展出场地保留最终决定权，商人凯瑟琳·雷诺兹撤回了大部分她承诺提供的3800万美元的捐助。

四、管理博物馆藏品：馆藏品

在我们自由经营的经济制度内，人们可能会认为，博物馆可以得到并贮藏任何它想得到的东西。但实际上，博物馆在获取藏品方面存在着许多法律和道德规范的限制。某些限制出自现实的考虑，收藏与否取决于博物馆在如何最佳利用其有限资金方面作出的决定。某些博物馆感到，它们需要最有效地把资金集中用在一个较窄的收藏领域，而另一些博物馆的收藏范围则可能很宽。某些博物馆将其大部分经费预算投向古代作品的保管方面，而其他博物馆则愿意将其资金花在现代艺术品方面，后者一般需要支付较少的保管费。

但是，其他限制所依据的是国内和国际艺术团体对博物馆提出的要求。在国际艺术品市场上，博物馆是最活跃的买主，而且成为非法获取的艺术品和文物的主要贮藏所。正如前面第二章所述，许多限制是基于国家保管珍宝的法律、刑法、民间调解和进出口法规提出来的。而且，只有当非法取得的物品找不到销路时，非法艺术品交易才会停止。为达到这个目的，许多博物馆对于获取馆藏品制定了道德准则，尽管在2003年，美国几大博物馆的收藏政策在一次题为《非法考古？》的国际会议上受到批评。欧洲博物馆官员和考古学家称，美国博物馆继续购买和展出不能证明合法来源的古物，从而鼓励对文化财产的掠夺。 *271*

也许最广泛采用的正式文件是《博物馆藏品共同职业政策》或《藏品是来自外国文化财产的决议》。这份文件是由两个主要职业团体——由90名来自美国主要博物馆的董事组成的艺术博物馆董事协会（AAMD）和由174个国家的近3000家机构和国家委员会组成的博物馆国际委员会（ICOM）——提出的。实质上，这项决议建议各博物馆应各自实施联合国教科文组织《关于禁止和防止非法进出口文化财产和非法转让其所有权的方法的公约》，关于该公约前面第二章已作了讨论。这项决议还建议，每一个博物馆都应制定一个获取馆藏品的职业道德政策。尽管这些政策文件对博物馆没有法律约束力，但它们仍然可以成为具有潜在压力的有效机制。

美国博物馆协会（AAM）积极参与了《土著美洲人墓葬保护和返还法》（《美国法典》第25编第32章）的起草工作。这项立法要求博物馆将其土著美洲人藏品编目，并将人类遗骸和某些种类的印第安人制品返还其直系后代或所属部落。

这项立法还规定，对于已知被盗或从其原产国非法获取或违反旨在保护某些土著美洲人制品的联邦法规的作品，博物馆不予收购。除此之外，博物馆还可以通过取得无瑕疵作品所有权转让证书来保护自己，避免出现麻烦和可能受到的指控。还可以通过要求卖主提供他拥有或有权转让无瑕疵作品的所有权的担保做到 *272*

这一点。这是最稳当的做法，但对捐献人来说，采用这种做法可能就有不便之处。另一种方法是要求负有责任的博物馆当局进行适当调查，以确定该博物馆是否可以取得合法的所有权。如果做到了这一点，博物馆将成为善意买主，并持有合法所有权以对抗所有索赔人。这项规定有一个重要的例外情况，即如果该物品是被盗的或非法转移的，善意买主就不能对抗真正的所有人。然而，尽管在所有人提出返还要求时，善意买主可能必须将该物品返还，但他有权依据明确的或隐含的对所有权的担保，向出售该物品的人要求返还最初购买价款。

当一件作品通过赠与取得时，要确定所有权的合法性可能就不是一件容易的事了。例如，在雷德蒙诉新泽西州历史学会一案中（1942年），死者的遗嘱规定，"如果我前面提到的儿子死后没有留下后代……这幅由（吉尔伯特·斯图尔特）所作的肖像画将属于并特此遗赠给新泽西州历史学会"。那位儿子死时只有14岁，也许由于这个原因，遗嘱执行人将那幅画于1888年转交给学会。以后关于那幅画的所有权一直没有异议。到了1938年，那位儿子的继承人显然意识到了那幅画的贵重价值，以及学会对那幅画的存有疑问的所有权。法院在检验了遗嘱以后，拒绝了学会提出的反占有的请求，将那幅肖像画判给了继承人。

273 除了要查明赠品的合法性以外，博物馆还必须遵守该赠品附带的各种条件。不按条件去做可能会导致失去该物品或遭受财产损失。捐赠通常附带的条件是，在赠品上标明捐赠者姓名，将赠品归入博物馆的永久藏品永远密藏，或定期展出，或长期展出。这些条件有的可能有法律效力，有的可能仅仅是请求或建议。在一个著名的案例中，德克萨斯州的石油遗产继承人西比尔·哈灵顿起诉大都会歌剧院，指控被告将她的捐款挪用到非传统歌剧上，而不是用在由哈灵顿女士所指定的传统剧目。

对某些博物馆来说，要考虑的另一个重要问题是，根据其创建时的文件，它们是否能够合法地接受赠品。在弗里克收藏馆诉戈尔茨坦一案中（1948年），该机构是依据一份遗嘱的要求创建的。该遗嘱将立遗嘱人的全部收藏品、住所和1500万美元赠款加以分割，用于创建机构所需。当受托人要求确认博物馆接受赠品的权力时，有人提出，死者希望该博物馆保持与其私人藏品所具有的艺术基调。法院拒绝了这个请求，裁定弗里克收藏馆可以购买新作品并接受捐赠。但这个案子的确显示出一份限定较窄的遗嘱可能会引出的问题。

英国泰特美术馆最近大出风头，它成功地公开呼吁，请求艺术家和私人收藏家捐赠艺术品。

五、借展

通过借展从其他博物馆或私人手中取得展品时，博物馆也可能碰到法律责任问题。在这种情况下，博物馆作为保管人须遵守信托法。作为保管人，博物馆应 _274_ 对其占有中的作品负责。

一般来说，对保管人在保管作品方面的要求取决于该项寄托的性质。在一项为寄托人服务的无偿寄托中，保管人只对重大过失负责。如果这项无偿寄托是为保管人服务，那么即使是轻微过失，他也将负责。当这项寄托是出于营利目的时，将适用一般保管规定。然而，由于过失的程度常常难以确定，一些法院就不执行关于过失的有关规定而只适用对一般保管的要求。此外，当事各方可能不理会这些法律规定，而通过书面合同对其法律责任仔细加以说明。许多博物馆都采取这种方法，详细地规定各方的义务和预防措施，以及博物馆需要说明的其他问题。

在处理借展问题时，博物馆应仔细保存好有关档案资料。有关借展的细则不应被遗失，这份细则文件应永久保存。否则，难以预见的财产法律争端就会发生。博物馆可能认为，通过反占有即可取得对某物品的合法所有权。反占有是指在州法规定的期限内，对财产的实际、公开、公认和排他性的持有。虽然占有是所有权的一种强有力的证明，但只靠占有去建立合法的产权是不够的；博物馆要通过反占有去取得实际上合法的所有权，还必须符合一些技术上的法律要求。如果这些要求得不到满足，博物馆就可能受到真正的物主或其继承人的起诉，后者将要求收回该物品。

为保险起见，博物馆应当做一些尝试，向与馆藏品有关的所有人或其继承人 _275_ 发出通知，告诉他们某些物品已由博物馆占有很长时间了。然后贷方与博物馆关系的确实地位就能够确定下来。如果打听不到继承人的地址，那么博物馆就应当提出一份推定通知，广为散发，将博物馆要把该物品作为自己所有而持有的意图公之于众。这样做的目的是便于开始计算时间，以满足反占有所要求的在时间上的有关规定。某些州已通过特别立法，帮助博物馆澄清对其占有的所有权不明的物品的关系。例如，参见《俄勒冈州修订法规汇编》第358条及以下各条（1999年），《华盛顿州修订安娜法》第27.40.034条（1997年），在这些法规中规定了授予博物馆明确所有权的程序。

六、管理博物馆藏品：处理藏品

"处理藏品"这个词用于博物馆收藏活动时，是指把某件物品移动，既可以把它重新划入另一类藏品中，如在馆内从展览藏品划入研究藏品，也可以将该物品处理到馆外去。

有许多原因可以解释博物馆为什么希望处理其部分藏品。可能是想减少仓储、保险或保管方面的开支。可能是由于没有充足的仓库来存放。有些藏品可能已经有了复制品（形制相似的复制品）。博物馆可能作出了新的决策，集中收藏某些种类的艺术品，因而限制了收藏的范围，不愿再保留某些藏品。为了获取某件被认为对公众有强烈吸引力的昂贵的大师级作品，提供资金出售某些藏品也许是必要的。最后一个原因，出售藏品还可能是出于修正收藏本身与博物馆其他活动之间不平衡状况的需要。由于管理开支不断增加，博物馆可能被迫减少其目前所拥有的藏品，并削减用于购买藏品的款项。

把博物馆的部分藏品处理到馆外已受到一些行政当局的批评。他们认为，出售部分藏品只能在某些特殊情况下，经过非常仔细的考虑并在严密的监督之下才能进行。一些人认为，任何交易或出售都是非法的，除非是卖给另一家博物馆。他们的解释是，当一件物品出售或转让给另一家博物馆时，该物品仍然能够为公众所利用。这个观点忽略了一个未来的买主将这件作品借还博物馆展出的可能性。还有一种可能，即只将一种有限的权益售出，又保留了回收的权利。该博物馆可能因此取得必要的应急的资金，在期满后仍可赎回该物品。除此以外，还可以通过签订一份转让证书，规定在藏品出售以后，买主须同意将该艺术品定期展出。

在考虑处理一件作品时，有许多原因可以解释为什么必须采取非常慎重的态度。人们的欣赏品味已发生了很大变化。例如，在20世纪30年代，印象派画家的作品相当新颖，却没有多少人购藏。后来，在艺术市场上它们成了最抢手最昂贵的作品。博物馆可能失去一些不可替代的作品，或在必须支付一笔额外费用以换回它早先处理的物品时，处在一个极为尴尬的境地，据说卢浮宫博物馆馆长曾拒绝接受一项捐赠，因为那些画在当时过于新潮。数年后，当卢浮宫博物馆花钱购买那些作品时，价格已变得相当昂贵。

在处理藏品时首先打算处理的可能是一些赝品或伪造品，但在这个方面仍有 ²⁷⁷ 必要谨慎行事。许多赝品凭其自身的质量就成为有价值的作品。如果米开朗基罗临摹圭里尔都的作品仍然存在，它的珍贵程度将远远超过原作。此外，对于某件作品不是真品的鉴定结论，不一定总是正确的。众所周知的有关大都会博物馆的《伊特拉斯坎马》的情况，就是一个最有说服力的例子。那件曾经被认为是古代青铜器最佳作品之一的作品后来被宣布为一件赝品。这个结论的根据是，在作品外表发现了一条接缝，而对伊特拉斯坎人来说，当时尚未掌握用于制作这样一条接缝的铸铜方法。幸运的是，一个博物馆馆员除掉了为了保护作品而涂在青铜上的蜡膜。随后，科学检测证实了该作品的真实性。这家博物馆在该作品失宠期间没有把它处理掉，真是一件幸事。

当博物馆处理藏品，而该处理行为将冒犯公众、捐赠人、捐赠人的继承人或其他博物馆时，可能会发生另一个潜在问题。当大都会博物馆购买巴拉斯克斯的《胡安·德·帕里亚肖像》时，那幅画的价格超过了博物馆所能动用的现款，博物馆感到它必须处理一些藏品以弥补差额。这项举措立即招致猛烈的批评，部分原因是所处理的作品选自阿代拉伊德·米尔顿·德·格罗特的馆藏品。许多博物馆都曾向德·格罗特夫人讨好，希望得到她捐赠的藏品。根据遗嘱，她的藏品给了大都会博物馆。德·格罗特夫人在遗嘱中申明，她希望那些作品集中保管并可供公众参观。大都会博物馆决定处理那些作品时，它征求了律师的意见。律师认为，遗 ²⁷⁸

嘱当中的用语仅仅是"请求"，并不具有法律约束力。而人们很容易想象，其他那些曾讨好过德·格罗特夫人的博物馆该何等愤怒。对德·格罗特夫人的亲属和朋友们来说，这种明显的对其意愿的漠视简直是一种侮辱。

接着发生的丑闻招致官方干预。尽管纽约州司法部长认为，德·格罗特夫人的遗嘱中的用语只是一种请求，博物馆的行为从技术上说合法，但他仍建议也许有必要通过州立法对所有处理藏品的行为予以管制。然而在一次公开听证会上，几乎所有博物馆的董事们都认为，德·格罗特的这种情况是非常特殊的，他们当中没有一个人将会对这种受到指责的违反职业道德的行为承担罪责。

不幸的是，德·格罗特的这种情况并不是特殊的。当圣·路易丝·梅尔坎蒂尔图书馆处理了一些乔治·宾汉姆的绘画作品时，也出现了同样的争论。各种批评指称，这种处理违反了由当时的市长约翰·豪于1898年向该图书馆捐赠那些绘画作品时的有关文件精神。有关部门再次讨论了立法问题，但没有获得通过。

另一个有争议的问题是，是否通过出售藏品以获得资金来举办活动而不是用于购买艺术品。古根海姆博物馆在1999年和2000年销售了价值近1500万美元的艺术品，其大部分都存入了一个受限制的捐赠艺术基金。美国艺术博物馆馆长协会曾调查经进行，以确定这中行为是否违反了该协会的道德准则。问题是，该基金的设立是否为了抵押5400万美元的债券，以及这批艺术收藏品是否被置于危险之*279* 中。古根海姆博物馆最终同意修改其成文的藏品管理政策，禁止使用从出售藏品所获得的资金用于购买艺术品以外的其他目的（古根海姆博物馆的原有政策已反映了美国艺术博物馆馆长协会不那么严格的标准，允许这些资金亦可用于直接用于养护艺术品所需开支）。

在博物馆处理藏品方面可以援引的判例法尚不多见。除了明显违反信托规定的情况以外，只有在处理藏品违反了对受托人或董事负有的管理博物馆资产的责任的情况下，才可以对这种行为提起诉讼。只有少数的几件不受欢迎的处理藏品的行为超出了那个界限，所以大多数有关法律责任问题仍属于自我调整的范围。1973年有关出售德·格罗特作品的丑闻发生后不久，大都会博物馆所制定的用于保护藏品的一系列程序性规定，对许多博物馆进行自我调整来说都是一种可以采用的模式。这些程序性规定要求，公布那些将从馆藏品中移走的作品清单，请馆外人士对有关作品进行鉴定，由馆藏品委员会投票表决，以及在处理或更换有关藏品之前通知公众。这些程序，就像在博物馆管理领域已有的许多自我调整的博物馆程序一样，也许是在保护公众利益方面，以及艺术团体在保护博物馆的丰富藏品和资产方面可以利用的最佳方法。

美国艺术博物馆馆长协会、美国博物馆协会以及美国州和地方历史协会还制定了一份供参考的关于博物馆出售藏品的指南。

七、藏品存放地点

在藏品管理方面最常见的问题是，就地理位置来说，把藏品放在哪里。最近，两个主要的博物馆就遇到藏品存放地点问题的困扰。

在2000年，两名美洲艺术特拉博物馆董事会两名成员指控董事会其他成员谋*280*划将博物馆搬迁到华盛顿特区。2001年双方同意通过调解解决分歧，博物馆将留在芝加哥地区。但是，博物馆创办人的遗孀呼吁和解，认为两名理事会成员受到威胁，同意由伊利诺伊州总检察长办公室提出的解决方案。然而，在董事出席率一直偏低的几年后，董事会宣布，将关闭该博物馆，将许多馆藏品放在在芝加哥艺术学院长期借展。

巴恩斯基金会一直想将其藏品从费城郊区搬到市区，但是基金会的创始人不同意。在2002年该创始人向法院提交了一份请愿书，要求改变基金会的管理规则。在经济上捉襟见肘的巴恩斯基金会此时发现，它已不再是一个博物馆，而变成一个教授欣赏艺术的学校。在2005年，法院裁定允许将有关藏品另行安置。

一个比较新的问题是，博物馆是否应该将其部分藏品放到互联网上展示。许多博物馆，包括古根海姆博物馆、大都会艺术博物馆和惠特尼博物馆，选择在其自己的网站上展示作品。

八、劳资关系

　　即使一些小博物馆也会碰到劳资关系问题，它们可能会发现其雇员将他们自己组织起来，与资方进行谈判。博物馆雇员常常会拿不到足额工资，他们积极参与博物馆日常管理方面许多工作，恪尽职守，维护着博物馆的形象和威望，他们所付出的超过了他们所应得到的金钱上的回报。然而，当雇员们认为博物馆的政策出现错误，或感到董事会对其切身利益漠不关心时，他们的不满可能就会爆发出来，引发棘手的和代价高昂的劳资纠纷。

　　博物馆资方和雇员之间的一些典型的冲突的例子表明，制定一项明确的人事政策和工资福利计划是十分重要的。例如，在纽约的女王博物馆，一位前任董事和一些持异议的受托人指控董事会没有建立一套岗位操作标准，并忽略了制定一套工资福利计划。他们接着发动了一次为期两天的"怠工"抗议活动。在另一起事件中，布鲁克林博物馆的一些值勤人员要求，在试工期间，为大约80名博物馆职员和专业人员选择一个集体谈判代理机构。然而，如果博物馆从创建开始就没有规定适当的调整劳资关系的政策和消除雇员不满情绪的措施的话，将可能出现更复杂的局面和遭受更多的损失。在现代艺术博物馆，如同许多其他博物馆那样，馆内的工作人员对他们无法参与决策十分不满，而这个问题由于博物馆的高层变更和受托人委员会没有拿出令人满意的解决方案而变得更加严重。在20世纪70年代，该馆雇员举行了一次为期7周的罢工行动，结果也就是达成了一项新的工会合同。在这起罢工事件以后的一段时间里，许多观察家认为，雇员的抱怨使早先曾作为该馆特征的自然和谐与亲密无间的气氛丧失殆尽。在2000年春天，该馆工作人员再度走上街头。这次罢工是在博物馆的管理层与和专业和行政人员协会——一个由档案员、管理员、保安员组成的联盟谈判破裂后突然爆发的。

　　为了保护其利益，许多博物馆雇员根据《国家劳资关系法》（《美国法典》第29编第151条及以下各条）经选举正式组织起来。关于博物馆与雇员不满这个问题是否由国家劳资关系委员会（NLRB）调整，取决于该博物馆是否被认为是一个政府的实体。如果是政府的实体，国家劳资关系委员会将不行使其管辖权。然而，当一家博物馆属于一个从事商业和教育活动的民间实体时，国家劳资关系委员会就可以行使管辖权，即使该博物馆是一个非营利实体。

有四个基本标准决定着国家劳资关系委员会有无管辖权，即该机构每年的营业收入必须超过100万美元，它所从事的州际交易额必须超过5万美元，它必须拥有用于获取营业收入的大部分私人藏品，以及对经营的控制权必须由不受政府控制的受托人掌握。而较小的博物馆，只是由于它的经营预算远远少于这项相当死板的规定所要求的100万美元，就可能被排除在外。现在的趋势是扩大国家劳资关系委员会的管辖范围。在明尼阿波利斯市美术协会这起案例中（1971年），国家劳资关系委员会显然决意要寻找第四个标准。国家劳资关系委员会认为，该协会的行政班子独立于政府的控制，尽管有充分的证据显示有政府的参与。

遗憾的是，国家劳资关系委员会拒绝公布有关博物馆雇员组织的一般规则和指导原则。每一个案件都是分别予以考虑的。法律上要决定的问题，并不是针对博物馆所希望解决的与雇员的某个具体的纠纷，而是针对实际发生的行为及其后果。因此，一个不合理的实际要求可能也会得到支持，即使该博物馆已作出善意的努力并且公平地对待雇员。对于受到不公正对待的雇员，由于博物馆实际的雇佣行为而受到的损失，博物馆应该负责，尽管该事故是无意发生的。*283*

因此，为避免可能发生的劳资争端，应当谨慎行事，规定合理的人事政策，建立可靠的消除不满的程序，向雇员提供在重大决策方面表达其意见的各种机会。博物馆的雇员是一种与其藏品一样重要的宝贵财产。

九、职业道德规范

除了前面第四节所讨论过的由艺术博物馆董事协会和博物馆国际委员会共同制定的《博物馆藏品共同职业政策》以外，许多博物馆还制定了包括大部分职能的内容广泛的职业道德规范。在1991年5月，美国博物馆协会通过了《美国博物馆协会博物馆职业道德规范》，该规范要求其成员制定一份日常应用的道德守则，总体上要包括和反映该规范所提出的要求。

美国博物馆协会的这个规范文件没有规定个人应承担的责任，而只是强调机构整体的责任。该规范的基本要求是由其成员提出来的，重点放在三个方面：
（1）对机构的忠诚，（2）管理员职责，以及（3）公共计划。

284　　在2000年，美国博物馆协会对博物馆如何监督从私人手中借展艺术品，制定
出新的指南。在2001年，该协会制定出另一个指南，帮助和指导博物馆请求和接
受企业的资助。

十、结论

博物馆在管理其藏品、人事和经营活动时慎重行事是十分重要的。它不仅有
益于在博物馆工作的个人，而且还有益于公众和艺术共同体的所有成员。

原版案例索引

TABLE OF CASES

References are to Pages

AB Recnr Finans v. Nordstern Ins. Co. of North America, 130 F.Supp.2d 596 (S.D.N.Y.2001), *96*

Allied Artists Pictures Corp. v. Rhodes, 496 F.Supp. 408 (S.D.Ohio 1980), affirmed 679 F.2d 656 (6th Cir.1982), *167*

American Booksellers Ass'n, Inc. v. Hudnut, 771 F.2d 323 (7th Cir. 1985), *247*

American Library Ass'n, Inc., United States v., 539 U.S. 194, 123 S.Ct. 2297, 156 L.Ed.2d 221 (2003), 253 Art Masters Associates, Ltd. v. United Parcel Service, 566 N.Y.S.2d 184, 567 N.E.2d 226 (N.Y.1990), *96*

Ashcroft v. American Civil Liberties Union, 542 U.S. 656, 124 S.Ct. 2783, 159 L.Ed.2d 690 (2004), *252*

Ashcroft v. Free Speech Coalition, 535 U.S. 234, 122 S.Ct. 1389, 152 L.Ed.2d 403 (2002), *252*

Attorney General v. Olson, 346 Mass. 190, 191 N.E.2d 132 (Mass. 1963), *267*

Attorney General of New Zealand v. Ortiz, 2 A1l E.R. 93(H.L.1983), *15*

Autry v.Republic Productions, 213 F.2d 667 (9th Cir.1954), *217*

AB Recur Finans v. Nordstern Ins. Co. of North America, 130 F.Supp.2d 596 (S.D.N.Y. 2001), *[ch 7]*

American Library Ass'n, Inc., U.S. v., 539 U.S. 194, 123 S.Ct. 2297, 156 L.Ed.2d 221 (2003), *[ch 15]*

Ashcroft v. American Civil Liberties Union, 542 U.S. 656, 124 S.Ct. 2783, 159 L.Ed.2d 690 (2004), *[ch 15]*

Ashcroft v. Free Speech Coalition, 535 U.S. 234, 122 S.Ct. 1389, 152 L.Ed.2d 403 (2002), *[ch 15]*

Balog v. Center Art Gallery-Hawaii, Inc., 745 F.Supp. 1556 (D.Hawai'i 1990), *41*

Barnes v. Glen Theatre, Inc., 501 U.S. 560, 111 S.Ct. 2456, 115 L.Ed.2d 504 (1991), *239*

Bella Lewitzky Dance Foundation v. Frohnmayer (Newport Harbor Art Museum v. NEA), 754 F.Supp. 774 (C.D.Cal.1991), *141*

Board of Managers of Soho International Arts Condominium v. City of New York, 2003 WL 21403333 (S.D.N.Y.2003), *224*

Boll v. Sharp & Dohme, Inc., 281 A.D. 568, 121 N.Y.S.2d 20 (N.Y.A.D. 1 Dept. 1953), affirmed 307 N.Y. 646, 120 N.E.2d 836 (N.Y.1954), *67*

Bowers v. Baystate Technologies, Inc., 320 F.3d 1317 (Fed.Cir.2003), cert. denied Baystate Technologies, Inc. v. Bowers, 539 U.S. 928, 123 S.Ct. 2588, 156 L.Ed.2d 606 (2003), *168*

Brancusi v. United States, 54 Treas.Dec. 428 (1928), *2, 3*

Brandenburg v. Ohio, 395 U.S. 444, 89 S.Ct. 1827, 23 L.Ed.2d 430, 48 2d 320 (1969), *235*

Brennan'S, Inc. v. Brennan's Restaurant, L.L.C., 360 F.3d 125 (2nd Cir.2004), *203*

Brockhurst v. Ryan, 2 Misc.2d 747, 146 N.Y.S.2d 386 (N.Y.Sup.1955), *131*

Brooldyn Institute of Arts and Sciences v. City of New York, 64 F.Supp.2d 184 (E.D.N.Y.1999), *254*

Buckley v. Vidal, 327 F.Supp. 1051 (S.D.N.Y.1971), *226*

Buffet v. Fersig, [1962] Recueil Dalloz (D.Jur.) 570 (Cour d'Appel, Paris) (Note Desbois), affirmed [1965] Gaz.Il I26, P.*221*

Board of Managers of Soho International Arts Condominium v. City of New York, 2003 WL 21403333 (S.D.N.Y., Jun 17, 2003), *[ch 14]*

Bowers v. Baystate Technologies, Inc., 320 F.3d 1317 (Fed. Cir. 2003), cert. denied, 539 U.S. 928, 123 S.Ct. 2588, 156 L.Ed.2d 606 (2003), *[ch 12]*

Brennan's, Inc. v. Brennan's Restaurant, L.L.C., 360 F.3d 125 (2d Cir. 2004), *[ch 13]*

Brooklyn Institute of Arts and Sciences v. City of New York, 64 F.Supp.2d 184 (E.D.N.Y. 1999), *[ch 15]*

Calvin Klein Cosmetics Corp. v. Parfums de Coeur, Ltd., 824 F.2d 665 (8th Cir.1987), *197*

Campbell v. Acuff-Rose Music, Inc., 510 U.S. 569, 114 S.Ct. 1164, 127 L.Ed.2d 500 (1994), *191*

Carco v. Camoin, [1931] D.P.II 88 (Cour d'Appell, Paris), *215*

Cecil v. Commissioner, 100 F.2d 896 (4th Cir.1939), *105*

Chevron Chemical Co. v. Voluntary Purchasing Groups, Inc., 659 F.2d 695 (5th Cir.1981), *210*

Churchman v. Commissioner, 68 T.C. 696 (U.S.Tax Ct.1977), *155*

Chute v. North River Ins, Co., I72 Minn. 13, 214 N.W. 473 (Minn. 1927), *94*

City of (see name of city)

Cleveland Creative Arts Guild v. Commissioner, T.C. Memo. 1985-316 (U.S.Tax Ct.1985), *125*

Coca-Cola Co. v. Alma-Leo U.S.A., Inc., 719 F.Supp. 725 (N.D.Ill.1989), *197*

Community Federal Sav. And Loan Ass'n v. Orondorff, 678 F.2d 1034 (11th Cir.1982), *208*

Community for Creative Non-Violence v. Reid, 490 U.S. 730, 109 S.Ct. 2166, 104 L.Ed.2d 811 (1989), *170*

Consmiller v. United States, 2 Ct.Cust.App. 298 (Cust.App.1912), *5*

Cowgill v. California, 396 U.S. 371, 90 S.Ct. 613, 24 L.Ed.2d 590 (1970), *238*

Cristallina S.A. v. Christie, Manson & Woods Intern., Inc., 117 A.D.2d 284, 502 N.Y.S.2d 165 (N.Y.A.D. 1 Dept.1986), *56*

Curphey v. Commissioner, 73 T.C. 766 (U.S.Tax Ct.1980), *155*

Dallas Cowboys Cheerleaders, Inc. v. Pussycat Cinema, Ltd., 467 F.Supp. 366 (S.D.N.Y.1979), affirmed 604 F.2d 200 (2nd Cir.1979), *208*

Dearborn Motors Credit Corp. v. Neel, 184 Kan. 437, 337 P.2d 992 (Kan. 1959), *67*

Detective Comics v. Bruns Publications, 111 F.2d 432 (2nd Cir. 1940), *176*

Diaz, United States v., 499 F.2d 113 (9th Cir.1974), *23*

Dole v. Carter, 444 F.Supp. 1065 (D.Kan.1977), affirmed per curiam 569 F.2d 1109 (10th Cir. 1977), *33*

Echo Travel, Inc. v. Travel Associates, Inc., 870 F.2d 1264 (7th Cir. 1989), *197*

Eden v. Whistler, [1900] Recueil Periodique Sirey [hereinafter S.Jur.] I.490 (Cass.Civ.), *214*

Eichman, United States v., 496 U.S. 310, 110 S.Ct. 2404, 110 L.Ed.2d 287 (1990), *244*

E. & J. Gallo Winery v. Gallo Cattle Co., 12 U.S.P.Q.2d 1657 (E.D.Cal. 1989), *198*

Eldred v. Ashcroft, 537 U.S. 186, 123 S.Ct. 769, 154 L.Ed.2d 683 (2003), *187*

Erie, City of v. Pap'S A.M., 529 U.S. 277, 120 S.Ct. 1382, 146 L.Ed.2d 265 (2000), *239*

Esperanza Peace and Justice Center v. City of San Antonio, 316 F.Supp.2d 433 (W.D.Tex.2001), *253*

Esquire, Inc. v. Ringer, 591 F.2d 796, 192 U.S.App.D.C. 187 (D.C.Cir. 1978), *175*

ETW Corp. v. Jireh Pub., Inc., 332 F.3d 915 (6th Cir.2003), *205*

Eldred v. Ashcroft, 537 U.S. 186, 123 S.Ct. 769, 154 L.Ed.2d 683 (2003), *[ch 12]*

Erie, City of, v. Pap's A.M., 529 U.S. 277, 120 S.Ct. 1382, 146 L.Ed.2d 265 (2000), *[ch 15]*

Esperanza Peace & Justice Center v. City of San Antonio, 316 F.Supp.2d 433 (W.D. Tex. 2001), *[ch 15]*

Federal Republic of Germany v. Elicofon, 358 F.Supp. 747 (E.D.N.Y. 1970), *31*

Federated Department Stores, Inc. v. Gold Circle Insurance Company, 226 U.S.P.Q. 262 (Trademark Tr. & App. Bd.1985), *198*

Feist Publications, Inc. v. Rural Telephone Service Co., Inc., 499 U.S. 340, 111 S.Ct. 1282, 113 L.Ed.2d 358 (1991), *172*

Finley v. National Endowment for the Arts, 795 F.Supp. 1457 (C.D.Cal. 1992), *141*

First Brands Corp. v. Fred Meyer, Inc., 809 F.2d 1378 (9th Cir.1987), *210*

First Covenant Church of Seattle, Wash. v. City of Seattle, 114 Wash.2d 392, 787 P.2d 1352 (Wash. 1990), cert. granted and judgment vacated City of Seattle v. First Covenant Church of Seattle, Wash., 499 U.S. 901, 111 S.Ct. 1097, 113 L.Ed.2d 208 (1991), *149*

Fisher v. Dees, 794 F.2d 432 (9th Cir. 1986), *192*

Florsheim v. Travelers Indem. Co. of Illinois, 75 Ill.App. 3d 298, 30 Ill.Dec. 876, 393 N.E.2d 1223 (Ill.App. 1 Dist.1979), *92*

Fort Wayne Books, Inc. v. Indiana, 489 U.S. 46, 109 S. Ct. 916, 103 L.Ed.2d 34 (1989), *254*

Franklin Mint Corp. v. National Wildlife Art Exchange, Inc., 575 F.2d 62 (3rd Cir.1978), *215*

French v. Sotheby & Co., 470 P.2d 318 (Okla.1970), *55*

Frick Collection v. Goldstein, 83 N.Y.S.2d 142 (N.Y.Sup.1948), affirmed 274 A.D. 1053, 86 N.Y.S.2d 464 (N.Y.A.D. 1 Dept.1949) appeal denied 275 A.D. 709, 88 N.Y.S.2d 249 (N.Y.A.D. 1 Dept.1949), *273*

F.T.C. v. Magui Publishers, Inc., l991 WL 90895 (C.D.Cal.1991), *82*

Galerie Furstenberg v. Coffaro, 697 F.Supp. 1282(S.D.N.Y.1988), *41, 211*

Gates v. Central City Opera House Ass'n, 107 Colo. 93, 108 P.2d 880 (Colo.1940), *133*

General Elec. Co. v. Alumpa Coal Co., Inc., 205 U.S.P.Q.1036 (D.Mass.1979), *208*

General Foods Corp. v. Mellis, 203 U.S.P.Q. 261 (S.D.N.Y.1979), *208*

George F. Harding Museum, People ex rel. Scott v., 58 Ill.App.3d 408, 15 Ill.Dec. 973, 374 N.E.2d 756 (Ill. App. 1 Dist.1978), *262*

G. Heileman Brewing Co., Inc. v. United States, 14 C.I.T. 614 (CIT 1990), *6*

Gilliam v. American Broadcasting Companies, Inc., 538 F.2d 14 (2nd Cir.1976), *224, 225, 226*

Goldsboro Art League, Inc. v. Commissioner, 75 T.C. 337 (U.S.Tax Ct. 1980), *125*

Gorton, State ex tel. v. Leppaluoto, No. 77-11731 (1977), *262*

Gowans v. Northwestern Pac. Indem. Co., 260 Or. 618, 489 P.2d 947 (Or.1971), *95*

Grauer v. Deutsch, 2002 WL 31288937 (S.D.N.Y.2002), *224*

Gross v. Seligman, 212 F.930 (2nd Cir.1914), *215*

Guille v. Colmant, [1967], D.S.Jur. 284, Gaz.Pal. I. 17 (Cour d'Appel, Paris), *217*

Gund, Inc. v. Fortunoff, Inc., 3 U.S.P.Q.2d 1556 (S.D.N.Y.1986), *197*

Grauer v. Deutsch, 2002 WL 31288937, 64 U.S.P.Q.2d 1636 (S.D.N.Y., Oct 11, 2002), *[ch 14]*

Hahn v. Duveen, 133 Misc. 871, 234 N.Y.S. 185 (N.Y.Sup.1929), *63, 66*

Hamling v. United States, 418 U.S. 87, 94 S.Ct. 2887, 41 L.Ed.2d 590 (1974), *247*

Hawaii Jewelers Ass'n v. Fine Arts Gallery, Inc., 51 Haw. 502, 463 P.2d 914 (Hawai'i I970), *51*

Heit v. Bixby, 276 F.Supp. 217 (E.D.Mo.1967), *265*

Hill Aircraft & Leasing Corp. v. Simon, 122 Ga.App. 524, 177 S.E.2d 803 (Ga.App.1970), *76*

Hollinshead, United States v., 495 F.2d 1154 (9th Cir.1974), *24, 25*

Hughes v. Design Look Inc., 693 F.Supp. 1500 (S.D.N.Y.1988), *211*

Hustler Magazine v. Falwell, 485 U.S. 46, 108 S.Ct. 876, 99 L.Ed.2d 41 (1988), *194*

Hustler Magazine Inc. v. Moral Majority Inc., 796 F.2d 1148 (9th Cir.1986), *194*

Images International of Hawaii, Inc. v. Hang Ups Art Enterprises, Inc., CV 90 4106 R (1991), *204*

In re (see name of party)

Island Insteel Systems, Inc. v. Waters, 296 F.3d 200 (3rd Cir.2002), *196*

Jeanneret v. Vichey, 693 F.2d 259 (2nd Cir.1982), *16*

Jendwine v. Slade, 170 Eng.Rep. 459 (1797), *75*

Kemper Ins. Companies v. Federal Exp. Corp., 252 F.3d 509 (1st Cir.2001), cert. denied 534 U.S. 1020, 122 S.Ct. 545, 151 L.Ed.2d 423 (2001), *100*

Kesel v. United Parcel Service, Inc., 339 F.3d 849 (9th Cir.2003), *100*

Kieselstein-Cord v. Accessories by Pearl, Inc., 632 F.2d 989 (2nd Cir.1980), *175*

Klayminc, In re, 37B.R. 728 (Bkrtcy.S.D.Fla.1984), *204*

Korn v. Elkins, 317 F.Supp. 138 (D.Md.1970), *241*

Kraut v. Morgan &Bro. Manhattan Storage Co., Inc., 381 N.Y.S.2d 25, 343 N.E.2d 744 (N.Y.1976), *95*

Kunstsammlungen Zu Weimar v. Elicofon, 536 F .Supp. 829 (E.D.N.Y.1981), affirmed 678 F.2d 1150 (2nd Cir.1982), *32*

Kemper Ins. Companies v. Federal Exp. Corp., 252 F.3d 509 (1st Cir. 2001), cert. denied, 534 U.S. 1020, 122 S.Ct. 545 , 151 L.Ed.2d 423 (2001), *[ch 7]*

Lee v. A.R.T. Co., 125 F.3d 580 (7th Cir.1997), *192*

Leigh v. Warner Bros., a Div. of Time Warner Entertainment Co., L.P., 10 F.Supp.2d 1371 (S.D.Ga.1998), *210*

Leppaluoto, State ex rel. Gorton v., No.77-11731 (1977), *262*

Letter Edged in Black Press, Inc. v. Public Bldg. Commission of Chicago, 320 F.Supp. 1303 (N.D.III.1970), *177*

Lindt v. Henshel, 306 N.Y.S.2d 436, 254 N.E.2d 746 (N.Y.1969), *54*

Lubner v. City of Los Angeles, 53 Cal. Rptr.2d 24 (Cal.App. 2 Dist.1996), *224*

Lucas v. South Carolina Coastal Council, 505 U.S. 1003, 112 S.Ct. 2886, 120 L.Ed.2d 798 (1992), *148*

Lee v. A.R.T. Co., 125 F.3d 580 (7th Cir. 1997), *[ch 12]*

Lubner v. City of Los Angeles, 45 Cal.App.4th 525, 53 Cal.Rptr.2d 24 (Cal. App. 2 Dist. 1996), *[ch 14]*

Mandel v. Pitkowsky, 102 Misc.2d 478, 425 N.Y.S.2d 926 (N.Y.Sup.App.Term l979), affirmed 76 A.D.2d 807, 429 N.Y.S.2d 550 (N.Y.A.D. 1 Dept.1980), *132*

Masses Pub. Co. v. Patten, 244 F.535 (S.D.N.Y.1917), reversed 246 F.24 (2nd Cir.1917), *233, 235*

Mattel, Inc. v. Walking Mountain Productions, 353 F.3d 792 (9th Cir.2003), *195*

Mazer v. Stein, 347 U.S. 201, 74 S.Ct. 460, 98 L.Ed. 630 (1954), *174, 175*

McClain, United States v. (McClain II), 593 F.2d 658 (5th Cir.1979), cert. denied McClain v. United States, 444 U.S. 918, 100 S.Ct. 234, 62 L.Ed.2d 173 (1979), *25*

McClaln, United States v. (McClain I), 545 F.2d 988 (5th Cir.1977), *24, 25*

McCrady v. Roy, 85 So.2d 527 (La.App.Orleans l956), *130*

Menzel v. List, 49 Misc.2d 300, 267 N.Y.S.2d 804 (N.Y.Sup.1966), judgment modified 28 A.D.2d 516, 279 N.Y.S.2d 608 (N.Y.A.D. 1 Dept. 1967), order reversed 298 N.Y.S.2d 979, 246 N.E.2d 742 (N.Y.1969), *29*

Merchants Fire Assur. Corp. v. Lattimore, 263 F.2d 232 (9th Cir.1959), *99*

Miller v. California, 413 U.S. 15, 93 S.Ct. 2607, 37 L.Ed.2d 419 (1973), *246, 247, 249, 250*

Miller v. Columbia Broadcasting System, Inc., 209 U.S.P.Q. 502 (C.D.Cal.1980), *173*

Minneapolis Soc. of Fine Arts, 194 N.L.R.B. 371 (N.L.R.B. 1971), *282*

Mirage Editions, Inc. v. Albuquerque A.R.T. Co., 856 F.2d 1341 (9th Cir.1988), cert. Denied Albuquerque A.R.T. Co., v. Mirage Editions, Inc., 489 U.S. 1018, 109 S.Ct. 1135, 103 L.Ed.2d 196 (1989), *191*

Mississippi State University Alumni, Inc. v. Commissioner, T.C. Memo. 1997-397 (U.S.Tax Ct.1997), *260*

Morseburg v. Balyon, 621 F.2d 972 (9th Cir.1980), cert. denied 449 U.S. 983, 101 S.Ct. 399, 66 L.Ed.2d 245 (1980), *229, 230*

Moseley v. V Secret Catalogue, Inc., 537 U.S. 418, 123 S.Ct. 1115, 155 L.Ed.2d 1 (2003), *207*

Musto v. Meyer, 434 F.Supp. 32 (S.D.N.Y.1977), affirmed 598 F.2d 609 (2nd Cir.1979), *172*

Mattel, Inc. v. Walking Mountain Productions, 353 F.3d 792 (9th Cir. 2003), *[ch 13]*

Mississippi State Univ. Alumni, Inc., v. Comms'r, T.C. Memo 1997-397, *[ch 16]*

Mirage Editions, Inc. v. Albuquerque A.R.T. Co., 856 F.2d 1341 (9th Cir. 1988), cert. denied, 489 U.S. 1018 , 109 S.Ct. 1135 , 103 L.Ed.2d 196 (1989), *[ch 12]*

Moseley v. V Secret Catalogue, Inc., 537 U.S. 418, 123 S.Ct. 1115, 155 L.Ed.2d 1 (2003), *[ch 13]*

National Endowment for the Arts v. Finley, 524 U.S. 569, 118 S.Ct. 2168, 141 L.Ed.2d 500 (1998), *142*

New York v. Ferber, 458 U.S. 747, 102 S.Ct. 3348, 73 L.Ed.2d 1113 (1982), *249, 250*

O'Brien, United States v., 391 U.S. 367, 88 S.Ct. 1673, 20 L.Ed.2d 672 (1968), *236, 239*

Olivotti & Co., United States v., 7 Ct. Cust.App. 46 (Cust.App.1916), *2*

Orient Ins. Co. v. Dunlap, 193 Ga. 241, 17 S.E.2d 703 (Ga.1941), *99*

Original Appalachian Artworks, Inc. v. Topps Chewing Gum, Inc., 642 F.Supp. 1031 (N.D.Ga.1986), *193*

Osborne v. Ohio, 495 U.S. 103, 110 S.Ct. 1691, 109 L.Ed.2d 98 (1990), rehearing denied 496 U.S. 913, 110 S.Ct. 2605, 110 L.Ed.2d 285 (1990), *251*

Owens-Corning Fiberglas Corp., In re, 774 F.2d 1116 (Fed.Cir.1985), *197*

Paramount Pictures Corp. v. Davis, 228 Cal.App.2d 827, 39 Cal.Rptr. 791 (Cal.App. 2 Dist.1964), *215*

Pasternack v. Esskay Art Galleries, Inc., 90 F.Supp. 849 (W.D.Ark. 1950), *54*

Penn Cent. Transp. Co. v. City of New York, 438 U.S. 104, 98 S.Ct. 2646, 57 L.Ed.2d 631 (1978), *147*

People v. _____ (see opposing party)

People ex rel. v. _____ (see opposing party and relator)

Perry, United States v., l46 U.S. 71, 13 S.Ct. 26, 36 L.Ed. 890 (1892), *1*

Pillsbury Co.v. Milky Way Productions, Inc., 1981 WL l402 (N.D.Ga.1981), *208*

Pitchfork Ranch Co., v. Bar TL, 615 P.2d 541 (Wyo.1980), *52*

Plaza Equities Corp. v. Aetna Cas. & Sur. Co., 372 F.Supp. 1325 (S.D.N.Y.1974), *94*

Pope v. Illinois, 481 U.S. 497, 107 S.Ct. 1918, 95 L.Ed.2d 439 (1987), *247*

Power v. Barham, 111 Eng.Rep.865 (1836), *75*

Princess Paley Olga v. Weisz, 1 K.B. 718 (1929), *31*

Prouty v. National Broadcasting Co., 26 F.Supp. 265 (D.Mass.1939), *224*

Pushman v. New York Graphic Soc., Inc., 287 N.Y. 302, 39 N.E.2d 249 (N.Y.1942), *169*

Radich, People v., 308 N.Y.S.2d 846, 257 N.E.2d 30 (N.Y.1970), affirmed Radich v. New York, 401 U.S. 531, 91 S.Ct. 1217, 28 L.Ed.2d 287 (1971), on writ of habeas corpus United States ex rel. Radieh v. Criminal Court of City of New York, 385 F.Supp. 165 (S.D.N.Y.1974), *242, 243, 244*

R.A.V. v. City of St. Paul, Minn., 505 U.S. 377, 112 S.Ct. 2538, 120 L.Ed.2d 305 (1992), *240*

Redmond v. New Jersey Historical Soc., 28 A.2d 189 (N.J.Err. & App.1942), *272*

Reed Enterprises v. Clark, 278 F.Supp. 372 (D.D.C l967), affirmed 390 U.S. 457, 88 S.Ct. 1196, 20 L.Ed.2d 28 (1968), *248*

Reno v. American Civil Liberties Union, 521 U.S. 844, 117 S.Ct. 2329, 138 L.Ed.2d 874 (1997), *252*

Republic of Austria v. Altmann, 541 U.S. 677, 124 S.Ct. 2240, 159 L.Ed.2d 1 (2004), *32*

Rodrigue v. Rodrigue, 55 F.Supp.2d 534 (E.D.La.1999), reversed 218 F.3d 432 (5th Cir.2000), *168*

Rogers v. Koons, 960 F.2d 301 (2nd Cir.1992), *193*

Romm Art Creations Ltd. v. Simcha Intern., Inc., 786 F.Supp. 1126 (E.D.N.Y.1992), *210*

Rosen v. Spanierman, 894 F.2d 28 (2nd Cir.1990), *77*

Roth v. United Stare, 354 U.S. 476, 77 S.Ct. 1304, 1 L.Ed.2d 1498, 14 2d 331 (1957), *245, 246*

Republic of Austria v. Altmann, 541 U.S. 677, 124 S.Ct. 2240, 159 L.Ed.2d 1 (2004), *[ch 3]*

Safeco, Ins. Co. v. Sharma, 160 Cal.App.3d 1060, 207 Cal.Rptr. 104 (Cal.App. 2 Dist.1984), *97*

Sanchez v. Stein, No. 80CV1208 (1980), *219*

Satava v. Lowry, 323 F.3d 805 (9th Cir.2003), cert. denied 540 U.S.983, 124 S.Ct. 472, 157 L.Ed.2d 374 (2003), *172*

Schacht v. United States, 398 U.S. 58, 90 S.Ct. 1555, 26 L.Ed.2d 44 (1970), *238*

Schenck v. United States, 249 U.S. 47, 39 S.Ct. 247, 63 L.Ed. 470 (1919), *234*

Scotch Whisky Ass'n v. Majestic Distilling Co., Inc., 958 F.2d 594 (4th Cir.1992), cert. denied 506 U.S. 862, 113 S.Ct. 181, 121 L.Ed.2d 126 (1992), *196*

Scott, People ex rel. v. George F. Harding Museum, 58 Ill.App.3d 408, 15 Ill.Dec. 973, 374 N.E.2d 756 (Ill. App. 1 Dist. 1978), *262*

Seltzer v. Morton, No. 05-378 (Mont. 8th Dist. Ct. jury verdict Feb. 7, 2005), appeal filed, No. 05-378

(Mont.2005), *67*

Singer v. National Fire Ins. Co. of Hartford, 110 N.J.Super. 59, 264 A.2d 270 (N.J.Super.L.1970), *94*

Smith v. Montoro, 648 F.2d 602 (9th Cir.1981), *220*

Smith's (David) Estate v. Commissioner, 57 T.C. 650 (U.S.Tax Ct.1972), affirmed 510 F.2d 479 (2nd Cir.1975), *160*

Smyer, United States v. 596 F.2d 939 (10th Cir.1979), cert.denied Smyer v. United States, 444 U.S. 843, 100 S.Ct. 84, 62 L.Ed.2d 55 (1979), *23*

Society of Jesus of New England v. Boston Landmarks Com'n, 409 Mass. 38, 564 N.E.2d 571 (Mass.1990), *149*

Sony Corp. Of America v. Universal City Studios, Inc., 464 U.S. 417, 104 S.Ct. 774, 78 L.Ed.2d 574 (1984), *191*

Spence v. State of Washington, 418 U.S. 405, 94 S.Ct. 2727, 41 L.Ed.2d 842 (1974), *238, 239, 241, 242, 243, 244*

Stanley v. Georgia, 394 U.S. 557, 89 S.Ct. 1243, 22 L.Ed.2d 542 (1969), *251*

State v. _____ (see opposing party)

State ex rel. v. _____ (see opposing party and relator)

Steinway & Sons v. Robert Demars & Friends, 210 U.S.P.Q. 954 (C.D.Cal.1981), *208*

Stern v. Lucy Webb Hayes Nat. Training School for Deaconesses and Missionaries, 381 F.Supp. 1003 (D.D.C.1974), *264*

Stewart v. Abend, 495 U.S. 207,110 S.Ct. 1750, 109 L.Ed.2d 184 (1990), *191*

Stromberg v. State of California, 283 U.S. 359, 51 S.Ct. 532, 75 L.Ed. 1117 (1931), *236*

Sturdza v. United Arab Emirates, 281 F.3d 1287, 350 U.S.App.D.C. 154 (D.C.Cir.2002), *167*

Swanstrom v. Insurance Co. of North America, 100 F.Supp. 374 (S.D.Cal.1951), *93*

Satava v. Lowry, 323 F.3d 805 (9th Cir. 2003), cert. denied, 540 U.S. 983 , 124 S.Ct. 472 , 157 L.Ed.2d 374 (2003), *[ch 12]*

Schultz, United States v., 333 F.3d 393 (2d Cir. 2003), *[ch 2]*

Scotch Whisky Ass'n v. Majestic Distilling Co., Inc., 958 F.2d 594 (4th Cir. 1992), cert. denied, 506 U.S. 862 , 113 S.Ct. 181 , 121 L.Ed.2d 126 (1992), *[ch 13]*

Seltzer v. Morton, No. 05-378 (Mont. 8th Dist. Ct. jury verdict Feb. 7, 2005), appeal filed, No. 05-378 (Mont. 2005), *[ch 6]*

Sturdza v. United Arab Emirates, 281 F.3d 1287 (D.C. Cir. 2002), *[ch 12]*

Texas v. Johnson, 491 U.S. 397, 109 S.Ct. 2533, 105 L.Ed.2d 342 (1989), *244*

Tinker v. Des Moines Independent Community School Dist., 393 U.S. 503, 89 S.Ct. 733, 21 L.Ed.2d 731, 49 2d 222 (1969), *237, 238, 239*

Tobin, United States v., 576 F.2d 687 (5th Cir.1978), cert. denied Tobin v. United States, 439 U.S. 1051, 99 S.Ct. 731, 58 L.Ed.2d 711 (1978), *83*

Trade-Mark Cases, In re, 100 U.S. 82, 10 82,, 25 L.Ed. 550 (1879), *195*

Travis v. Sotheby Parke Bernet, Index No. 4290/79, S.Ct. of N.Y., Nassau County (1982), *64, 65, 66*

Tunick, Inc. v. Kornfeld, 838 F.Supp. 848 (S.D.N.Y.1993), *74*

Two Pesos, Inc. v. Taco Cabana, Inc., 505 U.S. 763, 112 S.Ct. 2753, 120 L.Ed.2d 615 (1992), *210*

United Artists Theater Circuit, Inc. v. City of Philadelphia, Philadelphia Historical Com'n, 528 Pa. 12, 595 A.2d 6 (Pa.1991), *148*

United States v. _____ (see opposing party)

United States ex rel. v. _____ (see opposing party and relator)

United States v. Schultz, 333 F2d 393 (2d Cir. 2003), *[ch 2]*

Vanier v. Ponsoldt, 251 Kan. 88, 833 P.2d 949 (Kan.1992), *49*

Vargas v. Esquire, Inc., I64 F.2d 522 (7th Cir.1947), cert. denied 335, U.S. 813, 69 S.Ct. 29, 93 L.Ed. 368 (1948), *220*

Various Articles of Obscene Merchandise, Schedule No. 1303, United States v., 562 F.2d 185 (2nd Cir.1977), *248*

Virginia v. Black, 538 U.S. 343, 123 S.Ct. 1536, 155 L.Ed.2d 535 (2003), *240*

Visual Art and Galleries Ass'n v. Various John Does (Picasso Case), 80 Civ. 4487 (1980), *199*

Von Rosen, People v. I3 Ill.2d 68, 147 N.E.2d 327 (Ill.1958), *241*

Virginia v. Black, 538 U.S. 343, 123 S.Ct. 1536, 155 L.Ed.2d 535 (2003), *[ch 15]*

Wal-Mart Stores, Inc. v. Samara Bros., Inc., 529 U.S. 205, 120 S.Ct. 1339, 146 L.Ed.2d 182 (2000), *210*

Walnut & Quince Streets Corporation v. Mills, 303 Pa. 25, 154 A. 29 (Pa.1931), appeal dismissed 284 U.S. 573, 52 S.Ct. 16, 76 L.Ed. 498 (1931), *146*

Walt Disney Productions v. Air Pirates, 581 F.2d 751 (9th Cir.1978), *176*

Warner Bros. Pictures v. Columbia Broadcasting System, 216 F.2d 945 (9th Cir.1954), *176*

Weisz v. Parke-Bernet Galleries, Inc., 77 Misc.2d 80, 351 N.Y.S.2d 911 (N.Y.Sup.App.Term 1974), reversing 67 Misc.2d 1077, 325 N.Y.S.2d 576 (N.Y.City Civ.Ct.1971), *72*

Weisz v. Parke-Bernet Galleries, inc., 67 Misc.2d 1077, 325 N.Y.S.2d 576 (N.Y.City Civ.Ct.1971), reversed 77 Misc.2d 80, 351 N.Y.S.2d 911 (N.Y.Sup.App.Term I974), *53, 69*

Whire v. Kimmell, 193 F.2d 744 (9th Cir.1952), *179*

Winkworth v. Christie, Manson & Woods, Ltd., 1 All E.R. 1121 (Ch.D.1979), *23*

Wolff v. Smith, 303 Ill.App. 413, 25 N.E.2d 399 (Ill.App.2 Dist.1940), *130*

Wright Hepburn Webster Gallery, Limited, State v., 64 Misc.2d 423, 314 N.Y.S.2d 661 (N.Y.Sup.1970), affirmed 37 A.D.2d 698, 323 N.Y.S.2d 389 (N.Y.A.D. 1 Dept.1971), *60*

Wrightsman v. United States, 192 Ct.Cl. 722, 428 F.2d 1316 (Ct.Cl.1970), *105*

原版主题词索引

INDEX

———————

References are to Pages

———————

ACQUISITIONS
Museums, 270-273

ACT OF STATE DOCTRINE
War, art as victim, 30

ADVERTISEMENTS AND ADVERTISING
Insurance, advertising injury, 98-100

AFGHAN ART
Victim of war, 28

AID TO THE ARTS
Generally, 136-149
Applications, National Endowment for the Arts, 139
Block grants, 139-140
Bufano sculpture, 137
Charitable contribution, tax deductible, 143
Decency clause, National Endowment for the Arts, 141-142
Deductions, tax deductible charitable contribution, 143
Funding, National Endowment for the Arts, 139-143
Historical development, 136-138
Indirect aid, National Endowment for the Arts, 145-149
Investments, National Endowment for the Arts, 143
Landmark preservation, indirect aid, 146-149
National Endowment for the Arts, 138-143
  Applications, 139

Block grants, 139-140
Charitable contribution, tax deductible, 143
Decency clause, 141-142
Deductions, tax deductible charitable contribution, 143
Funding, 142
Indirect aid, 145-149
Investments, 143
Landmark preservation, indirect aid, 146-149
Percentage allocation for art, indirect aid, 145-146
Tax deductible charitable contribution, 143
West's Art and Law Program, 143
Percentage allocation for art, indirect aid, 145-146
Tax deductible charitable contribution, 143
West's Art and Law Program, National Endowment for the Arts, 143
Works Progress Administration (WPA), 137

ALARM SYSTEMS
Insurance, 88

AMERICAN JOBS CREATION ACT OF 2004
Intellectual property donations, 159

ANGKOR WAT
Victim of war, 27

ANTICYBERSQUATTING CONSUMER PROTECTION ACT
Trademark infringement, 205

ANTIWAR PROTEST
Freedom of expression, wearing of black
armbands, 237-238

APPLICATIONS
Aid to the arts, National Endowment for the Arts,
139

APPRAISERS AND APPRAISALS
Insurance, appraisal requirement, 97
Taxation, charitable contributions, 110

APPROPRIATION ART
Copyright infringement, 191

ARCHAEOLOGICAL RESOURCES
PROTECTION ACT OF 1979
International movement, 23

ART DEFINED
Customs definition, 1–7

ART EXPERTS
See Authentication

ART WARRANTY STATUTES
Forgeries, fakes and frauds, 80-82

ARTIST–DEALER RELATIONSHIP
Working artists, 126-131

ARTISTS
Taxation, 150-163

AUCTIONS
Generally, 46–57
　Bidding, 47–57
　Brancusi sculpture, 55
　Copyright, blind bidding, 167
　Disclosed and undisclosed bidding, 47-48
　Fraudulent auctioning techniques, 50-54
　Phantom bids, 49

Problems, 50–57
Puffing, 49
"Ring" formation, 50
Sealed bids, 48
Shilling, 49
Tactics, 49-50
Uniform Commercial Code, 49, 51
Withdrawing goods or bids, 51-52
Brancusi sculpture, 55
Christie's auction house, 56, 60
Cyberauctions, 47
Disclosed and undisclosed bidding, 47-48
Forgeries, fakes and frauds
　Raoul Duffy paintings forged, 72
　Techniques, fraudulent auctioning techniques,
50-54
Houses
　Christie's auction house, 56, 60
　Investing in art, auction houses, 43-44
　Phillips auction house, 60
　Sotheby Park Bernet, 42-43, 53, 56, 60, 64-65
Internet, cyberauctions, 47
Investing in art
　Auction houses, 43-44
　Methods of acquisition, 43-45
Methods of acquisition, 43-45
Phantom bids, 49
Phillips auction house, 60
Price fixing, 56
Problems, bidding, 50–57
Puffing, bidding, 49
"Ring" formation, bidding, 50
Sealed bids, 48
Shilling, bidding, 49
Sotheby Park Bernet, 42-43, 53, 56, 60, 64-65
Tactics, bidding, 49-50
Telecast sales, 47
Uniform Commercial Code, bidding, 49, 51
Withdrawing goods or bids, 51-52

AUTHENTICATION
Generally, 58-87

AUTHENTICATION – Cont'd
See also Forgeries, Fakes and Frauds
Art experts, 61-67
    Chemical analysis, 67
    Da Vinci, Leonardo, paintings by, 63
    "Fair comment" defense, 63-67
    Fission tracks analysis, 67
    Louvre, painting by Leonardo da Vinci, 63
    Obsidian hydration analysis, 67
    Potassium-argon analysis, 67
    Reynolds, Sir Joshua, painting by, 65-66
    Scientific category, 61-62
    Stylistic category, 61-62
    Thermoluminescent analysis, 67
Chemical analysis, 67
Common law remedies against seller, 68-72
Da Vinci, Leonardo, paintings by, 63
Establishing authenticity, 58-61
"Fair comment" defense, 63-67
Fission tracks analysis, 67
Investment, art as, 58
Lanham Act, 68
Louvre, painting by Leonardo da Vinci, 63
Obsidian hydration analysis, 67
Potassium-argon analysis, 67
Professional negligence, 64
Reynolds, Sir Joshua, painting by, 65-66
Scientific category, art experts, 61-62
Slander of title, 65
Stylistic category, art experts, 61-62
Thermoluminescent analysis, 67

BACON, FRANCIS
Gallery dispute, 129

BAILMENT
Museums, loans, 273-274
Working artist, galleries and commissions, 127

BANKRUPTCY
Trademark infringement, 204

BARNES FOUNDATION
Dispute over location, 280

BERNE CONVENTION
Copyright, Revision Act of 1976, 181-182, 185
General Agreement on Tariffs and Trade (GATT), 185
Moral rights, 212, 213

BIDDING
See Auctions

BILATERAL TREATIES
International movement, 17-18

BIRD IN FLIGHT
Brancusi, 2-3

BLACK ARMBANDS
Freedom of expression, antiwar protest, 237-238

BLIND BIDDING
Copyright, 167

BLOCK GRANTS
Aid to the arts, National Endowment for the Arts, 139-140

BOSCH, HIERONYMUS
Freedom of expression, 232

BRANCUSI
Auctions, Brancusi sculpture, 55
Bird in Flight, 2-3, 285 (photograph)

BRANDENBURG TEST
Freedom of expression, 235

BRAQUE
Forgery of works of, 60

BROOKLYN MUSEUM OF ART
Funding, 254

BUFANO
Aid to the arts, Bufano sculpture, 137
Photograph, 289

BUSINESS EXPENSES
Taxation, business expense deductions, 155-157

C CORPORATION
Taxation, 152-154

CAPITAL ASSET
Defined, 103-104

CAPITAL EXPENSES
Taxation, 107

CAPITAL GAIN
Taxation, 104, 109

CARTOONS
Copyright, Revision Act of 1976, 176-177

CELLINI
Generally, 6

CENSORSHIP OF THE ARTS
Freedom of expression, 232-233

CENTRAL AMERICA
Pre–Columbian antiquities, 9, 24

CERTIFICATE OF COPY REGISTRATION
Copyright, Revision Act of 1976, 178

CHAGALL, MARC
Forgery of works of, 60
War, art as victim, 29

CHARACTERIZING INCOME
Taxation, 150-154

CHARITIES
Aid to the arts, tax deductible charitable
contributions, 143
Museums, organization as charitable trust,
256-260
Taxation of charitable contributions, 109-113, 114,
119, 143, 158-159
Working artists, charitable purposes, 124

CHILD ONLINE PROTECTION ACT OF 1998
Freedom of expression, 252

CHILD PORNOGRAPHY
Freedom of expression, 249-253

CHILD PORNOGRAPHY PREVENTION ACT OF
1996
Freedom of expression, 252

CHILDREN'S INTERNET PROTECTION ACT
Freedom of expression, 252

CHRISTIE'S AUCTION HOUSE
Generally, 42-43, 60
Price Fixing, 56

CITY OF PASCO
Removal of murals, 254

CLEAR AND PRESENT DANGER TEST
Freedom of expression, 235-236

COLLECTION
Museums, management of collection, 275-279

COLLECTORS AND DEALERS
Taxation, 102-121

COMMISSIONS
Working artists, 126-131

COMMUNICATIONS DECENCY ACT OF 1996
Freedom of expression, 252

COMPREHENSIVE OR ALL–RISK POLICIES
Insurance, 94

COMPUTERS
See Internet

CONFLICTS OF INTEREST
Museums, 265-270

CONSIGNMENT
Working artists, 125-126

CONSTITUTIONAL LAW
Copyright, constitutional basis, 164
First Amendment. See Freedom of Expression

CONSTRUCTION OR INTERPRETATION
Insurance contract, 92-94

CONTRACTS OR POLICIES
See Insurance

COOPERATIVE GALLERY
Working artists, 123

COPYRIGHT
Generally, 164-194
See also Trademark
Berne Convention, Revision Act of 1976, 181-182, 185
Bids and bidding, blind bidding, 167
Blind bidding, 167
Cartoons, Revision Act of 1976, 176-177
Certificate of copy registration, Revision Act of 1976, 178
Constitutional basis, 164

Copyright Act of 1909, 165
Criminal action for infringement, 190
Damages for infringement, 188-189
Deposit requirements, Revision Act of 1976, 183-184
Duration, Revision Act of 1976, 184-187
Elements of infringement, 187-188
Fair use, 190-192
Fixation requirement, Revision Act of 1976, 172-173
Formalities, Revision Act of 1976, 177-184
General Agreement on Tariffs and Trade (GATT), 184-185
Infringement
    Generally, 187-194
    Criminal action, 190
    Damages, 188-189
    Elements of infringement, 187-188
    Fair use, 190-192
    Insurance, 100
    Parody, 192-194
    Remedies, 188-190
Insurance, infringement, 100
Original work of authorship, Revision Act of 1976, 171-172
Parody, infringement, 192-194
Publication, Revision Act of 1976, 179-181
Remedies for infringement, 188-190
Renewal, Revision Act of 1976, 184
Revision Act of 1976
    Berne Convention, 185
    Berne Convention Implementation Act, 182
    Cartoons, 169, 176-177
    Certificate of copy registration, 178
    Deposit requirements, 183-184
    Duration, 184-187
    Fixation requirement, 172-173
    Formalities, 177-184
    General Agreement on Tariffs and Trade (GATT), 184-185
    Original work of authorship, 171-172
    Publication, 179-181

COPYRIGHT – Cont'd
Revision Act of 1976 – Cont'd
  Renewal, 184
  Scope of protection, 168-171
  Sole intrinsic function language, 175-176
  Source country, 185-186
  Statutory subject matter, 171-177
  Universal Copyright Convention, 180
  Work made for hire doctrine, 169-170
Scope of protection, Revision Act of 1976, 168-171
Sole intrinsic function language, Revision Act of 1976, 175-176
Source country, Revision Act of 1976, 185-186
Statutory subject matter, Revision Act of 1976, 171-177
Universal Copyright Convention, 180
Work made for hire doctrine, Revision Act of 1976, 169-170

COPYRIGHT ACT OF 1909
Generally, 165

COTTAGE INDUSTRIES
Working artists, federal laws inhibiting cottage industries, 133

CRIMINAL MATTERS
Copyright, criminal action for infringement, 190

CRITICISM
Moral rights, 226

CROSS BURNINGS
Freedom of expression, cross burnings as bias-motivated crime, 239-240

CROWN OF ST. STEPHAN'S
Generally, 33-34, 289 (photograph)

CUSTOMS
Customs definition of art, 6-7
Definition of art, 1–7
Harmonized Schedule, 3-4

Imports, customs definition of art, 1

CYBERAUCTIONS
Generally, 47
DA VINCI, LEONARDO, PAINTINGS BY
Authentication, 63

DALI, SALVADOR
Investing in art, 41
Moral rights, integrity, 221
Trademark, trade dress, 211

DAMAGES
Copyright infringement, 188-189
Trademark infringement, 203-204

DEACCESSIONS
Museums, 275-279

DEALERS AND COLLECTORS
Taxation, 102-121

DECENCY CLAUSE
Aid to the arts, National Endowment for the Arts, 141-142

DEDUCTIONS
Aid to the arts, tax deductible charitable contribution, 143
Taxation, 104-109, 120, 131, 143, 155-157
Working artists, tax deductions for working conditions, 131

DEFENSES
Insurance, 100

DEFINITION OF ART
Customs, 1–7
Fine arts, 1, 2

DEPOSITS
Copyright deposit requirements, Revision Act of 1976, 183-184

DESTRUCTION
International movement, 8
DIEBENKORN, RICHARD
Bidding tactics, 49

DILUTION
Trademark, 205-207

DISCLAIMERS
Forgeries, fakes and frauds, 80

DISCLOSED AND UNDISCLOSED BIDDING
Auctions, 47-48

DRAFT CARD BURNING
Freedom of expression, 236-237

DUBUFFET
Forgery of works of, 60

DÜERER, ALBRECHT
Stolen paintings, 31

DUMBARTON OAKS MUSEUM
Sixth-century Byzantine silver, 13

DURATION
Copyright, Revision Act of 1976, 184-187

EBAY
Cancellation of sale for fraud, 49

ECONOMIC RIGHTS
Generally, 227-231
Resale Royalties Act, 228-231

EDUCATIONAL PURPOSES
Working artists, 124, 125

ELEMENTS OF INFRINGEMENT
Copyright, 187-188

ELGIN MARBLES
International movement, 10-11
Photograph, 286

ESTATE PLANNING
Taxation, 113-116, 159-163

ETHNOLOGICAL MATERIALS
International movement, 20

ETRUSCAN HORSE
Museums, 277
Photograph, 300

EXCESSIVE CRITICISM
Moral rights, 226

EXEMPTIONS
Working artists, working conditions, 124, 131

EXPENSES
Tax deductions, 104-107

EXPORT RESTRICTIONS
International movement, 14-16
Matisse, 16

EXPRESS WARRANTIES
Forgeries, fakes and frauds, 74-77, 80-81

FABERGE
Generally, 6

FAIR COMMENT DEFENSE
Authentication, 63-67

FAIR USE
Copyright, 189, 190-192, 193-194
Freedom of expression, symbolic speech, 236
Trademark, 204-205, 207

FAIRS OR CRAFT EXHIBITS
Working artists, 123

FAKES
See Forgeries, Fakes and Frauds

FAMILY PARTNERSHIP
Taxation, creation of family partnership, 152

FEDERAL COMMON LAW
Trademark, 196-200

FEDERAL REGISTRATION
Trademark, 200-203

FIGHTING WORDS
Freedom of expression, 239-240

FINE ARTS
Definition of art, 1, 2

FINE PRINT AND MULTIPLES LEGISLATION
Forgeries, fakes and frauds, 82-84

FIRE
Selective Service Card, freedom of expression in burning of, 236-237

FIRE POLICIES
Insurance, 88-89, 95

FIRST AMENDMENT
See also Freedom of Expression
Authentication, art experts, 63
Aid to the Arts, indirect aid, 149

FISCHL, ERIC
Freedom of expression, 255

FIXATION REQUIREMENT
Copyright, Revision Act of 1976, 172-173

FLAG DESECRATION
Freedom of expression, 238, 240-245
Photograph, 298

FORGERIES, FAKES AND FRAUDS
Art warranty statutes, 80-82
Auctions. See Auctions
Authentication
　Braque, forgery of works of, 60
　Chagall, forgery of works by, 60
　Dubuffet, forgery of works of, 60
　Forgery, 58-59
　Forgery, generally, 68
　Fraud, generally, 69
　Giacometti, forgery of works of, 60
　Vermeers, forgery of, 59
Braque, forgery of works of, 60
Chagall, forgery of works by, 60
Disclaimers, 79-80
Dubuffet, forgery of works of, 60
Express warranties, 74-77, 80-81
Fine print and multiples legislation, 82-84
Giacometti, forgery of works of, 60
Implied warranties, 77-79
Indian Arts and Crafts Board, 86
Insurance contracts or policies, 98
Museums, deaccession of forgeries or fakes, 277
Mutual mistake, contract doctrine of, 71
Native Americans, Indian Arts and Crafts Board, 86
Negligent misstatement, purchasers remedies, 69-71
Picasso, signature forgery, 74
Preventive measures, 85-87
Puffing, express warranties, 75
Purchasers remedies
　Generally, 68-72
　Auction, forged Raoul Duffy paintings, 72
　Mutual mistake, contract doctrine of, 71
　Negligent misstatement, 69-71
　Warranties, 72-82
Rembrandt painting, express warranties, 76

FORGERIES, FAKES AND FRAUDS – Cont'd
Remington sculpture, 82-83
Sculpture, 82-83
Signature on Picasso print, forgery of, 74
Tax deductions, 107
The Misses Werthheimer painting, 77
Uniform Commercial Code, 73-74, 78-79
Vermeers, forgery of, 59
Warranties, purchasers remedies, 72-82

FORMALITIES
Copyright, Revision Act of 1976, 177-184

FRAUDS
See Forgeries, Fakes and Frauds

FREEDOM OF EXPRESSION
Generally, 232-255
See also Museums
Alternative approach to pornography, 253-255
Antiwar protest, wearing of black armbands,
237-238
Black armbands, antiwar protest, 237-238
Bosch, Hieronymus, 232
Brandenburg test, 235
Censorship of the arts, 232-233
Child pornography, 249-253
Clear and present danger test, 235-236
Cross burnings as bias-motivated crime, 239-240
Draft card burning, 236-237
Fighting words, 239-240
First Amendment framework, generally, 233-235
Flag desecration, 238, 240-245
Internet pornography, 251-253
Nude dancing, 239
Obscenity, 245-255, 299 (photograph)
Political criticism, 232-236
Pornography
    Alternative approach to pornography, 253-255
    Child pornography, 249-253
    Internet pornography, 251-253
Public nudity, 239

Selective Service card, burning of, 236-237
Symbolic speech, 235-240

FUNDING
National Endowment for the Arts, aid to the arts,
139-143

GALLERIES
Investing in art, 43-44
Working artists, 126-131

GENERAL AGREEMENT ON TARIFFS AND
TRADE (GATT)
Copyright, 184-185

GIACOMETTI
Forgery of works of, 60

GIFTS
Taxation, 102-103, 119

GROSS INCOME
Taxation, gross income defined, 102

GUGGENHEIM
Deaccession, 278
Internet, 280

HAGUE CONVENTIONS
War, art as victim, 28, 31

HARMONIZED SCHEDULE
Customs, 3-4

HEALTH HAZARDS
Working artists, 134

HEIROGLYPHS
International movement, 9

HIRSCHFELD, AL
Dispute with dealer, 129

HISTORICAL DEVELOPMENT
Aid to the arts, 136-138

HOUSES
See Auctions

IMPLIED WARRANTIES
Forgeries, fakes and frauds, 77-79

IMPORTS
Customs definition of art, 1
Restrictions, international movement, 16-17

INCOME
Taxation, property characterizing income, 102-104

INCORPORATION
Taxation, 162

INDIAN ARTIFACTS
International movement, 12-13

INDIAN ARTS AND CRAFTS BOARD
Forgeries, fakes and frauds, 86

INDIRECT AID
National Endowment for the Arts, 145-149

INFRINGEMENT
See Copyright, Trademark
Damages. See Damages
Insurance, 100
Trademark, 100, 203-205

INSTALLMENT METHOD OF ACCOUNTING
Taxation, 151

INSURABLE INTEREST
Generally, 92

INSURANCE
Generally, 88-101

Advertising injury, 100
Alarm systems, 88
Appraisal requirement, 97
Comprehensive or all-risk policies, 94
Construction or interpretation of contract, 92-94
Contracts or policies
    Generally, 91-96
    Advertising injury, 100
    Appraisal requirement, 97
    Comprehensive or all-risk policies, 94
    Construction or interpretation of contract, 92-94
    Copyright infringements, 100
    Defenses, 100
    Fire policies, 95
    Forgery, 99
    Fraud, 98
    Insurable interest, 92
    Open or unvalued policy, 96
    Patent infringements, 100
    Personal household policy, 93-94
    Recovery, 96-101
    Reformation of contract, 98
    Remedies, 96-101
    Riders, 91
    Self-insurance, 101
    Theft, 95
    Trademark infringement cases, 100
    Unscheduled personal property, 99
    Valued policy, 96-98
    Vasarely painting, 92
Copyright infringements, 100
Defenses, 100
Fire and fire policies, 88-89, 95
Forgery, contracts or policies, 99
Fraud, contracts or policies, 98
Infringement cases, 100
Insurable interest, 92
National Endowment for the Arts' Arts and Artifacts
Indemnity program, 89
Nuclear risks covered under National Endowment
for the Arts' Arts and Artifacts Indemnity program,
89

INSURANCE – Cont'd
Open or unvalued policy, 96
Patent infringements, 100
Personal household policy, 93-94
Premiums, 88
Recovery, 96-101
Reformation of contract, 98
Remedies, 96-101
Riders, 91
Self-insurance, 101
Theft, 88-89, 95
Trademark infringement cases, 100
Traveling exhibits, 89
Unscheduled personal property, 99
Valued policy, 96, 98
Vasarely painting, 92
War risks covered under National Endowment for the Arts' Arts and Artifacts Indemnity program, 89

INTEGRITY
Moral rights, 220-226

INTER VIVOS TRANSFERS
Taxation, estate planning, 114-115

INTERNATIONAL MOVEMENT
Generally, 8–26
Destruction, 8
Egyptian antiquities, 26
Elgin marbles, 10-11
Export restrictions, 14-16
Extradition, Treaty of, 17-18
Hieroglyphs, 9
Import restrictions, 16-17
Indian artifacts, 12
Kennewick Man, 12-13
Looting, 8
Mayan language, 9
Mexican antiquities laws, 18
Parthenon, 10, 11
Paul Getty Museum, 13
Sanctions for vandalism and theft, 22-26

Self-regulation by nongovernmental organizations, 22
Tellico Dam and Reservoir Project, Indian archaeological sites, 10
Tennessee Valley Authority, 10
Theft, 8, 22-26
Treaties, 17-21

UNIDROIT, 21
Uniform Commercial Code, 16
Zuni war gods, 11

INTERNET
Anticybersquatting Consumer Protection Act, 205
Auctions, cyberauctions, 47
Cyberauctions, 47
Display of museum collections, 280
Freedom of expression, internet pornography, 249-253
Online galleries, 43
Trademark infringement, Anticybersquatting Consumer Protection Act, 205

INVESTING IN ART
Generally, 37–45
See also Auctions
Authentication, art as investment, 58
Dali, Salvador, 41
Factors and considerations, 41–43
Galleries, 44
Methods of acquisition, 43-45
National Endowment for the Arts, aid to the arts, 143
Racketeer Influenced and Corrupt Organizations Act (RICO), 40-41
Securities Act of 1933, 39-40
Taxation
   Generally, 42
   Tax shelters, investment tax credit, 120

IRAQ'S NATIONAL MUSEUM OF ANTIQUITIES
Victim of war, 28

JERUSALEM
International movement, 10

JUDICIAL SOLUTIONS
War, art as victim, 29-32

KENNEWICK MAN
Ownership of skeleton, 12-13

KLIMT, GUSTAV
Paintings as victim of war, 32

KOSOVO
Victim of war, 28

KUWAITI NATIONAL MUSEUM
Victim of war, 28

LABELING OF HAZARDOUS ART MATERIALS
ACT (LHAMA)
Working artists, 134

LABOR RELATIONS
Museums, 280-283

LANDMARK PRESERVATION
Indirect aid to the arts, 146-149
Photograph, 293

LANHAM ACT
Authentication, 68-69
Moral rights, 219-220, 224-226
Trademark, 195, 199-200, 207

LIEBER CODE
War, art as victim, 28

LIMITED LIABILITY COMPANIES
Taxation, 152-154

LIQUIDATION
Taxation, 162-163

LOANS
Museums, 273-275

LOOTING
International movement, 8

LOUVRE
Authentication of painting by Leonardo da Vinci, 63
Museums, deaccessions, 276

MADRID PROTOCOL
Generally, 208

MANAGEMENT
See Museums

MARITAL DEDUCTION
Taxation, estate planning, 114

MATISSE
Export restrictions, 16

MEI/MOSES FINE ART INDEX
Generally, 38

METROPOLITAN OPERA
Conditions of donation, 273

MEXICAN ANTIQUITIES LAWS
International movement, 18

MISMANAGEMENT
Museums, 262-264

MORAL RIGHTS
Generally, 212-226
Criticism, 226
Excessive criticism, 226
Integrity, 220-226
Lanham Act, 219-220, 224-226
Name attribution, 217-220
Revision Act of 1976, 216-217
Withdrawal right, 217

MUNCH, EDVARD
Uninsured, 89

MUSEUMS
Generally, 256-284
Acquisitions, 13-14, 270-273
Bailment, loans, 273-274
Charitable trust, organization of museum as, 256-260
Collection, management of, 270-273, 275-279
Commissions, 269
Conflicts of interest, 265-270
Corporate sponsorships, 269, 283-284
Deaccessions, 275-279
Etruscan Horse, 277
Forgeries or fakes, deaccession of, 277
Labor relations, 280-283
Loans, 273-275
Location of collection, 279-280
Management
  Generally, 270-273
  Collection, management of, 270-273, 275-279
Mismanagement, 262-264
National Labor Relations Act, 282
National Labor Relations Board, 282
Nonmanagement, 264-265
Nonprofit corporation, 256-260, 266
Organization, 256-260
Public trust, organization of museum as, 256-260
Rodin sculptures, deterioration of, 262
Self-dealing, 266-268
Trust, organization of museum as, generally, 256-260

UNESCO, 271
Unrelated business income tax, 260

MUTUAL MISTAKE
Forgeries, fakes and frauds, contract doctrine of mutual mistake, 71

NAME ATTRIBUTION
Moral rights, 217-220
Photograph, 297

NATIONAL ENDOWMENT FOR THE ARTS
See Aid to the Arts
Insurance, National Endowment for the Arts' Arts and Artifacts Indemnity program, 89

NATIONAL LABOR RELATIONS ACT
Museums, 282

NATIONAL LABOR RELATIONS BOARD
Museums, 282

NATIVE AMERICAN GRAVES PROTECTION AND REPATRIATION ACT
International movement, 23

NATIVE AMERICANS
Forgeries, fakes and frauds, Indian Arts and Crafts Board, 86

NEGLIGENT MISSTATEMENT
Forgeries, fakes and frauds, purchasers remedies, 69-71

NET CAPITAL GAIN DEFINED
Taxation, 104

NONMANAGEMENT
Museums, 264-265

NONPROFIT CORPORATION
Museums, 256-260, 266

NUCLEAR RISKS
Insurance, nuclear risks covered under National Endowment for the Arts' Arts and Artifacts Indemnity program, 89

NUDE DANCING
Freedom of expression, 239

OBSCENITY
See Freedom of Expression

OFILI, CHRIS
Freedom of expression, 253

OPEN OR UNVALUED POLICY
Insurance, 96

ORDINARY INCOME
Taxation, 103-104, 108

ORGANIZATION OF MUSEUMS
Generally, 256-260

ORIGINAL WORK OF AUTHORSHIP
Copyright, Revision Act of 1976, 171-172

PARODY
Copyright infringement, 192-194
Photograph, 296

PARTHENON
International movement, 10, 11

PARTNERSHIP
Taxation, creation of family partnership, 152

PATENT INFRINGEMENTS
Insurance, 100

PAY FOR YOUR PLEASURE
Freedom of expression, 255

PAUL GETTY MUSEUM
International movement, 13

PERCENTAGES
Indirect aid, percentage allocation for art, 145-146

PERSONAL HOUSEHOLD POLICY
Insurance, 93-94

PHANTOM BIDS
Auctions, 49

PHILLIPS AUCTION HOUSE
Generally, 60

PICASSO
Art as an investment, 38
Copyright, formalities, 177-179
Photograph, 294
Record price, 38
Signature forgery, 74
Trademark, 199-200

PLACES TO WORK AND SELL
Working artists, 122-126

POLITICAL CRITICISM
Freedom of expression, 232-236

PORNOGRAPHY
See Freedom of Expression

PREMIUMS
Insurance, 88

PREVENTIVE MEASURES
Forgeries, fakes and frauds, 85-87

PRINCIPAL REGISTER
Trademark, 201-202

PROFESSIONAL NEGLIGENCE
Authentication, 64

PUBLIC NUDITY
Freedom of expression, 239

PUBLIC TRUST
Museums, organization of as public trust, 256-260

PUBLICATION
Copyright, Revision Act of 1976, 179-181

PUFFING
Auctions, bidding, 49
Express warranties, forgeries, fakes and frauds,
75

PURCHASERS REMEDIES
See Forgeries, Fakes and Frauds

RACKETEER INFLUENCED AND CORRUPT
ORGANIZATIONS ACT (RICO)
Freedom of expression, pornography, 254-255
Investing in art, 40-41

RECOVERY
Insurance, 96-101

REFORMATION OF CONTRACT
Insurance, 98

REMBRANDT
Forgeries, fakes and frauds, Rembrandt painting,
76

REMEDIES
Copyright infringement, 188-190
Insurance, 96-101
Purchasers remedies. See Forgeries, Fakes and
Frauds

REMINGTON SCULPTURE
Forgeries, fakes and frauds, 82-83

RENEWAL
Copyright, Revision Act of 1976, 184

RENTAL OF ARTWORK
Generally, 43

RESALE ROYALTIES ACT
Copyright, common law rights, 166

Economic rights, 228-231

REVISION ACT OF 1976
See Copyright
Moral rights, 216-217

REYNOLDS, SIR JOSHUA
Authentication of painting by, 65-66

RIDERS
Insurance, 91

RING FORMATION
Auctions, bidding, 50

RODIN
Museums, deterioration of Rodin sculptures, 262

SALES TAXES
Fraud, 121

SAN SALVADOR CONVENTION
International movement, 18

SANCTIONS
International movement, sanctions for vandalism
and theft, 22-26

SATISFACTION GUARANTEE
Working artists, 130

SCHIELE, EGON
Paintings as victim of war, 32

SCHWARTZENEGGER, ARNOLD
Arts funding, 144

SCIENTIFIC MATTERS
Authentication, scientific category, 61-62
Working artists, scientific purposes, 124

SCREAM, THE
Uninsured, 89

SCULPTURE
Customs definition of art, 2-3, 4-5
Forgeries, fakes and frauds, 82-83

SEALED BIDS
Auctions, 48

SEATTLE ART MUSEUM
Freedom of expression, 255

SECURITIES ACT OF 1933
Investing in art, 39-40

SELECTIVE SERVICE CARD
Freedom of expression, burning of Selective
Service card, 236-237

SELF–DEALING
Museums, 266-268

SELF–INSURANCE
Generally, 101

SELF–REGULATION
International movement, self-regulation by
nongovernmental organizations, 22

SELTZER, STEVE
Art expert, 66

SENSATION: YOUNG BRITISH ARTISTS FROM
THE SOATCHI COLLECTION
Deletion of commission clauses as result of
controversy, 269
Freedom of expression, 253

SHILLING
Auctions, bidding, 49
See also Puffing

SIGNATURES
Forgery of signature on Picasso print, 74

SIR JOSHUA REYNOLDS
Authentication of painting by, 65-66

SIXTH-CENTURY BYZANTINE SILVER
Dumbarton Oaks Museum, 13

SLANDER OF TITLE
Authentication, 65

SOLE INTRINSIC FUNCTION LANGUAGE
Copyright, Revision Act of 1976, 175-176
Photograph, 295

SONNY BONO COPYRIGHT TERM EXTENSION
ACT OF 1998
Generally, 187

SOTHEBY PARK BERNET
Generally, 42-43, 53, 60, 64-65
Price Fixing, 56

SOURCE COUNTRY
Copyright, Revision Act of 1976, 185-186

STATE TRADEMARK LAWS
Generally, 207-208

STATUTORY SUBJECT MATTER
Copyright, Revision Act of 1976, 171-177

STELAE
International movement, 9
Photograph of Machaquila, 287

STYLISTIC EXPERTS
Authentication, art experts, 61-62

SUPPLEMENTAL REGISTER
Trademark, 202-203

SYMBOLIC SPEECH
Freedom of expression, 235-240

TACTICS
Auctions, bidding, 49-50

TARIFF ACT OF 1930
Generally, 3

TATE GALLERY
Public appeal for donations of artwork, 273

TAX SHELTERS
Generally, 116-121

TAXATION
Aid to the arts, tax deductible charitable
contribution, 143
Appraisals, charitable contributions, 111
Artists, 150-163
Business expense deductions, 155-157
C corporation, 152-154
Capital asset defined, 103-104
Capital expenses, 107
Capital gain, 104, 109
Characterizing income, 150-154
Charitable contributions, 109-113, 114, 119, 143,
158-159
Collectors and dealers, 102-121
Dealers and collectors, 102-121
Deductions, 104-109, 120, 131, 143, 155-157
Donations, 160-161
Estate planning, 113-116, 159-163
Expenses, deductions, 104-107
Family partnership, creation of, 152
Forgery, deductions, 107
Gifts, 99-100, 119
Gross income defined, 102
Income, property characterizing, 102-104
Incorporation, 162
Installment method of accounting, 151
Inter vivos transfers, estate planning, 114-115
Investing in art. See Investing in Art
Limited liability companies, 152-154
Liquidation, 162-163

Marital deduction, estate planning, 114
Net capital gain defined, 104
Ordinary income, 103-104, 108
Tax shelters, 116-121
Theft, deductions, 108
Trade or business deduction, 104-105
Trusts, estate planning, 116
Working artists, 124, 131
Working conditions, tax deductions, 131

TELECAST SALES
Auctions, 47

TELLICO DAM AND RESERVOIR PROJECT
International movement, Indian archaeological
sites, 10

TENNESSEE VALLEY AUTHORITY
International movement, Indian archaeological
sites, 10

TERRA MUSEUM OF AMERICAN ART
Dispute over location, 280

THE MISSES WERTHHEIMER PAINTING
Forgeries, fakes and frauds, 77

THEFT
Insurance, 88-89
International movement, 8, 21–25
Tax deductions, 108

THERMOLUMINESCENT ANALYSIS
Authentication, 67

TRADE DRESS
Trademark, 209-211

TRADEMARK
Generally, 195-211
See also Copyright
Anticybersquatting Consumer Protection Act,

TRADEMARK – Cont'd
infringement, 205
Background, 195-196
Bankruptcy, infringement, 204
Damages, infringement, 203-204
Dilution, 205-207
Federal common law, 196-200
Federal registration, 200-203
Image as, 205
Infringement, 100, 203-205
Insurance, trademark infringement cases, 100
Internet, Anticybersquatting Consumer Protection
Act, 205
Lanham Act, 195, 199-200, 207
Picasso, 199-200
Principal Register, 201-202
State trademark laws, 207-208
Supplemental Register, 202-203
Trade dress, 209-211
Trademark Law Revision Act (TLRA), 195, 200-203

TRADEMARK LAW REVISION ACT (TLRA)
Generally, 195, 200-203

TREASURES FROM WAWAL CASTLE IN
KRAKOW
War, art as victim, 33

TREATIES
Extradition, Treaty of, 17-18
International movement, 16–21

TRUSTS
See Museums
Taxation, estate planning, 116

UNESCO
International movement, 19, 20-21
Museums, 271
War, art as victim, 35

UNIDROIT
International movement, 21

UNIFORM COMMERCIAL CODE
Auctions, bidding, 49, 51
Forgeries, fakes and frauds, 73-74, 78-79
International movement, 16
Working artists, 127-128

UNIVERSAL COPYRIGHT CONVENTION
Generally, 180

UNRELATED BUSINESS INCOME TAX
Museums, 260

UNSCHEDULED PERSONAL PROPERTY
Insurance, 99

VALUED POLICY
Insurance, 96-98

VANDALISM
International movement, sanctions for vandalism
and theft, 22-26

VAN GOGH
Art as investment, 38

VASARELY PAINTING
Insurance, 92

VERMEER
Forgery of, 59

VERSAILLES, TREATY OF
War, art as victim, 29

WAR, ART AS VICTIM
Generally, 27-36
Act of State Doctrine, 30
Altmann, Maria, 32
Chagall, Marc, 29
Hague Conventions, 28, 31
Iraq's National Museum of Antiquities, 28
Judicial solutions, 29-32
Kosovo, 28

WAR, ART AS VICTIM – Cont'd
Kuwaiti National Museum, 28
Lieber Code, 28
Nonjudicial solutions, 32–36
Treasures from Wawal Castle in Krakow, 33

UNESCO, 35
Versailles, Treaty of, 29
Wawal Castle in Krakow, treasures from, 33
Weimar Art Collection, 31-32

WAR RISKS
Insurance, war risks covered under National
Endowment for the Arts' Arts and Artifacts
Indemnity program, 89

WARRANTIES
Forgeries, fakes and frauds, purchasers remedies,
72-82

WAWAL CASTLE IN KRAKOW
War, art as victim, 33

WEIMAR ART COLLECTION
War, art as victim, 31-32

WEST'S ART AND LAW PROGRAM
National Endowment for the Arts, aid to the arts,
143
Photograph, 292

WITHDRAWAL
Auctions, withdrawing goods or bids, 51-52
Moral rights, withdrawal right, 217

WOODS, TIGER
Image as trademark, 205

WORK MADE FOR HIRE DOCTRINE
Copyright, Revision Act of 1976, 169-170

WORKING ARTISTS
Generally, 122-135
Artist-dealer relationship, 126-131
Charitable purposes, 124
Commissions, 126-131
Consignment, 125-126
Cooperative gallery, 123
Cottage industries, federal laws inhibiting, 133
Deductions, tax deductions for working conditions,
131
Educational purposes, 124, 125
Exemptions, 124, 131
Fairs or craft exhibits, 123
Galleries, 126-131
Health hazards, 134
Labeling of Hazardous Art Materials Act (LHAMA),
134
Places to work and sell, 122-126
Satisfaction guarantee, 130
Scientific purposes, 124
Taxation, 124, 131
Uniform Commercial Code, 127-128
Working conditions, 131-135

WORKING CONDITIONS
Working artists, 131-135

WORKS PROGRESS ADMINISTRATION (WPA)
Aid to the arts, 137
Photographs, 289, 290, 291

WORLD INTELLECTUAL PROPERTY
ASSOCIATION
Trademarks, 209

WORLD TRADE CENTER
Freedom of expression, 255

ZUNI WAR GODS
International movement, 11